Monsieur Séquenceur

HARALD GROSSKOPF

MONSIEUR SÉQUENCEUR

MEIN LEBEN ALS SCHLAGZEUGER UND ELEKTRONIKMUSIKER

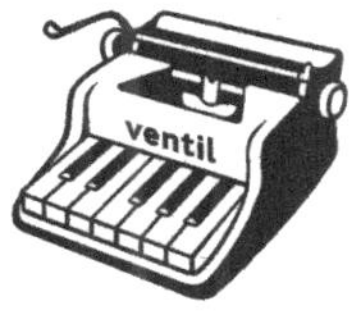

Harald Grosskopf wurde Mitte der Siebziger der erste Schlagzeuger, der sich auf elektronische Musik spezialisierte, und war an vielen elektronischen Krautrock-Formationen beteiligt. Seit 1979 veröffentlichte er zudem diverse Soloplatten, außerdem produziert er Filme und Filmmusik.

Bildnachweise:
S. 224/225: Julia Körmendy
S. 237: Markus Schickel
S. 263: Foto by WAITETC
Alle anderen: Privatarchiv Harald Grosskopf

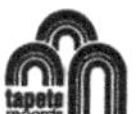

In Kooperation
mit Tapete Records

1. Auflage Oktober 2024
ISBN 978-3-95575-234-7

Lektorat: Roland Tauber
Gestaltung und Satz: Oliver Schmitt
Druck: maincontor GmbH

Ventil Verlag, Boppstr. 25, 55118 Mainz
www.ventil-verlag.de

INHALT

VORWORT

Ein Sequenzer ist eine Musikmaschine, mit der man einen Synthesizer steuert, um rhythmisch präzise Melodie- und Basssequenzen zu erzeugen. In Anspielung auf meine Schlagzeugbegleitung zum MOOG-Sequenzer von Klaus Schulze auf dem Album *Moondawn* taufte mich 1976 ein französisches Musikmagazin augenzwinkernd »Monsieur Séquenceur«.

Vor etwa dreißig Jahren begann ich damit, meine Lebenserinnerungen aufzuschreiben, ganz ohne die Absicht, jemals etwas davon zu veröffentlichen. Im Laufe der Jahre hörte ich immer wieder von Freunden und Bekannten, dass sie meine Erlebnisse, vor allem wie ich sie erzähle, spannend und amüsant fanden. Als einige fragten, warum ich sie nicht in Buchform veröffentliche, dachte ich erstmalig darüber nach.

Ich möchte diese Zeilen vor allem meiner lieben Frau Anke und unseren Zwillingskindern Sky und Beck widmen. Ohne Anke wäre mein Leben vor fünfundzwanzig Jahren vermutlich in anderen Bahnen verlaufen. Ihr verdanke ich ein Leben in Liebe und Geborgenheit, ohne von ständigen Existenzängsten verfolgt zu werden. Nicht zuletzt durch meine inzwischen erwachsenen Kinder habe ich eine Erdung erfahren, die mich kreativer hat werden lassen als je zuvor.

Meinen Dank an Roland Tauber, der als Lektor meine Zeilen in eine lesbare Form brachte und mit wertvollen Tipps bereicherte.

Meinen Dank auch an Gunther Buskies, der seit Jahren als Chef des Bureau-B-Musiklabels in Hamburg meine Alben herausbringt und maßgeblich an der Realisation meiner Biografie beteiligt ist.

In Erinnerung auch geschrieben an die nicht mehr unter uns weilenden Musikerkollegen, mit denen ich einst Bühne und Studio teilte. Jerry Berkers, Florian Fricke, Dieter Meier und Joachim Reiser, im Besonderen die Berliner Elektronik-Musiklegenden Klaus Schulze und Manuel Göttsching, die einen wichtigen Einfluss auf mein eigenes Musikmachen hatten.

Solingen im September 2024
Harald Grosskopf

LAMPENFIEBER

Der erste Auftritt der Stuntmen nähert sich. Ein kleines Beat-Festival am 1. Januar 1966 im Zentral, eines der beiden Kinos in der Stadt. Wir proben, was das Zeug hält. Inzwischen im Keller eines Kindergartens, für den wir nichts bezahlen müssen. Ich habe derartig starkes Lampenfieber, dass ich kurz davor bin aufzugeben. Schwöre, nie wieder Musik zu machen, wenn der Gig in die Hose geht. Ein Schlagzeug besitze ich immer noch nicht.

Der Betreiber des Kinos hat sich allem Anschein nach wenig Gedanken gemacht, auf was er sich da einlässt. Sicher ist, dass er kein Freund der Jugend und ihrer Musik ist. Mit misstrauischer Miene beobachtet er unfreundlich unser Treiben während des Aufbaus.

Kurz bevor es nachmittags los geht, rückt die örtliche Rocker-Gang mit zwanzig Typen auf Mopeds der Marke Kreidler Florett an. Ihr Boss nennt sich Elvis. Sieht aber eher aus wie eine misslungene Karikatur des Originals. Elvis droht dem im Kassenhäuschen sitzenden Kinobesitzer: »Wir wollen nur mal kurz sehen, was die hier spielen.« Dann stürmen die bösen Jungs ohne zu zahlen den mit jungen Besuchern gut gefüllten Kinosaal. Durch den Spalt des Bühnenvorhangs beobachte ich ängstlich, wie die Szene eskaliert. Die Elvis-Gang vertreibt grölend die in der ersten Reihe Sitzenden. Widersetzt sich jemand, wird er vom Sitz gezerrt und unter Drohungen Richtung Ausgang geschubst. Die Elvis-Gang besetzt deren Plätze und bricht sämtliche hölzernen Armlehnen der Sitze ab. Völlig verunsichert versucht die erste Band auf der schmalen Bühne, ihr Programm durchzuziehen. Gefällt der Elvis-Karikatur und seiner Gang die Musik nicht, schlagen sie die abgebrochenen Armlehnen auf den Holzboden und brüllen: »AUFHÖREN, AUFHÖREN, AUFHÖREN!« Wenn die betroffene Band nicht augenblicklich aufhört, wird sie mit den Holzlehnen beworfen. Am Ende steckt eine der Lehnen in einem Basslautsprecher. Damit nicht genug: Siebzehn Stunden nach Silvester hat die pubertierende Truppe noch Pyrotechnik der fetten Sorte am Start. Kanonenschläge! Mit Bindfaden eng umwickelte kubische Gebilde, die eigentlich nur für den Einsatz im Freien gedacht sind. Unter Gejohle werfen sie die Kracher den Musikern zwischen deren Beine. Die machen irrwitzige Sprünge und Verrenkungen, um den Explosionen zu entgehen. Es blitzt und kracht. Der kleine Kinosaal ist innerhalb kurzer Zeit von nach Schwefel stinkenden Rauchschwaden durchzogen. Niemand traut sich einzuschreiten. Der Kinobesitzer hat sich ängstlich verdrückt und die Veranstaltung ihrem Schicksal überlassen.

Gleich sind wir dran. Die Dusters haben ihren Auftritt heil hinter sich gebracht und Peter leiht mir wie verabredet sein Schlagzeug. Ich zittere vor Aufregung hinter dem Bühnenvorhang. Ich habe erst zweimal hinter einem richtigen Schlagzeug gesessen. Kaum haben wir die Bühne betreten, grölt die Elvis-Gang: »KINDER VON DER BÜHNE! KINDER VON DER BÜHNE! KINDER VON DER BÜHNE!« Schlagen dabei die abgebrochenen Lehnen auf den Boden. Wir eröffnen tapfer mit dem neuesten Rolling Stones- Hit »Get Off Of My Cloud«. Auf einmal werden die Typen ruhiger. Die Snare-Drum zwischen meinen Beinen ist auf einem viel zu schwachen Ständer montiert. Bei jedem Schlag rutscht sie ein Stück tiefer. Nach der Hälfte der Nummer ist sie so weit heruntergerutscht, dass ich sie kaum erreichen kann. Verzweifelt blicke ich mich nach Peter um. Nach einer gefühlten Ewigkeit kommt er, um der Aufmerksamkeit der Rocker zu entgehen, auf allen Vieren angerutscht und drückt sie wieder nach oben. Diese Aktion ist nicht von Dauer und sie wiederholt sich einige Male. Die Armlehnen ruhen. Auch keine Kanonenschläge mehr. Wir spielen »My Generation« von The Who. Ulli schiebt seinen Bass über den Kopf in den Nacken und spielt das Bass-Solo von Pete Entwistle. Die Moped-Gang flippt vor Begeisterung aus. Ulli hatte das Kunststück ohne unser Wissen eingeübt. Am Ende feiern uns Publikum und Rocker. Mit großer Erleichterung schwebe ich in tranceartiger Glückseligkeit. Nach uns spielen Copernicus, eine Band aus dem Nachbarort Nordstemmen. Deren Sänger ist Klaus Meine, der ein paar Jahre später mit den Scorpions Karriere macht.

Eine Woche nach dem Gig schlendere ich auf der Hauptstraße durch Sarstedt und sehe von Weitem, wie die unbehelmte Mopedgang mit ihren obligatorisch bösen Blicken gleich an mir vorbeirauschen wird. Als Elvis mich erkennt, bremsen sie alle auf meiner Höhe ab. Sie bocken ihre Mopeds auf und kommen auf mich zu. Mir wird mulmig. Elvis sagt:

»Spitzenauftritt letzte Woche! Ihr wart die Besten«, und klopft mir auf die Schulter. Ich brauchte nie wieder Angst vor diesen bösen Jungs zu haben.

MEIN VATER

Erziehung mit militärischem Anstrich beginnt früh bei den Kindern der zwanziger Jahre des letzten Jahrhunderts. Mein Vater, 1917 geboren, ist bei der Marinejugend und ab 1934 ein begeisterter Hitlerjunge. Er schwärmt Zeit seines Lebens von der tollen Zeit in diesem Jugendverderber-Verein der Nazis. In seiner Heimatstadt Jena lernt er bei Carl Zeiss das Handwerk eines Optik-Feinmechanikers. 1937 wird er zum Reichsarbeitsdienst verpflichtet, bevor er Parteimitglied der NSDAP wird. Er meldet sich freiwillig zu den Panzergrenadieren der Wehrmacht und wird Panzerfahrer eines Panzerkampfwagen II. Ist dabei, als das Dritte Reich am 1. September 1939 Polen rücksichtslos brutal überfällt und damit den verheerenden Flächenbrand des Zweiten Weltkriegs auslöst. Durch ständiges Herein- und Herausspringen aus dem Panzer zieht sich mein alter Herr während einer Gefechtsübung eine schmerzhafte und langwierige Rippenfellentzündung zu. Neun Monate Militärlazarett und eine lange Rekonvaleszenz. Die daraus resultierenden Behinderungen verhindern, dass er an die Fronten des Zweiten Weltkriegs geschickt wird. Sein jüngerer Bruder, mein Onkel Eberhard, überlebt als Achtzehnjähriger schwer traumatisiert die Schlacht von Stalingrad. Die Nazis machen meinen Vater zum Blockwart im gleichen Wohnkomplex der Deutschen Reichsbahn auf der Dornburger Straße 53 in Jena-Nord, in dem er aufgewachsen ist. Meine Tante Ruth wohnt bis zum Ende der DDR in der gleichen Wohnung, in der schon meine Großeltern seit dem Ersten Weltkrieg wohnen.

Später beteuert mein Vater mehr als einmal, dass Krieg scheiße ist. Aber er hat auch Spaß. Ich sehe dieses feine, kaum wahrnehmbare Grinsen, wenn er berichtet, wie er als Wehrmachts-Pionier daran beteiligt ist, die schöne, einhundert Meter hohe Backstein-Eisenbahnbrücke über die Werra bei Hann. Münden in die Luft zu jagen. Nur wenige Stunden bevor amerikanische Soldaten ihn in Gefangenschaft nehmen. Er will gerade auf ein geklautes Fahrrad springen, um abzuhauen. In der amerikanischen Gefangenschaft entwickelt mein Vater eine zeitlebens anhaltend tiefe Abneigung auf alles Amerikanische. Im nasskalten April campieren die Kriegsgefangenen bei schlechter Verpflegung und schlimmen sanitären Bedingungen im Freien. Graben sich Unterstände mit den bloßen Händen in das Erdreich. Er beobachtet, wie morgens einige amerikanische Bewacher auf das über den schlafenden Männern hängende Erdreich springen und es zum Einsturz bringen. Die Darunterliegenden werden lebendig begraben. Dieses unmenschliche Verhalten erklärt sich aus den Begegnungen der US-Soldaten bei ihrem Vormarsch. Nach und nach werden sie mit den Verbrechen Hitler-Deutschlands konfrontiert.

Im Februar 1944 wird mein Bruder Wolfgang geboren. Ein Jahr bevor die Amerikaner meinen alten Herrn einbuchten. In seinem ersten Lebensjahr schleppt meine Mutter ihn während alliierter Bombenangriffe auf Hannover von einem Luftschutzbunker in den nächsten.

In einem alten Familien-Album klebt ein kleines Schwarz-Weiß-Foto. Darauf meine Mutter, mein Vater und mein Bruder. Es muss im Frühjahr 1945 aufgenommen sein. Ein bis zwei Monate vor der Unterzeichnung der allgemeinen Kapitulation des Dritten Reichs. Auf dem Anzug-Revers meines Vaters ist seit ich denken kann ein kleiner blauer Tintenfleck. Ich habe ihm nie Beachtung geschenkt. Bis ich ein paar Jahre vor dem Tod meines Vaters 2006 das Foto scanne und in der Vergrößerung entdecke, dass sich unter dem blauen Tintenfleck das kreisrunde Parteiabzeichen der Nazis versteckt. Mein Alter hat es wahrscheinlich gegen Kriegsende eher aus Angst vor Strafe als aus Scham mit Tinte übermalt.

Meinen Vater und mich trennt ein fast lebenslanger Disput über die Nazizeit, die er bei jeder unserer Auseinandersetzungen überschwänglich verteidigt.

OMA GERTRUD

Meine von mir sehr geliebte Oma Gertrud stammt aus Jena in Thüringen. Ist dort 1896 geboren und aufgewachsen. Hat ihren Mann, Opa Paul, fünf Jahre nach dem Ersten Weltkrieg durch dessen frühen Tod verloren. Folgen einer schweren Kriegsverletzung, die er sich bei Verdun in Frankreich zugezogen hat. Bevor man ihn findet und notdürftig zusammenflickt, liegt er tagelang unbeachtet auf einem Acker. Dort büßt er die volle Funktionstüchtigkeit seiner Nieren ein. Kaum zwanzig Jahre alt.

Oma Gertrud ist eine bildhübsche Erscheinung. Seit Pauls Tod mit ihren zwei Kindern auf sich allein gestellt. In den zwanziger Jahren des letzten Jahrhunderts eine Katastrophe für eine fünfundzwanzigjährige alleinerziehende Frau. Meine Mutter ist vier, Onkel Wolfgang drei Jahre alt. Der Verlust von Paul und gegen Ende 1944 auch der von Onkel Wolfgang machen sie zu einer selbstbewussten Frau, die sich von Männern nichts bieten lässt. Sie wird schnell laut, wenn ihr etwas nicht passt. Gertrud legt sich eine harte Schale zu und vertreibt eifersüchtig die männlichen Freunde meiner Mutter. Mein Vater bleibt hartnäckig. Als ihr Angestellter hat mein Vater bis zu ihren Tod 1964 immer wieder unter ihr zu leiden.

Wie die meisten ihrer Altersgenossinnen wird meine Mutter nach Hitlers Machtergreifung 1933 freiwillig Mitglied im Bund Deutscher Mädel. Onkel Wolfgang geht zur Hitlerjugend und meldet sich später freiwillig zu einer SS-Sanitätsstaffel. An seiner Zimmerwand hängt neben dem SS-Ehrendolch ein Foto von Hitler und Hindenburg. Bis zu Oma Gertruds Tod hängt ein großes Foto von Onkel Wolfgang in SS-Uniform an ihrer Wohnzimmerwand. In seinem Arm seine Verlobte Hilde. Beide lächeln glücklich.

1936 liest Gertrud eine Zeitungsannonce, in der eine Anstellung in Hannover als Sekretärin und Haushälterin gesucht wird. Bei Herrn Karl Kracke. Ein erfolgreicher Geschäftsmann und Freizeitjäger. Karl Kracke gehört das zweitgrößte Geschäft der Stadt, in dem Schreib- und Rechenmaschinen aller Art verkauft, repariert und gewartet werden. Sie nimmt die Stelle an und übersiedelt nach Hannover-Kirchrode in das Haus des kinderlosen Ehepaares Kracke. Meine Mutter und Onkel Wolfgang sind zwanzig und neunzehn Jahre alt.

Karl Kracke trägt eine kleine runde Goldrandbrille. Über dessen Rand pflegt er seine Umgebung mürrisch zu taxieren. Kurzhaarig und von großer Statur, konservativ und autoritär bis in die Socken. Überbleibsel preußisch erzogener Männer des 19. Jahrhunderts. Herrscher über neunzehn Angestellte seiner 1904 gegründeten Firma. Alle in dunkelblaue, lange Kittel gekleidet. Karls weiß-grauer Oberlippenbart weist eine gelblich-braune Verfärbung auf. Er pafft ohne Unterbrechung teure Zigarren. Stets umgibt ihn eine Wolke blauen Dunstes. Seine Kleidung riecht stark nach abgestandenem Tabakrauch. So habe ich ihn in Erinnerung.

Entweder handelte Oma Gertud aus materiellem Kalkül oder sie hat sich tatsächlich in den unattraktiven Karl verliebt. Der ist Liebhaber der Werke des norddeutschen Heimatdichters Hermann Löns. Mit dem ist Karl in einem Jagdverein befreundet. Bis ihm in den ersten Tagen des Ersten Weltkriegs auf einem französischen Schlachtfeld ein Kopfschuss das Lebenslicht ausbläst. Löns war ein frauenverachtender Nationalist, Antisemit und Alkohol saufender Blödmann: »Weiber sind keine Vollmenschen, denn sie haben keine Seele, sondern nur einen Uterus! Ich brauche alle sieben Tage eine Neue!«

Oma Gertrud beginnt eine Affäre mit Karl. Dessen Frau bleibt das nicht verborgen. Sie reagiert mit einer Gürtelrose. Sie stirbt und die Schrecken des Zweiten Weltkriegs bleiben ihr erspart. Onkel Wolfgang stirbt Ende 1944 an den Folgen einer Nieren-TBC mangels Medikamente. Wenige Monate später vernichtet ein Bombenvolltreffer Karls Firmensitz in der Packhofstraße 6 im Zentrum von Hannover bis auf die Grundmauern.

Karl Kracke führt seit Kriegsende 1945 seine Geschäfte mit Büromaschinen in einem dreigeschossigen Haus. Dessen Grundmauern und Zimmer trotz heftigster Bombenangriffe noch funktionsfähig sind. Unweit der Marktkirche und dem unversehrt gebliebenen mittelalterlichen »Alten Rathaus« steht das Haus relativ einsam in der Innenstadt. Der unverstellte Blick reicht hunderte Meter weit im Umkreis. Nur wenige Häuser in der unmittelbaren Umgebung haben die heftigen Bombenangriffe von 1944 überstanden.

Als die Amerikaner meinen Vater im Sommer 1945 aus der Kriegsgefangenschaft entlassen, ist er achtundzwanzig Jahre alt. Hat die beste Zeit seines Lebens im Krieg vergeudet. Er ist rappeldürr, als er sich auf dem kürzesten Weg nach Jena begibt, um zuerst seine Eltern und Geschwister wiederzusehen. Reisen ist nicht einfach. Straßen und Eisenbahntrassen sind großenteils zerstört und nur notdürftig wiederhergestellt. Lebensmittel und Brennstoffe streng rationiert. Auf dem Dach eines von Menschen überfüllten Zuges geht es von Kassel zweihundertundvierzig Kilometer Richtung Jena. Das dauert fast einen Tag. In Thüringen herrscht jetzt der »Iwan«, wie mein Vater die Russen abschätzig nennt. Mein Vater weiß, dass die Russen mit Nazis nicht zimperlich umgehen. Als ehemaliger NSDAP-Parteigenosse und Blockwart hat er ein mulmiges Gefühl, als er stark unterkühlt im Bahnhof von Jena vom Dach des Waggons klettert. Seit fast einem Jahr hat er keine Nachricht von seinen Eltern, seinen Schwestern Erna, Hertha, Hildegard, Ilse, Ruth und seinem jüngeren Bruder Eberhard.

Ausgezehrt und unrasiert, mit Uniformlumpen bekleidet, nähert er sich mit einem Kriegskameraden dem Hauseingang zur Dornburger Straße 53. Da wird ein Fenster im oberen Stockwerk aufgestoßen, aus dem eine weibliche Stimme tönt: »Die Nazis lassen sie ja schon früh wieder frei herumlaufen!« Im gleichen Moment öffnet sich die Haustür. Eine dünne Frau stürmt auf meinen Vater zu und umarmt ihn herzlich. Bis zu ihrer Deportation in das Konzentrationslager Buchenwald hat er der jüdischen Frau heimlich Lebensmittelmarken zugesteckt. Eine für ihn lebensgefährliche Aktion. Erst gegen Ende der siebziger Jahre erzählt er mir die Geschichte zum ersten Mal. Obwohl damals strammer Nazi, kann er nicht verstehen, was sie angestellt haben soll, um so schwer bestraft zu werden. Mit ihr hat er während seiner Kindheit und Jugend gespielt.

Eltern und Geschwister haben den Krieg heil überstanden. Sein jüngerer Bruder Eberhard hat als achtzehnjähriger Soldat Stalingrad überlebt. Linna, meine Großmutter väterlicherseits, ist von Beruf Köchin. Sie kocht den beiden Männern einen Eintopf, der für sechs Personen reicht. Die beiden verputzen alles in Rekordzeit.

Auf dem zugigen Dach hat sich mein Vater Diphtherie eingefangen, eine schwere Infektion der oberen Atemwege. Je nach körperlicher Verfassung führt sie unbehandelt zum Tod durch Ersticken. Die Luftröhre schwillt zu. Im Krankenhaus gibt es keine Antibiotika. Die Ärzte empfehlen das einzig wirksame Mittel. Den eigenen Urin zu gurgeln. Er überwindet sich und kotzt sich die Seele aus dem Hals. Zwei Tage später verbessert sich sein Zustand. Er ist gerettet. Aber in Gefahr, in die Mühlen der Nazi-Verfolgungsbehörden der sowjetischen Militäradministration zu geraten. Die schicken Leute wie meinen Vater im Allgemeinen für fünfzehn Jahre in sibirische Bleibergwerke. Kaum jemand kehrt von dort lebend zurück. Er will deshalb Jena so schnell wie möglich wieder verlassen. Auch um meine Mutter und meinen Bruder wiederzusehen.

Während Hannover in Schutt und Asche zerbombt wird, evakuiert man einen großen Teil der Zivilbevölkerung auf das umliegende Land. Oma Gertrud, meine Mutter und mein Bruder werden der Familie Peters per Verordnung zugeteilt. In der Kleinstadt Sarstedt, fünfundzwanzig Kilometer südlich von Hannover. Gegen den starken Widerstand der Peters, Besitzer des Mietshauses auf der Eulenstraße 12. Die Familie betreibt einen Gemüseladen und eine Wäscherei.

Meine Mutter ist großstädtisch geprägtes Leben aus Jena und Hannover gewohnt. Sie muss heulen, als sie in Sarstedt aus dem Zug steigt. Es gibt weder Kanalisation noch Straßenbeleuchtung und es stinkt nach Kuhscheiße.

Die Unterkunft besteht aus zwei kleinen Zimmern. Einer Wohnküche unter dem schrägen Dachgeschoss mit Wasserhahn über einem emaillierten Abflussbecken. Eine viel zu kleine Dachluke lässt nur wenig Tageslicht in den Raum. Neben den Privaträumen der Peters befindet sich ein Stockwerk tiefer unser Schlafzimmer. Konflikte sind unvermeidlich. Die Gemeinschaftstoilette auf dem schmalen Hinterhof des Hauses ist ein simples Scheißhaus ohne Spülung. Ein stinkender Holzverschlag, in dem sich das Plumps-Klo verbirgt. Mit einer für Kinder viel zu hohen Sitz-Bank. Darauf zwei nebeneinanderliegende runde Löcher. Ein großes für Erwachsene, das kleine für Kinder. Im Winter saukalt. Nur von einer Kerze beleuchtet. An einem Nagel hängt Zeitungspapier, in kleine quadratische Stücke gerissen. Ich habe jedes Mal Angst, durch das große Erwachsenenloch in die Scheiße zu stürzen.

Als mein Vater aus Jena eintrifft, begrüßt ihn mein Bruder ängstlich mit »Onkel«. Es dauert Tage, bis er begreift, dass der fremde Mann sein Vater ist. Oma Gertrud zieht wieder nach Hannover.

Vor dem Krieg haben meine Eltern zwanzigtausend Reichsmark für ein Eigenheim gespart. Durch Krieg und Währungsreform für immer verloren. Sie versuchen nie wieder, Immobilien-Eigentum zu erwerben.

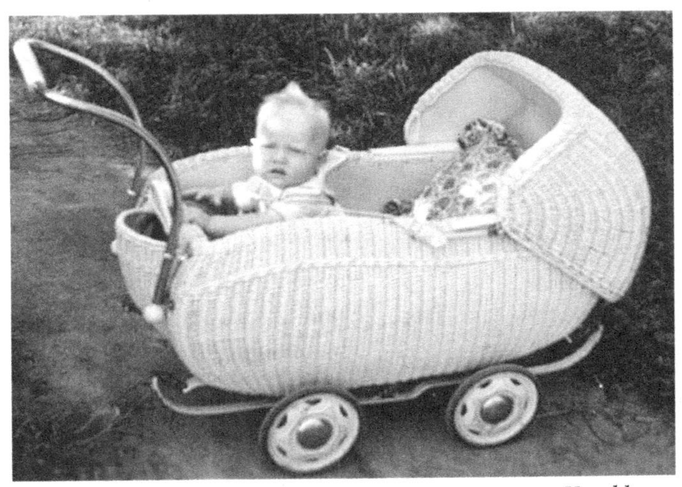

Harald, 1951

ICH

Ich bin eine Hausgeburt. Die findet Ende 1949 im dem gerade beschriebenen Schlafzimmer statt. Der freundliche Dr. Rühmkorf hat unmittelbar gegenüber seine Praxis. Er und eine Hebamme assistieren meine Geburt. Dr. Rühmkorf ist ein großgewachsener freundlicher Mann mit schütterem Haupthaar. Ein Schmiss hat eine seiner Gesichtshälften verunstaltet. Solche Narben entstehen bei illegalen studentischen Säbelkämpfen.

Stunden nach meiner Geburt bekommt es mein Vater plötzlich mit der Angst zu tun. Während seiner Zeit im Militärlazarett hat er erlebt, wie im Sterben liegende Männer bei ausreichend Tageslicht über Dunkelheit klagen, Folge hohen Blutverlustes. Als sich meine Mutter mit brechender Stimme bemerkbar macht: »Warum ist es hier so dunkel?«, schrillen seine Alarmglocken. So schnell es damals möglich ist, bringt er sie in das nächstliegende Krankenhaus nach Hildesheim. Dort gibt es Blutkonserven, die meine Mutter wieder halbwegs herstellen. Dr. Rühmkorf und der Hebamme aber ist entgangen, dass ein Teil der Nachgeburt im Körper meiner Mutter verblieben ist. Durch beginnende Zersetzung hat sie sich in eine giftige Substanz verwandelt und bringt das Leben meiner Mutter erneut in Gefahr. Der Kampf dauert vier Wochen, bis sie wieder auf dem Damm ist. Ich bekomme meine Mutter in dieser Zeit kaum zu Gesicht. Sie ist sehr geschwächt, Stillen ist nicht möglich. Ein »Fräulein«

Beckmann versorgt mich mit unpasteurisierter Kuhmilch. Was eine fatale Wirkung auf meinen Körper hat. Ich entwickle eine schmerzhafte Furunkulose auf meinem zarten Haupt. Nachdem ich sprechen und verstehen kann, gibt mir meine Mutter mindestens einmal im Monat zu bedenken: »Du warst ein schwieriges Kind!« Und fügt den ermutigenden Satz hinzu: »Du bist noch mal mein Sargnagel!« Ein anderer Satz ist: »Alles was du anfängst, ist doch nur ein Strohfeuer!« Lange Zeit in meinem Leben ein unbewusstes Leitmotiv.

Mein Vater erwirbt den Meistertitel als Büromaschinenmechaniker und wird von Karl eingestellt. Oma Gertrud schmeißt seit Jahren das Büro. Von Beginn an gibt es Spannungen zwischen Karl und meinem Vater. Der lässt seinen Frust regelmäßig an meiner Mutter aus. Die sich aber nie etwas von ihm gefallen lässt. Eine Eigenschaft, die sie von Oma Gertrud geerbt hat, die hinter ihrem Rücken mit einer Mischung aus Respekt und Angst von den Angestellten »die Chefin« genannt wird. Ich habe Angst vor dem grimmigen Karl, der bald an Kehlkopfkrebs erkrankt und 1957 langsam stirbt. Ursache sind vermutlich die teuren Zigarren, an denen er permanent lutscht. Oma Gertrud erbt die Firma.

Ich liebe meine Oma über alles. Ihre harte Schale schmilzt in meiner Gegenwart. Sie hat Mühe, mir meine Wünsche abzuschlagen.

In jedem Spätsommer verwandeln sich unsere Küchen in einen industriellen Kleinbetrieb. Meine Mutter stellt unablässig Marmeladen, Obst- und Gemüsekonserven her. In den Küchen und Kellern der Nachbarn stehen 20 Liter Flüssigkeit fassende Glasballons. Darin gären verschieden Fruchtweine. Ich beobachtete fasziniert die glucksenden, gläsernen Gärröhrchen, die in den großen Korken stecken, die die Hälse der bauchigen Flaschen verschließen. Kleingärtner wie meine Eltern bringen ihre Gurkenernte per Handkarren in eine Sarstedter Konservenfabrik. Hier riecht es stark nach Essig, Zwiebeln und Dill.

Supermärkte sind unbekannt. Alles für den täglichen Bedarf wird per Hand abgewogen und in Papiertüten verpackt. Meine Schulbrote sind in Butterbrotpapier eingewickelt und liegen in einer Blechdose.

Milch in Tüten gibt es noch nicht. Die wird per Handpumpe aus Aluminium-Kannen in kleine emaillierte Milchkannen gefüllt. Die bringt man mit. Wenn die Handpumpe gelegentlich versagt, nimmt der plattdeutsch sprechende Milchmann Herr Plumhoff entsprechend große Messbecher in die Hand. Auf der unbehandelten Rohmilch schwimmt verklumpte Sahne. Butter schabt Herr Plumhoff mit einem Rakel aus einem Holzfass, bevor er sie abwiegt und in wasserfestes Wachspapier wickelt. Durch seinen gekachelten Laden wabert der Geruch von Käse. Was ich nicht ausstehen kann. Von Käse wird mir als Kind immer schlecht.

1955 gibt es insgesamt nur zwei Millionen Autos in West-Deutschland. Jeder dreiunddreißigste Bundesbürger besitzt eines. Das allgemeine Straßenbild wird von sieben Farben dominiert: Schwarz, Grau, Dunkelblau, Taubenblau, Beige, Weinrot und ein dunkles Braun. Hier und da sieht man weiße Autodächer und Weißwandreifen.

Ich hasse den Kindergarten der evangelischen Kirche, unmittelbar hinter der Volksschule gelegen. Den besuche ich gemeinsam mit Wolfgang Stryj, später Rhythmus-Gitarrist meiner ersten Band, und Rudolf Schenker, der zehn Jahre später die Scorpions gründet. Ich nerve meine Mutter so lange, bis sie mich aus dem ungeliebten Kindergarten herausnimmt.

Jeden Samstag werden ich und mein Bruder in einer Zinkbadewanne gebadet. Das Wasser dafür wird in einem stählernen Pfeifkessel auf dem kohlebeheizten Küchenofen erhitzt. Ich leide seit einem Jahr unter chronischer Bronchitis.

Im Sommer 1955 schickt mich Dr. Rühmkorf auf eine sechswöchige Erholungskur auf die Nordseeinsel Norderney. Auf dem Bahnsteig des Hildesheimer Hauptbahnhofs ergreife ich die Hand einer mir vollkommen fremden Frau. Eine amtliche Begleitperson. Dann klettere ich die Stufen hoch ins Waggoninnere, ohne mich noch einmal nach meiner Mutter umzuschauen. Sie bricht in Tränen aus. Mit vorwurfsvollem Unterton gibt sie die Szene im Laufe der Jahre immer wieder zum Besten.

An die Eisenbahnfahrt erinnere ich mich nicht. Aber gut an meinem ersten Blick aufs Meer und den salzig-modrigen Hafengeruch von Norddeich. Das Diesel-Fährschiff Frisia 2 macht gewaltigen Eindruck auf mich. Noch nie habe ich ein so großes Schiff gesehen. Meine erste Schiffsreise. Kreischende Möwenschwärme begleiten die Überfahrt nach Norderney. Aus meiner Kinderperspektive sehen die Viecher sehr gefährlich aus.

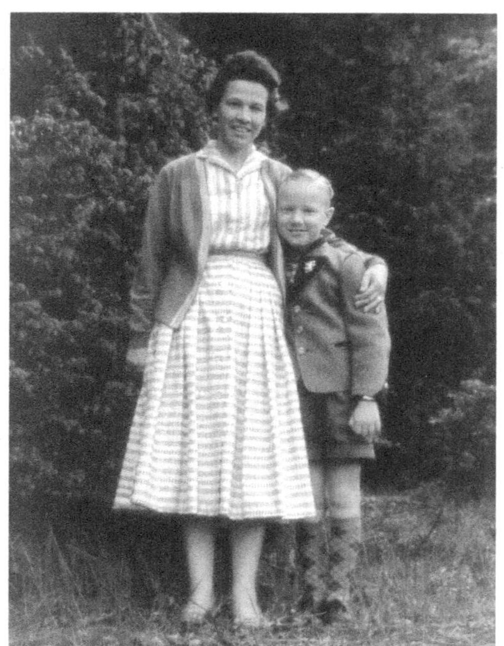

Zusammen mit Mutter Johanna, 1958

Gierige Blicke und scharfkantige, gelb-orangefarbene Krummschnäbel. Dreist und kreischend reißen sie unachtsamen Reisenden von hinten Tüten aus der Hand und streiten sich hackend um Brotkrumen am Boden.

Zusammen mit mir treffen fünfzig Kinder im Kinderkurheim Upstallsboom ein. Alle leiden wie ich unter Atemwegsproblemen. Salzhaltige Meeresluft und ausgedehnte Spaziergänge am Strand sollen unsere kleinen Lungen heilen.

An einem Abend wird zum Abendessen ausschließlich Käsebrot serviert. Käse finde ich wie erwähnt ekelig. Als ich eine Erzieherin nach Wurst frage, faucht sie mich an: »ISS DAS! SOFORT!« Ich warne sie schüchtern: »Von Käse wird mir schlecht!« Sie drückt mir eine Schnitte ins Gesicht und schreit mich an: »ISS DAS! SONST GIBT ES HEUTE GAR NICHTS MEHR FÜR DICH!«

Ich würge ein paar Bissen hinunter. Im nächsten Moment kotze ich die Käseschnitte und den Kuchen vom Nachmittag auf den Teller mit dem Stapel Käseschnitten, der direkt vor mir auf dem Tisch steht. Was augenblicklich eine Kettenreaktion bei den Kindern auslöst, die unmittelbar neben mir sitzen.

Über mehrere Minuten setzt ein Würgen, Sprühen und Spritzen ein. Die Erzieherinnen stürzen hektisch hinzu, um den »GAU« unter ihre Kontrolle zu bringen. Ich werde weggezerrt, bis zum Ende des Abendessens in den Nachbarraum gesperrt und bekomme nichts mehr zu essen. Die schwarze Erziehung des 19. Jahrhunderts ist hier noch quicklebendig. 1,5 Millionen verschickte Kinder werden damals auf den Nordseeinseln, in Heimen an der Küste und in den bayerischen Bergen auf ähnliche Weise und noch viel schlimmer misshandelt.

Zum Ärger meiner Mutter trägt mein Vater das gleiche Oberlippenbärtchen wie Hitler. Sie muss ihm jahrelang auf die Nerven gehen, bevor er das Ding abrasiert. Anfang der sechziger Jahre hat er sich wie alle seine männlichen Zeitgenossen eine kleine Wirtschaftswunder-Speckschicht zugelegt. Dazu kommen modische Fehlgriffe nach Brillengestellen. Die steigern den Eindruck, dass er wesentlich älter aussieht als er ist. Regelmäßig wird er von der Kundschaft mit Herr Kracke angesprochen. Sie halten ihn für den Geschäftsinhaber und Ehemann von Oma Gertrud. Oma war nie mit Karl verheiratet. Hat das Geschäft aber von ihm geerbt. Dann erbt es meine Mutter. Später mein Bruder. Bis Ende der neunziger Jahre trägt es den Namen Karl Kracke. Am Ende ist es der Papier- und Zeitungsladen meines Bruders.

OSTZONE

Die DDR wird in der Öffentlichkeit von drei Gerüchen dominiert. Wofasept, Zweitakt- und Dieselabgase. Der Geruch von Wofasept, jahrzehntelang das Reinigungs- und Desinfektionsmittel der DDR, ist sehr aufdringlich und unverwechselbar.

Bis zum Bau der Berliner Mauer am 13. August 1961 können DDR-Bürger relativ unkompliziert zu ihren Verwandten in den Westen Deutschlands reisen. Im September 1955 bekommen wir Besuch aus der DDR. Tante Ruth und ihr Sohn, mein Cousin Jörg. Tante Ruth ist die jüngste der fünf Schwestern meines Vaters. Auf dem Rückweg in die DDR nehmen mich die beiden mit nach Jena. Ich darf dort ein paar Wochen Ferien machen, bevor ich ein Jahr später eingeschult werde. Meine gesamte väterliche Verwandtschaft ist nach dem Krieg in der DDR geblieben. Tante Ruth lebt mit ihrem Mann Karl-Heinz und Jörg zusammen mit meinen Großeltern Albin und Linna Grosskopf im gleichen Haus der Reichsbahnsiedlung auf der Dornburger Straße 53, in dem schon mein Vater aufwuchs.

Mein Cousin Klaus, Sohn von Tante Hertha, ist bei den Großeltern während seines Studiums in Jena untergebracht. Klaus ist später in den Konstruktionslabors von Zeiss als Doktor der Chemie an der Entwicklung von hochauflösenden optischen Linsen für eine Fotokamera des sowjetischen Sojus-Weltraumprojektes beteiligt.

Großvater Albin arbeitet bis zu seiner Pensionierung in einem Stellwerk der Reichsbahn als Oberstellwerkmeister. Ein verschlossener Mann mit kräftigem, gedrungenem Körperbau. Weißgraue millimeterkurze Haare reichen bis in den Stiernacken. Jeden Tag schluckt er einen Teelöffel mit gemahlenem schwarzen Pfeffer. Danach einen Esslöffel Leinsamen.

Einmal beobachte ich, wie Opa Albin ein Exemplar der DDR-Tageszeitung NEUES DEUTSCHLAND mit der Bemerkung »Kommunistisches Drecksblatt! Alles erstunken und erlogen!« wütend auf den Fußboden schleudert.

Die gutmütige Oma Linna ist klein, zerbrechlich, untergewichtig und redet wenig. Man sieht ihr die Erziehung ihrer sieben Kinder an.

Im Vergleich zum Westen herrscht Mitte der fünfziger Jahre in der DDR allgemeiner Mangel und technische Rückständigkeit. Man kauft hier, was man gerade bekommt.

Onkel Herbert, ein ehemals glühender Verehrer Hitlers und Mitglied der SA, hat sich in der DDR schnell zu einem überzeugten Sozialisten gewandelt. In seinem Wohnzimmer fasziniert mich ein schwarzes Klavier. Ich habe noch nie eines berührt und beginne enthusiastisch auf die Tasten zu hämmern, bis Cousine Edda ins Zimmer stürzt und »AUFHÖREN! AUFHÖREN« brüllt. Ich ignoriere sie, bis sie mit einem Brotmesser aus der Küche kommt und mir mit dessen flacher Seite auf die Finger drischt. Es blutet und ich schreie.

Im folgenden Jahr ziehen wir aus der engen Behausung der Eulenstraße 12 in Sarstedt in die Zwei-Zimmer-Küche-Bad-Wohnung eines Sechs-Familien-Hauses auf den Wellweg 15b. Im Vergleich der reine Luxus. Auf dem Gelände stehen zwei weitere identische Häuser. Ohne Nebenkosten kostet die Monatsmiete nach heutigen Maßstäben etwa 35 €. In der Küche steht neben dem Küchenkohleofen ein vierflammiger Gasherd. Das Wohnzimmer ist gleichzeitig Schlafzimmer meiner Eltern. Jeden Abend klappen sie eine Schlafcouch auseinander. Das Zimmer wird mit einem kleinen Ölofen beheizt, der einen penetranten Dieselgeruch in der Wohnung verbreitet, sobald man beim Nachfüllen etwas danebenschüttet.

Mit meinem Bruder Wolfgang teile ich den anderen unbeheizten Raum. Mein Vater baut uns ein Hochbett hinter einem schweren Vorhang, der von der Decke bis auf den Boden reicht und das Schlafzimmer vom Wohnabteil trennt.

Hier steht jetzt der alte messingbeschlagene Rauchtisch aus Karl Krackes Büro. Zwei blaue Polstersessel im Fünfzigerjahre-Stil und eine Stehlampe mit drei bunten tütenförmigen Lampenschirmen vervollständigten das Ensemble.

SCHULE

Einschulungen und Versetzungen finden 1956 zu Ostern statt. Grundschulen werden Volksschulen genannt. Klassenlehrer Herr S. ist im Kern ein freundlicher Zeitgenosse, flippt aber gelegentlich aus und neigt zu Gewalttätigkeiten.

Mein Freund Gerald wohnt mit seiner Schwester Marita und den Eltern im Obergeschoss unseres Wohnhauses und sitzt neben mir auf der Schulbank.

Warum ich den Zorn von Herrn S. erregt habe, erinnere ich nicht. Merke nur, wie er urplötzlich links neben mir auftaucht und mit seinem Rohrstock zum Schlag gegen mich ausholt. Wie ein Murmeltier tauche ich blitzschnell ab. Der seitlich von einem Pfeifgeräusch begleitet geführte Schlag verfehlt mich, trifft aber eine Zehntelsekunde später den Kopf meines nichtsahnenden Freundes. Der brüllt vom Schmerz überwältigt auf und heult hemmungslos. Deutlich sehe ich den anschwellenden roten Streifen auf seiner Wange. Damit hat Herr S. nicht gerechnet, verrät sein überraschter Blick. Weil sich die Generation unserer Eltern in solchen Fällen nie für ihre Kinder starkmacht, hat das keine Folgen für den Mann. Anstatt sauer auf Herrn S. zu sein, spricht Gerald eine Woche nicht mit mir.

Ich spiele für mein Leben gerne Zweiter Weltkrieg. Baue mir aus Pappe und grauem Lack den Stahlhelm der Wehrmacht und eine MP aus Holz. Forme aus Knetgummi Armeen winziger Soldaten, die ich tausend Tode sterben lasse. Liebe es, tödlich getroffen zu Boden zu stürzen.

Besonders wenn Mädchen zuschauen, die ich mit meinen Stunts beeindrucken will.

Ich kokele auch gern. Sprühe Haarspray durch die offene Gasflamme unseres Küchenherds. Erfreue mich an der blau-grünen, langen Stichflamme die zischend auf der gegenüberliegenden Seite der Herdflamme entsteht.

Sonntage langweilen mich entsetzlich. Ich muss saubere Kleidung tragen und darf nicht auf das Nachbargrundstück. Auf dem hat der Onkel meines Freundes Dieter den Maschinenpark seiner kleinen Tiefbaufirma abgestellt. Ausrangierte Lkw der British Army. Ein Spielparadies.

Ein eingeschaltetes Schwarz-Weiß-Fernsehgerät in einer Schaufensterauslage erzeugt damals innerhalb kürzester Zeit einen Menschenauflauf vor einem Radio- und Fernsehgeschäft. Selbst wenn kein Ton zu hören ist. Oma Gertrud schenkt uns zu Weihnachten 1959 ein Gerät. Es kostet fast so viel wie zwei Monatsgehälter meines Vaters. Es gibt nur einen Sender. Der strahlt von siebzehn bis dreiundzwanzig Uhr ein Programm aus.

Ich kann Toni Siebers nicht leiden. Er wohnt mit seinen Eltern in der gegenüberliegenden mittleren Etage unseres Hauses. Ich misstraue ihm. Er ist etwas älter als ich und hat eine sadistische Ader. Drei Jungs hocken in drei Meter Höhe in der Astgabel eines jungen Nussbaums. Mein Freund Thomas, Toni und ich. Ein Mann taucht auf und will uns schimpfend vertreiben. Wir wollen abhauen. Thomas springt zuerst. Als ich mich zum Sprung abstoße, steht Toni grinsend mit einem Fuß auf einem meiner Füße. Ich stürze deshalb kopfüber zweieinhalb Meter nach unten und schlage hart auf. Meine Atmung blockiert. Stechender Schmerz in meinen linken Unterarm. Ich schleppe mich nach Hause. Beide Unterarmknochen meines linken Armes sind gebrochen. Toni streitet alle Vorwürfe ab. Von da an meide ich ihn.

Sein Vater war Soldat des Elite-Wachbataillons beim Reichsluftfahrtministerium von Hermann Göring in Berlin. Stolz erzählt er gern die Anekdote, dass Göring stets mit voller Absicht die breiten Eingangsstufen hoch eilt, um die perfekte Synchronität des obligatorischen Saluts der beiden obenstehenden Wachsoldaten zu stören.

Im örtlichen Schützenverein ist Tonis Vater Zugführer eines Spielmannszugs. Als er erfährt, dass ich angefangen habe, Schlagzeug zu spielen, drängt er mich immer wieder, als Trommler in seinen Schützenverein einzusteigen.

Ohne dass ich es ausspreche, lehne ich ganz im Sinne Albert Einsteins ab: »Menschen, welche Militärmusik mögen, gereicht die Rückenmarkflüssigkeit zum Denken.«

SPUTNIK

Die erste unbemannte Weltraumsonde Sputnik sieht aus wie ein silberner Fußball mit ein paar nach hinten geneigten Antennenstacheln. Damit liegen die Russen bei der Eroberung des Weltraums 1957 ganz vorne. Erst drei Jahre danach wird das amerikanische Gegenstück Echo 1 in die Umlaufbahn geschossen. Ein geodätischer Aluminiumballon mit einem Umfang von dreißig Metern. Die Medien haben die Welt seit Wochen vorbereitet. Wann und wo er vorüberzieht, wird in minutengenauem Zeitplan erläutert. Es heißt, man kann Echo 1 bei klarem Himmel mit bloßem Auge deutlich erkennen. Als leuchtender Stern, der sich über den Nachthimmel bewegt. Eine Sensation. Mein Bruder und ich dürfen aufbleiben. Wir fiebern dem Ereignis entgegen. Gegen Mitternacht haben sich etwa fünfzehn Familien auf dem Hof unserer drei Siedlungshäuser versammelt und starren mit Ferngläsern bewaffnet gebannt in den klaren Nachthimmel.

Jemand ruft plötzlich aufgeregt: »Da, da, da ist er!« Und zeigt auf eine Stelle am Himmel. Ein begeistertes Raunen hallt von den steinernen Häuserfronten. Ein winziger, etwas hellerer Stern als die anderen schiebt sich mit hoher Geschwindigkeit durch unser Blickfeld. Nach knapp zehn Minuten verschluckt ihn der Horizont.

Oma Gertrud hat in ein gebrauchtes Firmenauto investiert. Einen alabasterfarbenen BORGWARD GOLIATH GP 700 E Kombi. Von einem Zweitaktmotor angetrieben. Das nach Moped-Abgasen stinkende Gefährt stört wegen seiner häufig auftretenden technischen Macken massiv den Familienfrieden bei unseren gelegentlichen Wochenendausflügen.

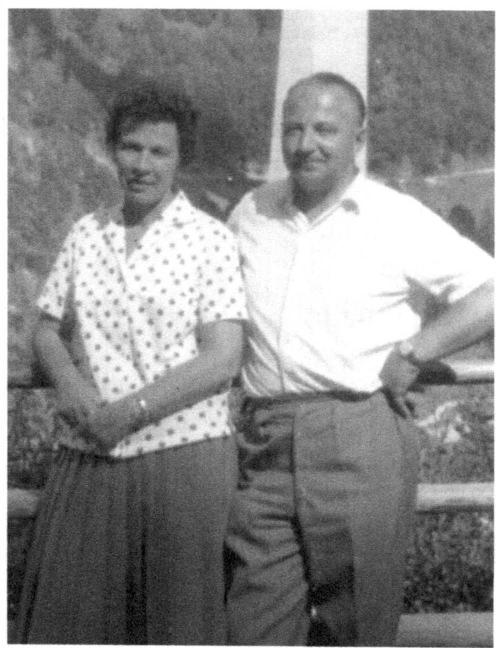

Eltern Johanna und Gerhard Grosskopf, 1963

Mal leckt der Kühler mitten in der Lüneburger Heide. Es droht Totalschaden durch Überhitzung. Mein Vater rennt mit einer Flasche bewaffnet zu jedem Bach, den wir gerade passieren.

Ein anderes Mal geht der Motor ständig aus oder es klemmt der Gaszug. Gerade als wir in Hannover in die Straße einbiegen, auf der Oma Gertrud wohnt. Hochtourig heult der Motor auf und lässt sich nicht mehr ausschalten. Fenster und Haustüren gehen auf. Genervte und neugierige Anwohner verfolgen das Geschehen an unserem Goliath verärgert oder schadenfroh. Mein Vater wird hektisch. Es vergehen Minuten, bis es ihm gelingt, den Motor abzuwürgen.

Oma Gertrud kauft daraufhin einen Neuwagen. Einen zweitürigen OPEL REKORD P1. Marineblau mit weißem Dach und verchromten, lang geschwungenen seitlichen Zierleisten. Ein technisches Wunderwerk im Stil amerikanischer Straßenkreuzer. Nur wesentlich kleiner. Mit 40 PS Leistung stellt er jeden VW Käfer in den Schatten. Nachbarn bewundern unseren »Bauern Buick«. Der bringt es auf atemberaubende 130 km/h. Endlich können wir längere Strecken ohne technische Probleme bewältigen.

Die erste Reise bringt uns zu Ostern 1963 auf die Schwäbische Alb in den kleinen Ort Schmiechen. Zu meiner Großtante Lisbeth, Schwester von Oma Gertrud. Sie lebt mit ihrem Mann, den wir Onkel Leopold nennen, und Adoptivsohn Peter in einem großzügigen Haus in Waldnähe. Tante Lisbeth und Onkel Leopold stammen auch aus Jena und sprechen mit unüberhörbar thüringischem Akzent. Onkel Leopold hat das Haus, in dem sie leben, von seinem Arbeitgeber Zeiss Ikon gestellt bekommen.

Er ist dort Betriebsleiter. Gegen Ende der fünfziger Jahre haben Lisbeth und er die DDR verlassen. Weil sie kinderlos sind, haben sie Peter adoptiert, ein kriegswaises Kind.

Wir sind wieder umgezogen. Wohnen jetzt hundert Meter weiter in einer etwas geräumigeren Dreizimmer-Wohnung auf der Friedrich-Ebert-Straße 15. Direkt gegenüber dem Haupteingang des evangelischen Friedhofs.

Zu Ostern 1960 wechsele ich auf die Schiller-Realschule. Mein Bruder absolviert hier gerade sein letztes Schuljahr. Neue Gesichter und Lehrer. Neunzig Prozent von ihnen haben ihr Handwerk im Dritten Reich erlernt. Waren Mitglied im Nationalsozialistischen Lehrerbund.

Erfreulich ist, dass die Hälfte meiner Klasse Mädchen sind. Ich verliebe mich unsterblich in Jutta. Meine Gefühlswelt ist verwirrt. Bei jeder Gelegenheit muss ich an sie denken. Wage aber nicht, mich ihr zu offenbaren. Schäme mich wegen meiner blöden Zahnlücke. Einer meiner oberen Schneidezähne ist nach einer Kollision mit dem Schädel eines Kindes beim Sport abgebrochen. Wenn ich lache, versuche ich die Lücke mit meiner Oberlippe zu verdecken. Was bescheuert aussieht. Ich bin extrem schüchtern und erröte ständig unkontrollierbar. Jutta gibt mir Nachhilfeunterricht in Mathe. Wunderbarer Vorwand, mich in ihrer Nähe aufzuhalten. Unerwartet und ohne Ankündigung verlässt Jutta plötzlich die Schule und ich sehe sie nie wieder.

In unserer neuen Badeanstalt mit einem nierenförmigen Becken bringe ich mir Tauchen und Schwimmen innerhalb kurzer Zeit selber bei. Unabhängig von Außen- und Wassertemperatur gehöre ich mit ein paar Freunden morgens zu den Ersten und abends zu den Letzten, die Bademeister Pieper aus dem Wasser vertreiben muss. Heinz Pieper ist in jedem Sommer schon nach wenigen Wochen tiefschwarz gebräunt. Allerdings nur Kopf und Arme. Mit kurzen Pfiffen aus seiner Trillerpfeife warnt er, wenn etwas nicht nach seinen Regeln läuft. Danach folgt ein kurzes »Hütet Euch!«

DUNKELBRAUN-SCHWARZE ERZIEHUNG

Die ersten zwei Parallelklassen der Schiller-Realschule liegen einige Kilometer vom eigentlichen Schulgebäude entfernt. Das Gebäude besteht nur aus zwei Klassenräumen und zwei Toiletten.

Klassenlehrer Herr B. nennen wir Kalle. Er ist wenig empathisch, gefühlsarm, distanziert und autoritär. Sein Gesicht erinnert mich an General Charles de Gaulle. Ein altes Foto von 1936 zeigt ihn im Kreise des Lehrerkollegiums. Allen steckt am Revers das weiß-rot-schwarze Parteiabzeichen der NSDAP.

Wochenlang versucht er uns »Die Glocke« von Friedrich Schiller einzubläuen. Wenn der übellaunige Mann spricht, regnet feiner Speichelnebel auf die ersten Tischreihen. Hier sitzen zwei Mädchen, die sich zunehmend ekeln und über Gegenmaßnahmen nachdenken. Eines Morgens holen sie Regenschirme hervor und spannen sie auf. Die Klasse grölt vor Vergnügen. Kalle ist sichtlich verunsichert, als ihm die beiden selbstbewusst die Lage erklären.

Ein anderer Herr B. ist ein ehemaliger Schulrat, der während der Nazizeit bis 1943 Direktor der Schiller-Realschule war. Nach seiner Pensionierung arbeitet er als Vertretungskraft und leitet den evangelischen Kirchenchor der Gemeinde. Der evangelische Christ neigt zu roher Gewalt, wenn Schüler nicht spuren, wie er will. Dann verteilt er Boxhiebe auf Schultern und Rücken seiner Opfer. Klassenkamerad Gerhard hält bei einer solchen Aktion seine Hände schützend nach oben und Herrn B.s Hieb bricht ihm den Mittelfinger. Auch das bleibt folgenlos für den Pädagogen.

In einem kindlichen Traum begegne ich dem heutigen britischen Monarchen Charles und seiner Schwester Princess Anne. Wir sind damals etwa gleichaltrig. Verstehen uns prächtig und sprechen Englisch miteinander. Ich verstehe alles, obwohl ich in Wirklichkeit kein einziges Wort kenne. Aus diesem Traum erwächst mein Wunsch, eines Tages gut Englisch sprechen zu können.

Mein Englischlehrer, Schulleiter Herr Dauß parodiert gern das Machogehabe jugendlicher Rock'n'Roll-Fans. Dazu lehnt er sich lässig gegen die Tafel und schiebt sich einen Bleistiftstummel in den Mund. Der soll eine Zigarette darstellen. Mit halb zugekniffenen Augen blickt er grimmig in die Runde und tut so, als kaue er Kaugummi. Gleichzeitig kämmt er sich pantomimisch die gegelten Haare lässig nach hinten. Wir brüllen vor Lachen.

Geschichtslehrer Herr D. ist ein übergewichtig klein geratener Mann. Sein Gesicht ist von zahlreichen blauroten feinen Äderchen durchzogen, Folge exzessiven Alkoholmissbrauchs. In der Mitte seines arroganten Gesichts glüht eine etwas zu groß geratene, dunkelrot angelaufene Nase. Um seine Glatze zu verbergen, hat er sich mit einer fetthaltigen Haarcreme das verbliebene Seitenhaar von links nach rechts über den blanken Schädel geklebt. Er trinkt auch tagsüber, hat stets eine Alkoholfahne während des Unterrichts. Eine zu große, dunkle Hornrandbrille mit dicken Gläsern sitzt viel zu weit vorne auf seinem Alkoholzinken. Über deren Brillenrand scannt er misstrauisch seine Umgebung ab. Der Mann hat ein sicheres Gespür für die obligatorischen Unsicherheiten pubertierender Schüler. Ohne Vorwarnung knöpft er sich unliebsame Schüler vor. Selbst größte Lernanstrengungen führen kaum dazu, ihn milde zu stimmen. »GRROSSSKOPF«, schnarrt mich sein fettglänzendes Gesicht sadistisch grinsend an, bevor er eine Frage zur deutschen Geschichte an mich richtet. Ich habe die Antwort nicht gleich parat. Nahezu beiläufig kommt schnarrend ein »FÜNF, GRROSSSKOPF!«. Dann darf ich das Ende des Unterrichts stehend verbringen.

Sportlehrer G. hat nie studiert. Wird kurz nachdem die Bundesrepublik 1949 gegründet ist in einem sechswöchigen Schnellkurs zum Lehrer gemacht. Während der Nazizeit zu autoritärem Starrsinn erzogene junge Männer sind plötzlich Lehrer im neuen deutschen Staat.

In Herrn G.s Achselhöhle kann man deutlich eine tätowierte 0 erkennen. Seine Blutgruppe, Zeichen seiner ehemaligen Angehörigkeit zur SS.

Wer Angst vor Kopfsprüngen vom Drei-Meter-Brett hat, dem hilft Göttsche eigenhändig auf die Sprünge. Was oft zu schmerzhaften Bauchklatschern führt. »Davon stirbt man nicht!«, kommentiert er das kurz.

Mathematik- und Physiklehrer Herr J. stammt aus Oberschlesien. Er rollt das R mit schlesischem Akzent. Sadistischer Humor blitzt auf, wenn er sich an seinen eigenen beleidigenden Wortschöpfungen ergötzt: »Du hast einen Vogel! Du hast einen Adler!« Oder: »Was grinst du wie ein Pferd?« Mädchen beschimpft er mit »Du blöde Kuh! Bist du ein Wiederkäuer?«. Wenn er keine oder nicht schnell genug die richtige Antwort bekommt, rügt er: »Du Salatkopf!« Herr J. ist fest davon überzeugt, dass das Benotungssystem von Eins bis Sechs nicht ausreicht, um unserer vermeintlichen Dummheit gerecht zu werden, wenn er einem Schüler zuruft: »Das ist eine glatte Sieben«, oder kurz: »Acht ... setzen!«.

Herr Albrecht unterrichtet Kunst und Biologie. Ich mag den freundlichen Mann mit seiner schwarzumrandeten, runden Brille. Wie Schulleiter Dauß gehört er zur entspannteren Sorte Lehrer. Herr Albrecht fördert meine künstlerische Ader und versucht mit Leidenschaft und Engagement, unser Bewusstsein für moderne Malerei zu wecken.

Werkkundelehrer Herr H. ist ein Mensch, der eigentlich tiefes Mitgefühl verdient. Er war Pilot und flog den Sturzkampfbomber Ju 88. Nach einigen hundert Einsätzen sind Stuka-Piloten körperlich und psychisch ausgelaugt. Mein Vater berichtet, dass von Kampfeinsätzen zurückkehrende Stuka-Piloten eine aschfahle Gesichtsfarbe und eine starre Mimik hatten.

Zu solchen Erfahrungen kommt, dass Herr H. mehr als zehn Tage lang in einem von Bomben zerstörtem Haus verschüttet ist, bevor man ihn befreien kann. Er wirkt immer leicht abwesend. Mit einer Ansammlung von mehr als zehn jungen Menschen ist Herr H. vollkommen überfordert. Er neigt zu unkontrollierten Gewaltausbrüchen. Als wir lärmend vor dem Werkraum im Keller auf seinen Unterrichtsbeginn warten, taucht er wie von der Tarantel gestochen urplötzlich auf, drängt mich in eine Ecke und prügelt los. Ich gehe in die Hocke. Hebe meine Arme schützend über den Kopf. Er trifft meine Brille. Die bricht und fällt zu Boden. Erst jetzt lässt er verunsichert von mir ab.

Mein Klassenlehrer in Deutsch und Religion ist Herr Mahlendorf. Der freundliche Mann gehört zur jüngeren Lehrergeneration, die in der noch neuen Bundesrepublik ihr Handwerk studiert haben. Im evangelischen Kirchenchor hat er sich mit meinen Eltern angefreundet. Der Chor, der von Vertretungslehrer Herrn B. geleitet wird.

Der Bruder von Herrn Mahlendorf ist eine berühmte Leichtathletik-Sportskanone. Bei den olympischen Sommerspielen 1960 in Rom gewinnt Walter Mahlendorf zusammen mit dem 100-Meter-Weltrekordsprinter Armin Hary die Goldmedaille der 4x100-Meter-Laufstaffel für Deutschland.

FERNSEHEN DER DDR

Ich besuche die achte Klasse. Meine Mutter arbeitet als Sekretärin in Oma Gertruds Büromaschinen-Firma. Ich bin tagsüber allein zu Hause. Kann nach der Schule tun und lassen, was ich will. Meine Eltern interessieren sich weder für die Schule noch für meine Hausaufgaben, die ich in der Regel kurz vor Unterrichtsbeginn versuche zu erledigen.

In Niedersachsen kann man DDR-Fernsehen empfangen. Anders als westdeutsches Fernsehen sendet das Fernsehen der DDR Vormittags- und Nachmittagsprogramme für die werktätige Bevölkerung. Gegen 14 Uhr läuft einmal in der Woche »Der Besondere Film«. Das sind Filmproduktionen aus russischen, bulgarischen, ungarischen und tschechischen Filmstudios. Ich mag russische Monumentalstreifen, Märchen- oder Politfilme wie das Oktoberrevolutions-Epos »Der Stille Don«. Ich lerne die Filme von Konrad Wolf kennen. Lange bevor sie nach der Wende 1989 im Westen einen gewissen Kultstatus erlangen. Seine Arbeiten sind politisch links orientiert und beschäftigen sich unter anderem mit der Nazizeit als Hauptthema. Konrad Wolf ist der bekannteste Filmregisseur der DDR und Bruder von Markus »Mischa« Wolf, bis 1986 der Spionagechef der DDR. Beide sind Söhne des in den dreißiger Jahren nach Moskau emigrierten Arztes, Schriftstellers und Kommunisten Friedrich Wolf. In Moskau wachsen die beiden Söhne auf, gehen dort zur Schule, lernen fließend Russisch zu sprechen und zu schreiben und werden sowjetische Staatsbürger. Konrad meldet sich zur Roten Armee und gehört zu den russischen Soldaten, die 1945 Berlin erobern. Nach dem Ende des Zweiten Weltkriegs kehrt Friedrich Wolf mit seinen Söhnen zurück nach Deutschland und ist im Auftrag Stalins maßgeblich an der Gründung der DDR beteiligt.

YEAH YEAH YEAH

Mit dem Titel »She loves you«, der von ihnen auch auf Deutsch gesungen erscheint, bricht gegen 1964 die Beatlemania aus, der Hype um die Beatles, der auch mein leidenschaftliches Interesse an populärer Musik weckt. Genauso will ich sein, will Musik machen und träume von einer erfolgreichen Weltkarriere und Reichtum. Ich kaufe mir ein Beatles-Outfit. Hellgraues Jackett mit schwarzem schmalen Kunstlederkragen. Schwarze Hose mit Nähten auf Vorder- und Rückseite der Hosenbeine und Beatle Boots. Das sind Kurzstiefelslipper mit hohen Hacken. Nicht hoch genug! Ein Schuhmacher nagelt unwillig ein paar weitere Schichten auf die Hacken und fragt, warum ich meine neuen Schuhe ruinieren will. Tatsächlich sind sie jetzt noch unbequemer als vorher. Meine Haare werden länger und wachsen über meine Ohren. Ich muss mir in der Öffentlichkeit böse Bemerkungen anhören: »Bei Adolf wärst du nicht so rumgelaufen!« Und: »So was wie ihr gehört ins Arbeitslager!« Wenn ich zu Hause Musik auflege, fragt mein Vater mürrisch: »Können die kein Deutsch?« und bezeichnet die Songs als »Negermusik.«

Rassistische Entgleisungen gehören zum Alltag der sechziger Jahre. In manchen Pausen brüllt der Hausmeister in die lärmende Klasse: »Hier geht es ja zu wie in einer Judenschule!« Folgen hat das keine für ihn.

Ich kann es kaum abwarten, bis eine neue Single der Beatles erscheint. Jede ihrer Neuerscheinungen ist extrem originell und tief berührend. Ich höre den ganzen Tag lang ihre Alben. Wieder und wieder. Meine Eltern verabscheuen die Musik. Ich kann mir weder Singles noch Alben kaufen. Zum Geburtstag bekomme ich ein batteriebetriebenes PHILIPS RK 5L, ein tragbares, monophones Tonbandgerät. Es hat die Form eines Kofferradios. Unter einem durchsichtigen Deckel auf der Oberseite drehen sich zwei acht Zentimeter große Tonbandspulen.

Klassenkamerad Bernd Thiem besitzt alle Beatles-Alben. Die, die ich noch nicht auf meinen Bändern habe, will ich bei ihm zu Hause aufnehmen. Es fehlt aber ein Audiokabel zur Übertragung. Ich nehme ein billiges Mikrofon. Lege es während der Aufnahmen auf den Tisch und trommele dazu mit den Fingern auf der Tischkante. Deutlich auf allen

Aufnahmen zu hören. Das Philips ist mein ständiger Begleiter. Auch im lokalen Freibad. Heiner Wesoly, Bassist der lokalen Band Les Clochards, setzt sich zu unserer Gruppe. Die Clochards sehe ich gelegentlich sonntags, wenn sie im Tanzlokal einer lokalen Gaststätte auftreten, und bewundere ihn und die Band. Heiner hört meine Beatles-Aufnahmen und fragte in die Runde: »Wer hat da im Hintergrund getrommelt?« Bernd zeigt mit dem Finger auf mich. Ich versinke vor Scham. Heiner bemerkt: »Super getrommelt! Mit dem Talent musst du Schlagzeug spielen!«

In diesem Moment erwacht mein Wunsch zu trommeln. Drummer haben mich stets fasziniert. Ich bin der trügerischen Meinung, trommeln sei leichter zu erlernen als andere Instrumente. Ab diesem Zeitpunkt trommele ich bei jeder Gelegenheit mit Messern, Gabeln und Löffeln. Auf Tische, Töpfe und andere Gegenstände. Die damit verbundene Geräuschentwicklung provoziert schnell Unbill in meiner Umgebung.

Aus dem Fundus der Schule leihe ich mir voller Tatendrang eine Snare-Drum, eine mit Naturfell bezogene Messingtrommel. Kaum habe ich sie zu Hause zwei Minuten lang bearbeitet, steht Frau Laube aus dem zweiten Stock auf der Matte und mosert. Ich soll leise trommeln. LEISE trommeln? Geht's noch!

Mit meinen Klassenkameraden Jochen und Rüdiger gründe ich eine Skiffle-Band. Skiffle ist ein Musikstil des 19. Jahrhunderts, der in englischen Hafenstädten entstand. Er hat auch die Beatles inspiriert. Wir proben nach dem Unterrichtsende in der Schule. Rüdiger spielt Kontrabass. Jochen E-Gitarre. Ich mangels Trommelstöcken mit Jazzbesen auf dieser Messing-Snare. Die einzige Trommel. Jochens Gitarre verstärken wir über ein Radio.

Meine anfängliche Begeisterung schlägt schnell in heftige Frustration um. Wir haben keine Perspektive, wohin das Ganze gehen soll. Bei jeder zweiten Probe fehlt einer der beiden. Der überholte Musikstil ist auch nicht wirklich das, wovon ich träume. Sondern die Musik, die der Zeitgeist hervorbringt. Schon bald ist es vorbei mit Skiffle. Jochen spielt inzwischen Gitarre bei den Dusters. Eine richtige Rockband mit aktuellen Hits im Repertoire. Ich bewunderte Jochens älteren Bruder Peter, Schlagzeuger der Dusters, der schon perfekt den Mersey Beat beherrscht.

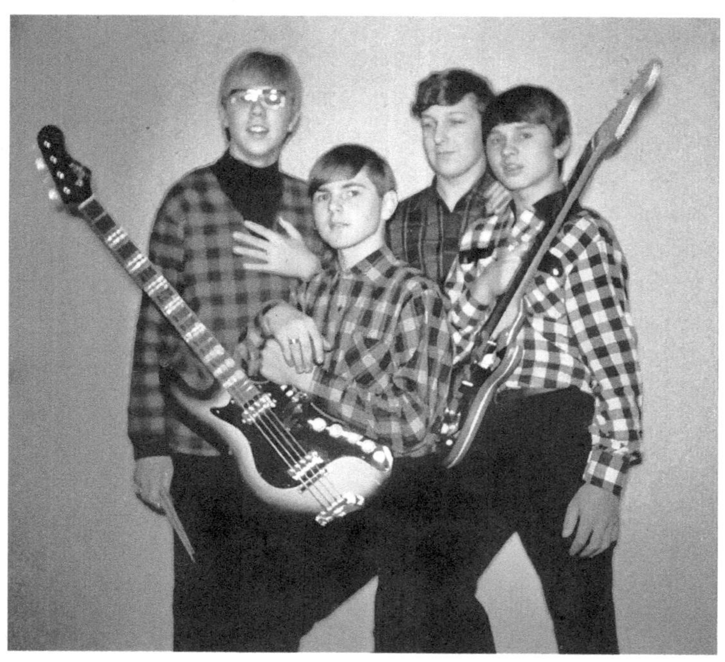

The Stuntmen, 1966

Mein Talent spricht sich anscheinend in der Sarstedter Musikszene herum. Christian Holik ist fünfzehn Jahre alt und zählt zu den heißen Solo-Gitarrentalenten im 13.000-Seelen-Ort. Bis auf den Drummer sei seine Band komplett, sagt er und fragt mich, ob ich einsteigen will. Ich will, besitze aber kein Schlagzeug. Wolfgang Stryj ist sechzehn Jahre alt und Rhythmusgitarrist. Ich bin mit ihm in den Kindergarten gegangen. Wolfgang bringt uns mit permanenten Clownereien zum Lachen. Ulrich »Ulli« Worobiec ist fünfzehn Jahre alt und hat eine gewisse Ähnlichkeit mit Paul McCartney. Allein dafür würde er in jede Band der sechziger Jahre aufgenommen. Der Sohn eines polnischen Schlachtermeisters spielt Ziehharmonika und Kirchenorgel. Während sonntäglicher Messen in der katholischen Gemeinde bedient er manchmal die Orgel und macht sich einen Spaß daraus, aktuelle Popmusikstücke zum Besten zu geben. Durch den sakralen Orgelsound fällt das nur Eingeweihten auf.

Wir geben uns den Namen The Stuntmen. Ulli schafft es in sensationell kurzer Zeit, von Orgel auf Bass umzusteigen. Zur gleichen Zeit gründet Rudolf Schenker in Sarstedt die Scorpions. Ich war auch mit ihm im Kindergarten und wir besuchen die gleiche Klasse der Schiller-Realschule. Er verlässt die Schule aber vorzeitig und beginnt in Hannover eine Lehre als Starkstromelektriker.

Christian und ich teilen uns den Sologesang. Ich bin für Nummern der Beatles, Kinks und von Donovan zuständig. Er singt unter anderem »My Generation« von The Who. Die Nummer, mit der die Band eine Weltkarriere macht. Christian hat vier Brüder und eine Schwester. Das ist vielleicht der Grund, dass seine stämmige Mutter das reine Nervenbündel ist. Der Vater ist ein kleiner, dünner, glatzköpfiger Mann. Schon bei geringstem Anlass neigt er zu cholerischen Ausfällen. Mama und Papa Holik streiten ungehemmt und laut. Die Kinder werden angebrüllt, wenn sie etwas angestellt haben. Was aber an ihnen schadlos abzuprallen scheint. Die Eltern stammen aus Böhmen. Ihr Deutsch ist von einem tschechischen Akzent geprägt.

Bei Familie Holik ist immer was los. Wenn an Samstagen der Bremer »Beatclub« mit aktuellen Popmusikgrößen im TV läuft, sitzen häufig zwanzig Leute im Wohnzimmer. Papa Holik steckt periodisch seinen Kopf durch die halb geöffnete Tür und wiederholt schwachköpfige Bemerkungen: »Immer der gleiche Lärm! Das ist doch primitive Negermusik! Können die nicht auf Deutsch singen? Das versteht doch keiner!« Ich verstehe die Texte in aller Regel auch nicht. Ist aber kein Problem. Die unter die Haut gehende Musik ist bedeutungsvoller.

Wir treffen uns mehrfach in der Woche in Christians Zimmer, das er sich mit einem seiner Brüder teilen muss. Wir haben kein Geld für Gitarren- und Bass-Verstärker. Christian, Wolfgang und Ulli schließen ihre Instrumente an alte Radios an. Ich habe noch kein Schlagzeug und bearbeite zwei große runde Waschpulverbehälter aus Pappe. Ein kleiner Kochtopf dient als Beckenersatz, den ich auf einen Pinsel hänge, den ich an einen Stuhl klemme. Selbst die relativ leisen Radios erzeugen Beschwerden bei Holiks Nachbarschaft. Papa Holik solidarisiert sich natürlich sofort mit ihnen, reißt die Zimmertür auf und brüllt Verbote. Das kann unseren Enthusiasmus aber nur für den Moment dämpfen.

Ganz anders der Vater von Scorpion Rudolf Schenker. Der ist Bauingenieur und ein sehr liberal denkender Mensch. Ich kenne niemanden in dieser Generation mit derartigem Wohlwollen gegenüber unseren Ambitionen. Er kann zuhören. Unterstützt Tochter Barbara und die beiden

Söhne Rudolf und Michael in allem, was sie musikalisch auf die Beine stellen. Der Mann hat die ungewöhnlichsten Ideen, Geld zu sparen. Neue Autos kauft er ab Werk. Werkseitig zum Schutz gegen Witterung aufgetragene Wachs-Schutzschicht entfernt er erst beim Wiederverkauf nach ein bis zwei Jahren. Verstärker und Gitarren für seine Kinder besorgt er beim Hersteller und im Großhandel. Bei einem Elternsprechtag beschwert sich ein Lehrer über Rudolfs schlechte Leistungen. Papa Schenker erwidert trocken: »Das braucht der Junge später sowieso nicht mehr!« Er wird Recht behalten. Als sich unsere Eltern weigern, Bürgschaft über einen Kredit für einen Verstärker für Christian zu übernehmen, springt Papa Schenker ein.

Mein graphisches Talent hat sich bis zu ihm herumgesprochen. Er bittet mich, für die Scorpions einen Plakatentwurf zu machen und erklärt, wie man kostengünstig Plakate herstellt. Ich soll den Entwurf mit schwarzer Tinte auf einem großen Bogen transparentem Butterbrotpapier herstellen. Dann nimmt man lichtempfindliches Papier, wie es Architekten für die Vervielfältigung ihrer Entwürfe verwenden. Es wird als Meterware in Papprollen geliefert. In schwarze, lichtundurchlässige Folie eingewickelt. Im abgedunkelten Keller schneide ich ein großes Stück in etwa DIN-A1-Format davon ab und lege es auf ein etwas größeres Holzbrett. Die lichtempfindliche Seite zeigt dabei nach oben. Darauf lege ich den Plakatentwurf und decke das Ganze mit einer Glasplatte ab. Die drückt Entwurf und Lichtpapier flach zusammen. Diese Konstruktion wird jetzt im Freien dreißig Sekunden der Sonne ausgesetzt. Das auf diese Weise belichtete Papier wird zusammengerollt und in eine Papprolle gesteckt, in deren seitlichem unteren Ende ein seitliches Loch geschnitten ist. Da hinein passt genau ein Marmeladenglas. Zur Hälfte mit Ammoniak aus der Apotheke gefüllt. Das obere Ende der Papprolle wird mit einem Deckel verschlossen. Das Ammoniak verdunstet und entwickelt das lichtempfindliche Papier innerhalb von vier bis fünf Minuten. Die wegen der schwarzen Tinte nicht belichteten Partien auf dem lichtempfindlichen Papier werden dauerhaft schwarz. Der Rest bleibt weiß. Nach einem halben Tag habe ich fünfzig Kopien hergestellt. Es dauert zwei bis drei Wochen, bis so ein Plakat im Freien bis zur Unkenntlichkeit verblasst.

FERIEN

Eine Klassenreise bringt uns nach West-Berlin. Die Mauer steht erst seit drei Jahren. Sie zu besuchen ist obligatorischer Programmpunkt westdeutscher Schulklassen. Die Mauer ist noch niedrig und besteht aus hastig gemauerten Backsteinen, darauf Stacheldraht.

Wir besuchen das Theater des Westens. Es läuft *Lady Windermeres Fächer*. Eine Verwechslungskomödie von Oscar Wilde. In der Hauptrolle Zarah Leander, ehemals größter UFA-Filmstar des Dritten Reichs. Mit ihrem männlichen Timbre sondert sie operettenartige Liedchen ab. Es klingt, als habe sie einen Frosch im Hals. Ich und ein paar Jungs langweilen uns zu Tode. In einer Pause verdrücken wir uns und kommen unbemerkt erst kurz vor Ende der Aufführung zurück. Am Hinterausgang des Theaters wartet die gesamte Klasse auf die Diva. Eben noch mimt sie eine jugendliche Liebhaberin. Als sie mit versteinerter Miene und Sonnenbrille auftaucht, wirkt sie extrem gebrechlich. Zwei Begleiter müssen sie stützen.

In den Sommerferien 1965 besuche ich Tante Frida in der DDR. Sie lebt im eigenen Haus mit Garten auf dem Falkenstieg im Jenaer Stadtteil Wenigenjena. Sie ist eine entfernte Verwandte aus der Linie von Oma Gertrud. Die alte Dame ist seit den dreißiger Jahren eine stramme Sozialistin. Wir geraten manchmal über den Ost-West-Konflikt aneinander. Ich bin fünfzehn und habe nur ein rudimentär entwickeltes Bewusstsein für Politik und Geschichte. Bin daher argumentativ im Nachteil. Ich bekomme von der lokalen DDR-Administration eine Einladung, an einer Diskussion mit jungen DDR-Bürgern teilzunehmen. Gehe aber nicht hin. Die Vorstellung, auf mich allein gestellt mit zwanzig ausgesuchten Jugendlichen in blauen FDJ-Hemden über die Vorteile des Sozialismus und die Nachteile des Kapitalismus zu diskutieren, ist mir nicht geheuer.

Zusammen mit Cousin Jörg infiziere ich mich im Ostbad Jena mit Hepatitis. Die bricht aus, als ich wieder zu Hause in Sarstedt bin. Ein Internist schickt mich aus seiner Praxis ohne Umweg direkt auf die Quarantänestation eines Krankenhauses in Hannover. Ein Desinfizierungstrupp rückt am nächsten Tag zu Hause an und befreit unsere Wohnung von den Erregern. Meinen Eltern und meinem Bruder nehmen sie Blut ab.

Im Isolations-Zimmer liege ich zusammen mit zwei älteren Herren, die hier schon seit Monaten mit gleicher Diagnose liegen. Der Raum hat kein separates Bad mit Toilette, wie heute überall Standard. Neben dem Waschbecken steht ein rollbarer Toilettenstuhl.

In den ersten zwei Wochen des Aufenthaltes fühle ich mich total elend, matt und appetitlos. Ich fühle mich wie in einem Knast. Man setzt mich auf strenge Diät. Kein Salz. Kein Fett. Kein Zucker. Keine Kohlensäure. Außer Ärzten, Pflege- und Reinigungspersonal darf niemand das Zimmer betreten. Ich darf auch nicht raus. Besuch kann ich nur vom Balkon auf Distanz im Freien sehen. An Sonntagen stehen da so viele Menschen, dass ich brüllen muss, um mich zu verständigen.

Meine Langeweile steigert sich von Tag zu Tag. Ich lese jede Zeitung durch, die ich in die Finger bekomme. Ausgerechnet jetzt sind die Beatles auf Deutschlandtour. Ich verfolge leidenschaftlich die Tourberichte der Jugendzeitschrift *Bravo*.

Nach drei Wochen fühle ich mich total fit. Es dauert aber noch einmal drei Wochen, bis es endlich heißt, ich solle meine Sachen packen und mich zu einer abschließenden Röntgenuntersuchung begeben. Auf dem Weg dahin wird mir schwarz vor Augen. Ich bin nahe dran, ohnmächtig zu werden. Wochenlanger Bewegungsmangel hat das verursacht. Die Krankenhausdiät hat mich ein paar Kilo gekostet, aber ich bin stolz, dass meine Haare stark gewachsen sind. Nach sechs Wochen Quarantäne bin ich wieder zu Hause.

Im Fernsehen sehe ich eine Dokumentation über den Auftritt der Beatles im Zirkus Krone in München. Eine einzige Enttäuschung! Schiefer Gesang, grauenhafter Sound und das alles übertönende Gekreische der Fans haben meine grenzenlose Zuneigung zu den Fab Four in Mitleidenschaft gezogen.

In der Schule bekomme ich Ärger mit dem Schuldirektor. Der putzt mich vor der ganzen Klasse wegen meiner langen Haare runter: »So läufst du mir hier nicht rum!« Dabei hat er selber lange Haare, die nach hinten gekämmt mittels Fett an seinem Kopf kleben. Bei Schulveranstaltungen sitzt er auf der Bühne am Konzertflügel und macht mit mäßiger Begabung auf Beethoven. Dabei fallen ihm immer wegen übertrieben theatralischer Bewegungen die geölten Haare ins Gesicht. Zwischendurch wirft er beifallheischende Blicke ins Publikum. In Vertretungsstunden erzählt der Direktor auch immer wieder stolz von seinen Kriegseinsätzen als Fallschirmspringer, bei der die Wehrmacht die griechische Insel Kreta überfällt und deren Bevölkerung terrorisiert.

Oma Gertud hat Unterleibskrebs. Eine vorangegangene Operation und Bestrahlung haben den Krebs nicht besiegen können. Als ich im Krankenhaus liege, bricht er zum zweiten Mal aus. Sie liegt jetzt in ihrer Wohnung. Die Medizin kann ihr nicht mehr helfen. Meine Mutter pflegt sie. Ich habe Oma Gertrud wegen der Quarantäne ein paar Wochen lang nicht gesehen. Es schnürt mir das Herz ab, als ich ihr Schlafzimmer betrete. Sie ist apathisch, stark abgemagert und scheint unter Schmerzen zu leiden. Ich begrüße sie und stürze wieder aus dem Raum, da ich verzweifelt bin und weinen muss. Ich spüre, dass es mit ihr zu Ende geht. Kann und will ihr nicht zeigen, wie sehr ich unter dieser Vorstellung leide. Als ich mich verabschiede, weiß ich, dass ich sie nie wiedersehen werde.

Auf ihrer Beerdigung bekomme ich Weinkrämpfe und man kann mich kaum beruhigen. Noch Monate danach verfolgt mich Oma Gertrud in meiner Phantasie. Einmal glaube ich, sie in einer mir entgegenkommenden Straßenbahn sitzen zu sehen. Ein anderes Mal bin ich sicher, sie auf der anderen Straßenseite gehen zu sehen.

TROMMELN

Mein erstes Schlagzeug ist ein gebrauchtes, mit roter Glitterfolie beklebtes Kinderschlagzeug der Firma Lefima aus dem oberpfälzischen Cham. Es ist extrem klein. Das winzige Gerät besteht nur aus Bassdrum, Snare, Hängetom und Hi-Hats. Ein Becken steckt auf einer Stange, die in der der Bassdrum steckt. Es passt komplett in einen Leinensack, den ich auf meinem Fahrrad zu unseren Proben transportieren kann. Das Teil ist eine vorübergehende Notlösung. Es klingt dünn und ich träume von einem amerikanischen Ludwig, dem »Rolls Royce« unter den Schlagzeugen.

Alle berühmten Drummer benutzen es. Aber es ist sehr teuer und daher für mich unerschwinglich.

Um ein halbwegs brauchbares Schlagzeug in die Hand zu bekommen, muss ich Geld verdienen und ich beginne in den Schulferien, als Hilfsarbeiter auf dem Bau zu arbeiten.

Die erste Baustelle ist die Friedhofskapelle des evangelischen Friedhofs mit seinem Haupteingang direkt gegenüber unserer Wohnung. Ich brauche morgens nur fünfzig Meter zu laufen. Mein Stundenlohn: 1,65 DM. Zur zweiten Baustelle muss ich die Straßenbahn benutzen. Auf dem Bau schleppe ich in der Hauptsache Steine und bin abends vollkommen fertig. Am Ende der Ferien habe ich 200 DM zusammen. Das Kinderschlagzeug verkaufe ich gewinnbringend für 150 DM. Endlich kann ich mir ein richtiges Schlagzeug kaufen. Das Tromsa hat sogar eine gewisse Ähnlichkeit mit einem Ludwig. Ich bin stolz, als ich das Gerät aus dem Musikgeschäft nach Hause schleppe.

Der zweite Auftritt der Stuntmen steht an. Dank Herrn Schenker haben wir jetzt einen Verstärker für Christian. Leider noch keine für Wolfgang und Ulli. Auch keine Gesangsanlage. Die Event-Locations haben damals kein eigenes Equipment, wie in den USA schon seit den frühen Fünfzigern unabdingbar.

Einzige Chance für uns aufzutreten ist, wenn befreundete Bands uns ihr Equipment ausleihen und wir als deren Vorgruppe auftreten. Wir sind zu jung für den Führerschein. Das bedeutet weitere Abhängigkeiten.

Kalle kenne ich aus dem Schwimmverein des Turnklub Jahn Sarstedt. Er ist schon achtzehn und hat einen Job. Seit kurzem auch Führerschein und Auto. Ein gebrauchter weißer Fiat 500. Kalle steht auf die Stuntmen und bietet an, uns gegen Spritgeld zu fahren. Der kleine Fiat ist natürlich viel zu klein für fünf Personen und Instrumente. Kalle muss die Strecke immer zwei- bis dreimal abfahren.

Unsere Gigs finden meist in Tanzsälen von Dorfkneipen der näheren Umgebung statt. Unsere Gage ist im Schnitt 100 DM und vor Ort ein Essen mit Getränken für die Band.

Für diesen zweiten Gig werden wir als Vorgruppe einer Band aus Hannover engagiert. Wir dürfen deren Mikrofone, Verstärker und Gesangsanlage benutzen. Der Gig soll in einem ehemaligen Kino stattfinden, dessen Sitzreihen entfernt sind. Auf der freigewordenen Fläche stehen in Abständen große runde Tische mit weißen Tischdecken. Darauf kleine Blumenarrangements. An Wänden und Decken hängt noch Silvesterdekoration.

Wir treffen am frühen Nachmittag ein. Von der Hauptband ist noch nichts zu sehen. Ich baue mein neues Schlagzeug hinter einem dicken Vorhang zum ersten Mal auf einer Bühne auf. Wir können erst Soundcheck machen, wenn die Hauptband ihr Equipment aufgebaut hat. Eine Stunde vor Beginn der Veranstaltung ist immer noch nichts von der Hauptband zu sehen und wir müssen langsam eine Entscheidung fällen: Einpacken oder improvisieren. In einem ehemaligen Kino sollten irgendwo Lautsprecher und Verstärker rumstehen, spekulieren wir.

Hinter dem schmutzig braunen Vorhang der Bühnenrückwand entdecken wir die alte Projektionsleinwand. Dahinter auf einem Eisengestell montiert tatsächlich ein amerikanischer Goodman- Bass-Kinolautsprecher von achtzig Zentimeter Durchmesser und ein dazugehöriger 100-Watt-Mono-Verstärker. Ewig nicht benutzt. Ein Test bestätigt, dass er funktioniert. Wolfgang gelingt es, Bass, Gitarre und ein Mikrofon anzuschließen. Der Goodman ist mit hohen und mittleren Frequenzen völlig überfordert und liefert einen dumpfen Sound.

Es ist zehn Minuten vor acht. Kein einziger Besucher ist bisher erschienen. Auch weil der veranstaltende Wirt keine Werbung gemacht hat und kein Schwein uns hier kennt.

Wir sollen anfangen zu spielen, um Gäste, die sich im vorderen Teil der Kneipe aufhalten, in den Saal zu locken. Nachdem wir angefangen haben, trudeln tatsächlich einige Paare ein. Die wenigen Gäste und der dumpfe Sound sind frustrierend. Unsere Stimmung am Boden. Was dazu beiträgt, dass unter den Gästen keine Stimmung aufkommt.

In den Sechzigern spielt eine Band in der Regel vier bis fünf Stunden. Mit einer zwanzigminütigen Pause alle fünfundvierzig Minuten. In einer der Pausen bekommen wir unser vereinbartes Essen. Eine Riesen-Currywurst mit Fritten. Im Hintergrund läuft in jeder Pause der Titel »Barbara Ann« von den Beach Boys. Wenn ich den später irgendwo höre, verbinde ich es für immer mit diesem traurigen Auftritt. Wegen des schlechten Besuchs der Veranstaltung zahlt der Wirt nur die Hälfte der vereinbarten

Gage. Ich bin am Boden zerstört, aber Wolfgang macht auf der Rückfahrt seine Späße.

Aus Tischlerplatten habe ich Ulli einen neuen Korpus für seinen Bass gebaut. Dem habe ich eine sehr ungewöhnliche Form gegeben und ihn violett lackiert. Moderatoren werden damals Ansager genannt. Bei einem Festival-Auftritt ist Chris Howland Ansager. Der Engländer ist ein großer Radio- und Fernsehstar in Deutschland und bewundert den Bass, bevor wir beginnen zu spielen, und ich bin sehr stolz.

Rock-Drummer sitzen auf hohen Podesten hinter der Band. So etwas will ich auch und muss vorerst improvisieren. Schiebe drei rechteckige Tische zusammen. Zwei mit den Stirnseiten gegeneinander. Den dritten mittig dahinter. Auf die entstehende Fläche stelle ich mein Schlagzeug. Die Bassdrum positioniere ich mittig auf den beiden vorderen. Ich sitze auf dem einzelnen dahinter. Eine Bassdrum wird mit einem Fußpedal angeschlagen. Dabei wird sehr viel Energie freigesetzt. Dadurch wird sie und alles, was an ihr befestigt ist, mit jedem Tritt zentimeterweise nach vorne geschoben. Im ungünstigsten Fall für den Fuß nicht mehr erreichbar. Um das zu verhindern, stellt man unter das Schlagzeug einen alten Teppich oder treibt ein paar Nägel in den Boden vor der Bassdrum.

Die Veranstaltung ist gut besucht. Nach ein paar Stücken füllt sich unmittelbar vor uns die Tanzfläche. Ich habe einen guten Überblick auf die Kollegen und das Geschehen auf der Tanzfläche. Fühle mich, als sei ich der Mittelpunkt der Veranstaltung. Meine Bassdrum wandert mit jedem Tritt ein paar Millimeter nach vorne, auch die beiden vorderen Tische, auf denen sie steht. Was ich nicht merke. Eines der drei Beine meines Sitzes rutscht in die entstehende Lücke. Ich kippe augenblicklich nach vorne und halte mich am Schlagzeug fest. Kein wirklicher Halt! Ich stürze über die Tischkante und lande mit meinem gesamten Schlagzeug gewaltigen scheppernd vor den Füßen der Besucher auf der Tanzfläche. Ulli, Wolfgang und Christian sind erschreckt und hören auf zu spielen. Ich bin unverletzt und rappele mich schnell wieder hoch. Der ganze Saal bricht in schallendes Gelächter aus.

Ulli hat sich eine Bassbox mit Verstärker zugelegt. Kalles Fiat 500 ist jetzt noch ungeeigneter für unsere Touren. Auch Wolfgang hat aufgerüstet. Kalle überredet seinen Vater, einen gebrauchten VW-Bus zu kaufen und überrascht uns, als er stolz mit einem türkisfarbenen T1 aufkreuzt. Endlich können wir alles in einem Rutsch zu unseren Gigs transportieren.

BILL HALEY

Rock'n'Roll war gestern und wird seit ein paar Jahren von Beatmusik abgelöst. Mit Elvis konnte ich noch nie etwas anfangen. Der kleidet sich unerträglich und wird immer fetter. Die »Roll Over Beethoven«-Version der Beatles finde ich besser als das Original von Chuck Berry.

Ehemals weltberühmte Protagonisten des Rock'n'Roll tingeln durch Deutschland. In einem Vorort von Hannover sind die Stuntmen Vorgruppe der berühmten amerikanischen Rock'n'Roll-Ikone Bill Haley and his Comets. Seine Band. Bill Haley hat Welthits wie: »Shake, Rattle And Roll«, »See You Later Alligator« und »Rock Around The Clock« geschrieben. Seine Musik kenne ich aus dem Radio und seinen Musikfilm *Rock Around The Clock* in der deutschen Version *Außer Rand und Band.* Der Regisseur Richard Brooks setzte den Song in seinem Jugend-Szenefilm *Blackboard Jungle* ein. In der Hoffnung, die Produktionskosten etwas zu kompensieren, kauft er die Songrechte von Haleys Label Decca und ist überrascht, sie für nur einen Dollar zu bekommen. Der Film wird ein Welterfolg, drückt »Rock Around The Clock« für acht Wochen auf Platz Eins der US-Charts und verkauft sich sechs Millionen mal. Der gleichnamige Film löst bei seinem Erscheinen 1956 in England und den USA Tumulte und Massenschlägereien aus. Mit 25 Millionen Verkäufen in der Folgezeit wird er zum meistverkauften Popsong aller Zeiten.

Als wir spielen, interessiert sich kaum jemand für uns. Der Saal ist nur mit wenigen Zuhörern gefüllt. Nach und nach werden es mehr und schließlich halb voll, als Haley mit seiner Performance beginnt. Haley, der einst Stadien füllte, tritt hier in einem Saal auf, in den maximal fünfhundert Menschen passen. Knapp fünfzig seiner Hardcore-Fans im Rock'n'Roll-Outfit sind erschienen. Lederjacken, Haare nach hinten geölt, die im Nacken zu einem Gebilde zusammenlaufen, der »Entenarsch« genannt wird. Dazu eine Tolle über der Stirn. Auch Haley trägt eine solche Frisur. Das fettige Haar ist inzwischen lichter. Und die

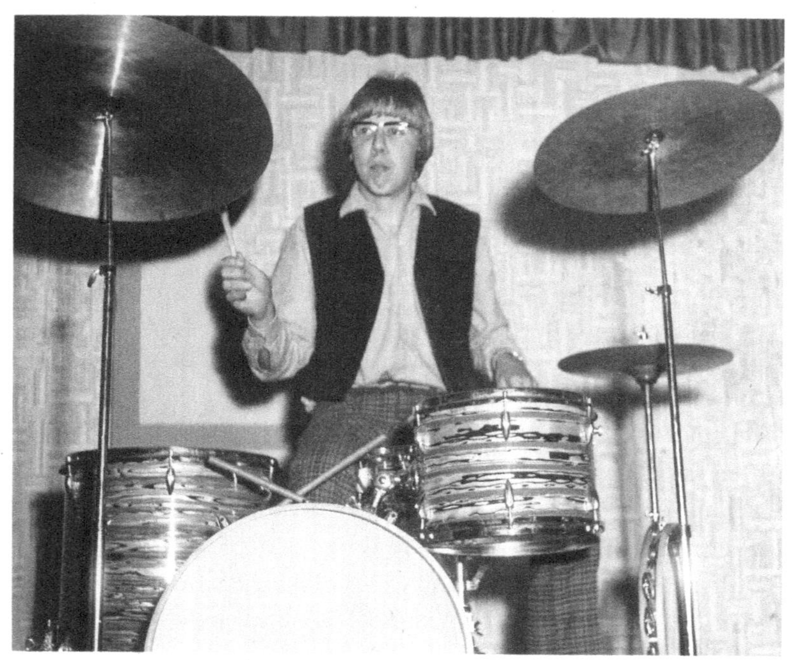

Am Schlagzeug der Stuntmen, 1969

Rocker-Tolle hängt ihm strähnig im Gesicht. Er ist wesentlich dicker als auf seinen Autogrammkarten. Vermutlich haben Alkoholexzesse sein Gesicht aufgedunsen. Haley hat einen starken Augenfehler. Ein Auge blickt nach links. Das andere nach rechts. Im Gegensatz dazu schielt Sologitarrist Francis »Franny« Beecher sehr stark. Ich stehe unmittelbar vor der Bühne und kann dem Mann nicht in die Augen sehen.

Haley and his Comets sind sehr routinierte Profis. Trotz der wenigen Zuhörer im Saal produzieren sie einen mitreißenden Drive, der die Fans immer wieder aus dem Häuschen geraten lässt. Bassist Marshall Lytle springt während eines Solos auf seinen Kontrabass. Drummer Ralph Jones hat kein Schlagzeug im Gepäck. Vermutlich haben Transportkosten den finanziellen Rahmen der Tournee überfordert. Jones ist unglaublich dick, aber erstaunlich beweglich. Stolz leihe ich ihm mein brandneues Tromsa. Wegen seiner Leibesfülle kann er nur diagonal auf dem kleinen Schlagzeug-Podest sitzen. Am Ende wollen die Hardcore-Fans Haley nicht von der Bühne lassen.

MY GENERATION

Unsere Väter beginnen sich zunehmend in unsere Angelegenheiten einzumischen. Sie wollen Ordnung in die Band bringen. Was immer das heißen soll. Kalles VW-Bus gerät zum Zankapfel. Kalles Vater will eine finanzielle Beteiligung aller Eltern am VW-Bus. Die lehnen das aber immer wieder kategorisch ab. Die ergebnislosen Treffen arten in Skat-Abende aus. Mit Diskussionen auf unterstem Stammtischniveau. Verächtlichen Kommentaren über Bundeskanzler Ludwig Erhards Regierungspolitik und Lobgesänge auf die angeblichen Vorzüge des Dritten Reichs. Am Ende wanken die Herren Holik und Worobiec hackedicht nach Hause. Mein Vater trinkt wenig. Die Treffen führen zu keiner Einigung. Kalles Vater ist sauer. Verkauft den Bus an die Scorpions und Kalle wird deren erster Roadie. Ich entwerfe und klebe im Auftrag von Papa Schenker kleine schwarze Skorpione aus D-C-Fix auf die mittig umlaufende Sicke und große Scorpions-Logos auf die Seiten des Bullis. Von nun an bringen uns Herr Worobiec und mein Vater zu unseren Gigs. Was zunehmend nervt.

DEFAKA

Auf Druck meiner Eltern bewerbe ich mich bei zwei großen Kaufhäusern in Hannover um eine Lehrstelle als Dekorateur. Es soll ja wenigstens etwas Kreatives sein. Nach drei Jahren kann ich machen, was ich will, denke ich und träume weiter von einer Musikkarriere. Ich bekomme trotz meines mäßigen Abschlusszeugnisses von beiden Kaufhäusern eine positive Zusage auf meine Bewerbungen.

Die ehemals in jüdischem Besitz befindliche Kaufhauskette Deutsches Familien Kaufhaus (DeFaKa) existiert seit den zwanziger Jahren und ist seit 1954 im Besitz der Familie Helmut Horten. Der ehemalige Besitzer Jakob Michael hat es vor seiner Immigration 1939 in die USA einer amerikanischen Gesellschaft verkauft, in der er selbst Mehrheitseigner war. Was den Nazis entging. So konnte die Kaufhauskette der »Arisierung« klug entgehen.

Am 1. April 1966 trete ich den Job an. Das Kaufhaus steht exakt an gleicher Stelle, an der sich Karl Krackes Büromaschinenfirma seit Ende des Krieges befand.

Mein Leben nimmt eine ernste Wendung. Ich betrete eine fremde Welt, vermisse meine Freunde, Schulkameraden und das Musikmachen. In dieser neuen Realität arbeite ich jeden zweiten Samstag bis vierzehn Uhr. Nach kurzer Zeit ödet mich der körperlich anstrengende Job an. Mit Kreativität hat er nicht das Geringste zu tun. Nach genauen Vorgaben der Düsseldorfer Horten-Zentrale werden die Fenster gestaltet und Lehrlinge als billige Arbeitskräfte ausgebeutet. Meinen Lohn hole ich am Monatsende im Personalbüro persönlich ab. Bargeld in kleinen transparenten Briefumschlägen. Im ersten Lehrjahr sechzig DM, im zweiten neunzig DM und im dritten einhundertundzwanzig DM. Ich schleppe drei Jahre lang Material kreuz und quer, rauf und runter durch das vierstöckige Gebäude. Spanplatten, Dachlatten, Farbeimer, Metallgestelle, Schaufensterpuppen und Kleidung. Ich streiche im fensterlosen Keller zwei Wochen lang jeden Tag Holzgestelle mit Nitro-Lack. Mein Appetit setzt aus und mir ist tagelang schwummerig. Ich reinige ein paar hundert Glasplatten und bespanne quadratkilometerweise Schaufensterböden mit Molton-Stoff. Tapeziere ebenso viele Wände und ziehe Großfotos auf Spanplatten. Das Einzige, was ich in den drei Lehrjahren nie mache, ist Fenster zu dekorieren. Ich verdrücke mich bei jeder Gelegenheit, um die ungeliebte Arbeit zu meiden. Kaufhäuser sind groß und bieten unendliche Möglichkeiten.

Im Keller befindet sich ein großes Deko-Lager mit allem, was gerade nicht in Gebrauch ist. Hier stehen unter anderem das ganze Jahr über fünf oder sechs brusthohe Pappkartons, randvoll mit hunderten unverpackten 15-Watt-Glühbirnen. Die sind für die weihnachtliche Außenbeleuchtung der Fassade vorgesehen. Treffen sie aus einer gewissen Höhe auf harten Untergrund, implodieren sie mit gedämpftem »Plopp«. Von einem kaum hörbaren Klirren untermalt. Ein schöner Spaß. Trotz aller Bemühungen gelingt es mir nicht, den unerschöpflichen Glühbirnenvorrat zu vernichten. Der Chefdekorateur und sein Vertreter kommen nie auf den Dreh, dass zwischen mir und dem Glühbirnenschwund ein Zusammenhang bestehen könnte und verbucht ihn als natürlichen Verlust.

Sechs Wochen vor Weihnachten beginnt die Vorbereitung und Montage der weihnachtlichen Innen- und Außendekoration. Um tagsüber den Verkauf nicht zu stören, arbeiten wir nach Geschäftsschluss bis spät in die Nacht. Eine Sträflingsarbeit ist das tagelange Auseinanderbiegen hunderter kleine Weihnachtsbäume aus Kunststoff, sie mit je zehn Glaskugeln und Lametta zu behängen und nach Feierabend gleichmäßig an die Decken der Abteilungen zu hängen.

Jedes Jahr wird eine fünfzehn Meter hohe echte Weiß-Tanne auf dem Dachvorsprung über dem Haupteingang aufgerichtet und mit besagten 15-Watt-Glühbirnen behängt. Nach Geschäftsschluss versteht sich. Polizei und Feuerwehr haben die Straße zu beiden Seiten hin abgeriegelt. Die Tanne liegt auf der Straßenmitte. Das untere Ende zeigt auf den Eingang. Es ist dunkel und nieselt. Die Außentemperatur kaum acht Grad. Ein paar Dekorateure stehen fröstelnd auf dem Vordach und halten Seile bereit. Ich stehe mit anderen ganz oben auf dem Kaufhausdach. Ein Gabelstapler stemmt das Unterteil des Baumes auf das Vordach. Wir auf dem Dach ziehen das obere Teil der Weiß-Tanne hoch, bis sie senkrecht aufgerichtet ist und in dieser Stellung befestigt wird.

Ein Fenster der Herrenabteilung im ersten Stock ist der einzige Zugang zum Vordach. An einer Säule ganz in der Nähe dieses Fensters haben die älteren Dekorateure ein Schnapsflaschendepot angelegt und fordern mich immer wieder auf, mich zu bedienen. Wir sind gerade damit beschäftigt, ein grünes Flachkabel spiralförmig um die Tanne zu legen. Der Nieselregen ist durch meinen weißen Kittel langsam tiefer in meine Kleidung eingedrungen. Von Zeit zu Zeit kletterte ich durch das Fenster und nehme einen kräftigen Zug von dem Schnaps. Wieder auf dem Vordach, muss ich mich bereits konzentrieren, um nicht zu stolpern und auf die Straße zu stürzen. Gegen Mitternacht sind alle Glühbirnen eingeschraubt und sollen getestet werden. Neben dem Schnapsdepot an der Säule ist eine Steckdose. Ein Stromkabel liegt bereit, als jemand von draußen nach innen ruft: »Gib mal einer Saft!« Zufällig steht hier ein Dekorateur, der sich gerade ein Schlückchen genehmigt. Er steckt das Kabel in die Steckdose, verlässt den Ort und kann die gellenden Schreie nicht mehr hören, die durch die nächtliche Straße hallen. Die kommen von einem der älteren Dekorateure, der mit regendurchnässten Handschuhen die Glühbirnen am Flachkabel montiert. Der negative Stromfluss hat eine seiner Hände um das stromführende Kabel verkrampfen lassen. Er kann willentlich nicht loslassen. Ich stehe unmittelbar neben ihm. Vom Alkohol benebelt, stürze ich zum Fenster, klettere die Leiter zum Fenster hoch und hechte zur fünf Meter entfernten Säule. Dann erst reiße ich das Kabel aus der Steckdose. Die Schreie verebben. Geschockt hockt der Betroffene minutenlang am Fuß der Tanne. Unfähig, etwas von sich zu geben.

Nachdem die Arbeiten abgeschlossen sind, begibt sich das ganze Team zum Italiener. Ich habe Hunger und bestelle Spaghetti Bolognese. Der Chefdekorateur spendiert eine Runde Bier.

Ich muss die letzte Straßenbahn nach Hause erwischen und verabschiede mich. Die frische Luft vor der Tür trifft mich wie ein Hammer. Auf dem zehnminütigen Weg zur Straßenbahnhaltestelle habe ich das Gefühl, ich schwebe unter Wasser. Das Geschehen um mich herum ist mir vollkommen gleichgültig. Als meine Straßenbahn auftaucht, kann ich nur mit Mühe die Ziffern der Linie erkennen. Ich steige ein. Kaum sitze ich, schlafe ich schon fest. Nach einer halben Stunde Fahrt erreicht die Bahn eine Linkskurve im rechten Winkel. Die Fliehkräfte reißen mich aus dem Schlaf. Mir wird speiübel. Der Druck aus meinem Magen ist größer als die Fähigkeit meiner Hände, an meinem Mund diesem Druck Widerstand zu leisten. Ich kotze unverdaute Spaghetti-Anteile, Bier und Schnaps in meine Hände, auf Brille, Aktentasche und Füße. Ich bin der einzige Fahrgast. Niemand hat mich beobachtet. Zehn Minuten später hält die Bahn an der Endstation. Durch die vollgekotzte Brille kann ich kaum die Ausgangstür ausmachen. Bis zu meinem Elternhaus sind es drei Fußminuten. Das Unterwassergefühl ist immer noch dominant. Ich eiere die Treppe zum ersten Stock hoch, öffne von meinen Eltern unbemerkt die Wohnungstür und begebe mich direkt ins Badezimmer. Werfe meine Klamotten in die Badewanne und lasse über sie Wasser laufen. Nachdem ich mich gereinigt habe, falle ich ins Bett und schließe die Augen. Einen Bruchteil später sitze ich aufrecht. Alles dreht sich. Mir wird wieder speiübel. Irgendwann gelingt es mir einzuschlafen.

Nach mehreren Anläufen schafft es meine Mutter am nächsten Morgen, mich zu wecken und erkennt, dass ich unheilbar krank bin. Mein

Schädel pocht. Mein Körper fühlt sich bleischwer an. Ich schwöre: »Nie wieder Alkohol!«

Mit jedem Tag ersehne ich das Ende meiner Lehrzeit. In einer Situation ärgere ich mich über eine Ungerechtigkeit des stellvertretenden Chefdekorateurs und nenne ihn »Arschloch«. Der flippt aus und als ich etwas später in einem Schaufenster beschäftigt bin, droht mir der Chefdekorateur: »Hast du zu dem Substitut Arschloch gesagt?! Das hat Folgen für dich!«

Kurze Zeit danach, am Ende meiner Lehre, teilt mir die Horten-Personalleitung in einem förmlichen Brief mit: »Bedauerlicherweise können wir das Lehrverhältnis nicht in ein Arbeitsverhältnis übergehen lassen.« Mir scheißegal! Ich habe ganz andere Zukunftspläne und bin froh, die drei verschwendeten Jahre endlich hinter mir zu lassen.

REBELLION

Ein immer größer werdender Konflikt zwischen meinem Vater und mir ist das Dritte Reich. Wie der große Teil dieser Generation verdrängen auch meine Eltern jede Verantwortung dafür. Meiner Mutter geht jeder politische Instinkt ab: »Es war so schön im BDM und der HJ! Auch vollkommen harmlos. Wir haben gesungen und gespielt. Eine schöne Gemeinschaft. Das hat niemandem geschadet. Die schönste Zeit in meinem Leben! Das mit den Juden haben wir doch alle nicht gewusst. Das haben wir erst nach dem Krieg erfahren. Langsam soll man auch mal Schluss machen mit diesen Geschichten!«

Mein Vater: »Die Juden in Israel haben Millionen an Wiedergutmachung in den Rachen geschoben bekommen. Es reicht langsam! Die konnten den Hals ja noch nie voll genug bekommen!« »Wer hat uns denn den Krieg erklärt? Das waren die Engländer! Nicht wir! Die haben auch die KZs erfunden. In Südafrika haben sie die Buren da hineingesteckt.«

Dass die Engländer Hitlerdeutschland den Krieg erklärt haben, stimmt. Hing aber damit zusammen, dass die Nazis Polen völkerrechtswidrig überfallen haben und England vertraglich abgesicherte Verbündete der Polen waren. Das wusste Hitler. Mein Vater lässt das Argument nicht gelten. KZs versucht er plump mit Whataboutism zu rechtfertigen.

Klassenlehrer Heinz Mahlendorf macht einmal einen Bildungs-Ausflug in die Lüneburger Heide mit uns. Unsere ausgelassene Fröhlichkeit auf der Hinfahrt erstickt jäh, als wir durch das Eingangstor der KZ-Gedenkstätte Bergen-Belsen gehen und auf dem weiträumigen Gelände die trapezförmigen Massengräber entdecken. Darauf schockierende Zahlenangaben über die Toten, die hier begraben liegen: 2.500 / 5.000 / 10.000 / 15.000.

Nicht nur ich bin tief geschockt von den Fotos mit Leichenbergen und bis aufs Skelett abgemagerten Menschen. So etwas hatte ich noch nie gesehen. Im Geschichtsunterricht kommt das Dritte Reich nur peripher vor. Dieses Thema wird kaum in der Öffentlichkeit diskutiert.

1968 nehmen öffentlich ausgetragenen Spannungen zwischen den Generationen gewalttätige Ausmaße an. Studentenrevolten in Berlin, Frankfurt und München. Die Straßen brennen. Es fliegen Steine und Molotowcocktails. Studenten skandieren gegen die alten Führungskader ihrer Universitäten: »Unter den Talaren – Muff von 1000 Jahren!«

Allerdings skandieren sie auch unkritisch: »MAO! MAO! MAO!« Und aus tausenden Kehlen dröhnt: »Ho, Ho, Ho Chi Minh!«Der kommunistische Staatsführer Nordvietnams, Ho Chi Minh, wird von linken Studenten wegen seines erfolgreichen Kampfes gegen den US-amerikanischen Imperialismus idealisiert.

Beim Besuch des Schahs von Persien verliert vor der Deutschen Oper in Berlin bei einer Großdemonstration der Polizist Karl-Heinz Kurras die Nerven und erschießt ohne Anlass den Studenten Benno Ohnesorg. Gegen den Waffennarren Kurras wird wegen »fahrlässiger Tötung« Anklage erhoben, aber »wegen Notwehr« wird er freigesprochen. Vierzig Jahre später stellt sich heraus, dass Kurras jahrelang unter dem Decknamen Otto Bohl für die Stasi arbeitete.

Politik interessiert mich damals nicht. Ich träume vom Griff nach den Sternen, Geld, Erfolg und schönen Frauen. Ostasiatische und indische Heilslehren faszinieren mich. Auch die sozialromantischen Utopien der amerikanischen Hippie-Bewegung,

Meine Haare sind inzwischen relativ lang, als mir meine Mutter einen Brief des Kreiswehrersatzamtes Hildesheim aushändigt. Ich werde darin aufgefordert, mich in vierzehn Tagen zur Bundeswehr-Musterung einzufinden. Das unangenehme Thema Wehrpflicht habe ich bis zu diesem Moment vollkommen verdrängt.

Die Jungs in der Band haben den gleichen Brief erhalten. Ich will auf jeden Fall verweigern. Wolfgang verpflichtet sich freiwillig. Christian zeugt mit sechzehn eine gesunde Tochter und wird Heroin-Junkie. Ulli ist untauglich für den Wehrdienst und steigt bei den Scorpions temporär als Sologitarrist ein. Die Stuntmen sind wohl endgültig Vergangenheit.

Diverse Methoden, wie man den Wehrdienst vermeiden kann, machen die Runde:

1. Den ersten Wohnsitz nach West-Berlin verlegen.

2. Homosexualität vorgaukeln! Unzucht mit Männern ist zwar nicht mehr strafbar, aber der §175 wird erst 1994 aus dem Gesetzbuch entfernt. Es bleibt die Diskriminierung. Im Besonderen in der Bundeswehr.

3. Zigaretten in Essig tauchen, trocknen und rauchen. Angeblich erscheinen auf dem Röntgenschirm Schatten, die dem Arzt Tuberkulose vorgaukeln.

Ich verlegte mich auf eine weitere Methode. Die soll absolut wirksam sein. Am Morgen der Musterung braut mir meine Mutter eine große Kanne extra kräftigen Kaffee. Danach rauche ich eine Zigarette nach der anderen. Französische Gitanes mit gelbem Maispapier gerollt. Die härtesten filterlosen Zigaretten Europas. Auf dem Weg zur Musterung habe ich bereits gut dreißig davon inhaliert. Nach einer derartigen Vergiftung meines jungen Körpers rechne ich fest damit, dass mir eine allgemeine chronische Schwäche bescheinigt wird, wegen der ich dienstuntauglich sein werde. Zur Sicherheit habe ich ein Schreiben vom eingeweihten Dr. Rühmkorf in der Tasche. Er bescheinigt mir einen angeborenen Herzklappenfehler. Die Musterungsärzte kennen natürlich alle Tricks und schicken mich wegen des Herzklappenfehlers zu einem Facharzt der Bundeswehr. Der findet schnell heraus, dass mir nichts fehlt. Ich bin tauglich für alle Waffengattungen. Scheiße!

Keine vier Wochen später liegt der Einberufungsbefehl im Briefkasten und zwingt mich als Panzergrenadier zum Waffendienst für das Vaterland. Die gerade gewonnene Freiheit dahin. Meine Karriere als Musiker für achtzehn Monate auf Eis gelegt. Ich soll mich in sechs Wochen in Northeim einfinden. Ein kleines Städtchen am Südwestrand des Harzes.

Ich werde den Kriegsdienst verweigern. Habe aber keinen Schimmer, wie man das anstellt und besorge mir Informationen von Freunden und Bekannten, die es erfolgreich durchgezogen haben. Nach meinem formlos schriftlichen Antrag bekomme ich einen Verhandlungstermin, in dem festgestellt werden soll, ob ich ein Gewissen habe oder mich nur drücken will.

Die Gerichtsverhandlung findet in einer Kaserne statt. Der Raum riecht nach Reinigungsmitteln. An der Wand hängt ein Kruzifix. In der Mitte ein länglicher Tisch, hinter dem vier ältere Männer sitzen, die mich mit distanzierten Blicken verfolgen. Der vorsitzende Richter ist ein Regierungsassessor. Seine zivilen Beisitzer sind ein Oberregierungsrat, ein Konrektor im Ruhestand und ein Landwirt. Als aufrecht ausgewiesene Bürger. Per amtlicher Verfügung hier angetreten, über mein Gewissen zu urteilen. Es ist zu vermuten, dass jeder dieser vier Männer im Dritten Reich aufgewachsen und erzogen ist. Nachdem meine Personalie geklärt ist, fordert mich der Richter auf, meine Begründung in freier Rede vorzutragen. Ich habe grundsätzlich Schwierigkeiten, vor mehr als zwei fremden Menschen ungehemmt zu reden. Im Besonderen wenn es um ein so wichtiges Thema geht. So stottere ich meine einigermaßen auswendig gelernte Begründung herunter.

Dann breitet der Vorsitzende ein Kriegs-Szenario vor mir aus: »Stellen Sie sich vor, russische Soldaten [wer sonst als die bösen Russen?!] sind im Begriff, Ihrer Mutter sexuell zu Leibe zu rücken! Sie haben ein Maschinengewehr in der Hand! Was würden Sie unternehmen? Wie würden Sie reagieren?«

Das Dilemma ist klar. Lege ich die Russen um, ist bewiesen, dass mich keine Gewissensnöte quälen. Ich schweige und habe das Gefühl, dass mich mindestens zwei der Anwesenden gerne standrechtlich erschießen lassen würden. Ich schweige weiter, werde nach Hause geschickt und mein Antrag wird abgelehnt. Erstanträge in der Regel zu 90 %, erzählt man sich. Eine Vorgehensweise, von der man sich verspricht, dass die Verweigerung zurückgezogen wird.

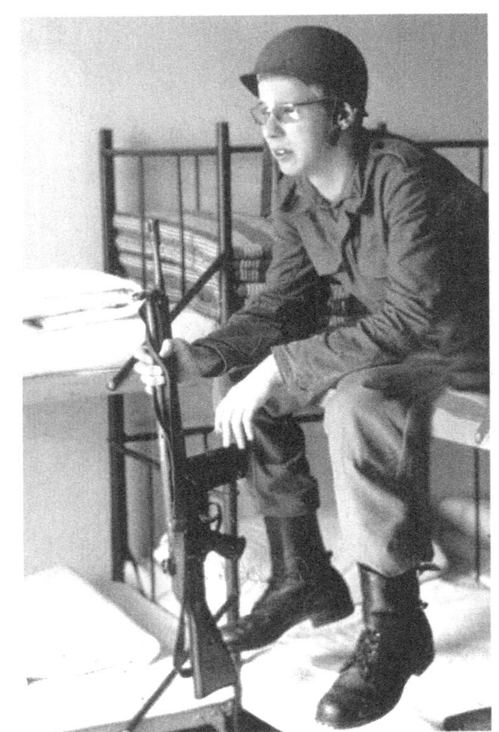

Northeim 1969

Ich bin enttäuscht und überlege aufzugeben. Ausgerechnet mein Vater ermutigt mich, es nicht zu tun. Obwohl er das Dritte Reich glorifiziert, haben ihn seine persönlichen Erfahrungen mit den Schrecken im Krieg zu einem Kriegsgegner werden lassen. »Krieg ist scheiße!«, sagte er lapidar. Bei dieser für mich elementaren Angelegenheit fühle mich zum ersten Mal von ihm verstanden und lege Widerspruch gegen die Entscheidung ein. Die werden angeblich absichtlich verzögert behandelt und so muss ich bis zu einer zweiten Verhandlung den Bundeswehrdienst antreten oder abhauen und aller Voraussicht nach im Knast enden.

Ausbildungskompanie 15/1 Scharnhorst-Kaserne in Northeim. Vor einem langen Gebäude auf einer kleinen Anhöhe des Kasernengeländes stehen etwa hundert Männer in meinem Alter herum. Umgeben von Koffern und Reisetaschen. Ich stelle mich dazu, schaue mich nach Langhaarigen um und entdecke einen Typen in karierter Hose und mit kariertem Koffer. Er heißt auch Harald und kommt aus Köln. Hat ebenso wie ich nicht den geringsten Bock auf den olivgrünen Männerzirkus, der vor uns liegt.

Wir werden nach den Anfangsbuchstaben unserer Nachnamen sortiert. Acht Mann bilden eine Gruppe und beziehen eines der vielen Zimmer, die hier Stube genannt werden. Die Stube hat zwei Fenster und ist mit vier doppelstöckigen Betten ausgestattet. An einer Wand stehen acht graue, schmale Stahlschränke. Ein Tisch und acht Stühle runden die spartanische Einrichtung ab. Kaum haben wir einander vorgestellt und es uns am Tisch gemütlich gemacht, fliegt unvermittelt die Stubentür auf. Ein Mensch in hellgrauer Uniform stürzt mit gespielt angespanntem Gesichtsausdruck herein. Der Typ will uns mit Autorität beeindrucken. Arrogant belehrt er: »Es heißt Guten Tag, Herr Leutnant!« Wir müssen den Satz einige Male wiederholen, bis er sagt: »In einigen Tagen werden sie das wesentlich besser machen, meine Herren!« Dann kommt er zu seinem eigentlichen Anliegen: »Sie, mein Herr«, dabei deutet er auch auf mich, »innerhalb von zwei Tagen will ich Ihre Haare fallen sehen! Sie sehen ja aus wie Penner!« Ich denke: Arrogantes Arschloch!

Bei der Waffenausgabe verweigere ich die Annahme des Sturmgewehr G3 aus der Waffenschmiede Heckler & Koch. Der unterbelichtete Gefreite schickt mich daraufhin zum Kompaniechef. Ein Hauptmann, der mir überraschend entspannt und verständnisvoll begegnet, mich aber darauf aufmerksam macht, dass meine Verweigerung, eine Waffe anzunehmen, ihn rechtlich dazu zwingt, die Angelegenheit einem Zivilgericht zu übertragen. Mir droht ein Strafverfahren und eine Gefängnisstrafe. Ich will weder in den Knast noch vorbestraft sein, gebe nach und nehme mir vor, bei Schießübungen danebenzuhalten. Das Sturmgewehr G3 ist von jetzt an meine »Braut«, werde ich aufgeklärt. Wichtiger noch als meine Mutter, Vater, Bruder, Schwester und Verlobte … Verlobte?

Mit der knapp fünf Kilo schweren »Braut« auf dem Rücken ist bereits zügiges Gehen eine Strapaze. Es ist Ende März und noch empfindlich kalt, als sich der Regen langsam bis auf meine Haut vorgearbeitet hat und wir stundenlang in ungeschützten Erdlöchern ausharren müssen.

Als wir über eine Geländefläche gehetzt werden und vor mir eine tiefe Pfütze auftaucht, tönt der Befehl: »Hinlegen!« Grinsend werfe ich mich mit einem Hechtsprung in das Schlammloch. Das hatte der unterbelichtete Gefreite zwar beabsichtigt, aber nicht, dass ich meine »Braut« tief in den Schlamm eintauche. Er brüllt wütend: »Sabotage! Ich bringe sie vors Kriegsgericht! Im Ernstfall würde ich sie standrechtlich erschießen!«

DRITTER WELTKRIEG

Die NATO ist in Alarmbereitschaft versetzt worden, als es kurz nach Mitternacht »ALARM! ALARM!« über den Kasernenhof schallt. Ich habe Angst, der Kalte Krieg ist auf dem Höhepunkt und die Kaserne liegt nur fünfundzwanzig Kilometer von der Grenze zur DDR entfernt. Seit Tagen berichten die Nachrichten, dass sowjetische Truppen und Panzer-Kontingente der Nationalen Volksarmee der DDR die Tschechoslowakei besetzt hat.

Die Führung der ČSSR unter ihrem Präsidenten Alexander Dubček hat seit Jahren einen liberalen Sozialismus entwickelt und das Land will sich vom Joch der Sowjetunion befreien. Dubček wird nach Moskau zitiert, unter Arrest gestellt und unter Drogen gesetzt. Man will ihn zwingen, in aller Öffentlichkeit alle Reformen zurückzunehmen. Die tschechische Bevölkerung geht mutig auf die Barrikaden und fordert Dubčeks sofortige Freilassung. Die Medien verbreiten düstere Schwarz-Weiß-Bilder vom Geschehen. Panzer, brennende Häuser und rennende Menschen. Es fließt Blut. Viele Tote.

Ich stehe schon zwanzig Minuten angetreten vor der Kaserne im Regen. Bin fest davon überzeugt, dass man mich gleich an die Grenze zur DDR karrt, um den Dritten Weltkrieg auszufechten. So plötzlich, wie der Alarm begonnen hatte, ist das Theater wieder vorbei. Die NATO stand tatsächlich kurz davor, militärisch einzugreifen, wie ich später erfahre.

THC

Bei einem Morgenappell ruft der Spieß der Kompanie: »Dekorateure vortreten!« Ich mache zwei Schritte nach vorn. Auch Namensvetter Harald tritt zwei Schritte vor. Ich weiß, dass er kein Dekorateur ist. Mit uns sind drei weitere Figuren nach vorn getreten. Es geht um die Walpurgisnacht. Wir Dekorateure sind ausgewählt, eine Hexenfigur für einen Wettbewerb innerhalb des Bataillons anzufertigen. Im Keller unseres Kompaniegebäudes gibt es eine Werkstatt und Material. Hier sind wir vor dem Zugriff der Vorgesetzten weitgehend sicher und können in aller Ruhe basteln. Harald fingert eine Tabakspfeife aus der Tasche. Stopft sie mit Tabak und krümelt dunkelbraunes Zeugs hinein. »Was ist das?«, will ich neugierig wissen. »Dope!«, antwortet er grinsend. Ich habe keinen Schimmer, was Dope ist. »Haste noch nie Haschisch jeroucht?«, fragt er amüsiert. Haschisch kenne ich aus *Jerry Cotton*-Kriminalheften und aus Zeitungsartikeln, in denen vor den zerstörerischen Folgen der lebensgefährlichen Droge gewarnt wird. »Davon wird man süchtig«, sage ich. Harald lacht und erwidert: »Blödsinn!« Hatte bisher nicht den Eindruck, es mit einem Drogenwrack zu tun zu haben, überwinde meine Hemmung und nehme vorsichtig ein paar Züge. »Tiefer reinziehen! Lange in der Lunge halten«, weist er mich an. Aber nichts passiert und ich bin enttäuscht. Erst nachdem ich am folgenden Abend ein paar kräftigere Züge nehme, fühle ich mich wie in Watte gepackt. Als ich mit Harald den Kiosk des Kasernengeländes betrete, werde ich von einem unkontrollierbaren Lachanfall geschüttelt.

Zu einem der nächsten dienstfreien Wochenenden lädt mich Harald ein, ihn nach Köln zu begleiten. Er hat kein Auto und schlägt vor, meinen Käfer zu nehmen. Am Kölner Stadtrand hat er ein kleines Zweizimmer-Apartment gemietet. Um Dope zu besorgen, klappern wir erfolglos ein paar Adressen ab. Harald ruft als letzte Hoffnung aus einer öffentlichen Telefonzelle einen Freund an. Es klingelt an der Wohnungstür. Ein langhaariger Typ, dem einige Vorderzähne fehlen, tritt ein und umarmt Harald herzlich. Lachend zieht er eine in Alufolie gewickelte Haschischplatte der Größe einer Tafel Schokolade aus der Tasche und bemerkt genüsslich: »Afghane. Total clean.« Dann macht er sich über unsere militärischen Haarschnitte lustig.

Die kleine Wohnung füllt sich langsam mit Haralds Freunden und wir rauchen einen Joint nach dem anderen, bis mir speiübel wird. Ich kann gerade noch das Badezimmer erreichen, bevor ich mir die Seele aus dem Leib kotze. Begleitet von heftigen Paranoia-Phantasien. Niemanden scheint das zu kümmern. Zurück im Zimmer lege ich mich auf den Boden und schlafe fest ein. Als ich aufwache, ist es Mittag und die Leute vom Vorabend liegen schlafend überall verteilt.

Die dreimonatige Grundausbildung neigt sich dem Ende entgegen. Zwei Wochen vor Ende der Grundausbildung kommt endlich die Nachricht, dass mein Widerspruch als Kriegsdienstverweigerer erneut verhandelt wird. Ich will diesmal besser auf die Verhandlung vorbereitet sein und habe mir Captagon (Fenetyllin) besorgt. Damals in allen Apotheken frei verkäufliche Amphetamin-Pillen. Die erhöhen angeblich die Konzentrationsfähigkeit. Das brauche ich. Ich will auf Nummer sicher gehen und schlucke eine Stunde vor der Verhandlung zwei der kleinen weißen Pillen. Mein Herz rast, als ich den Gerichtsraum der gleichen Kaserne wie bei meiner ersten Verhandlung betrete. Die Prozedur wiederholt sich. Angaben zur Person und die Aufforderung, meine Motivation mündlich vorzutragen. Mir gelingt kein zusammenhängender Satz. Ich stottere. Die Captagon-Pillen tun nicht das, was ich erwartete, und verkehren meine Konzentrationsfähigkeit ins Gegenteil. Der Richter liest ein Schreiben meines Vaters vor. Mein alter Herr schildert, dass er als Soldat die furchtbaren Schrecken und Folgen des Krieges am eigenen Leib erlebt hat und daher mein Begehren, den Dienst an der Waffe abzulehnen, unterstützt. Wow! Trotz seiner latenten Nazi-Gesinnung habe ich das erste Mal das Gefühl, von ihm verstanden zu werden. Es kommen wieder die unsäglichen Fragen nach meinem Verhalten in einer Notsituation. Ob ich in der Lage bin, ein paar Russen (wen sonst?) umzulegen oder nicht. Das Gremium schaut mich skeptisch an. Die Pillen haben mich dermaßen durcheinandergebracht, dass mir Tränen in die Augen schießen. Ich ahne, dass das die passende Reaktion ist und lasse ungehemmt meine Tränen fließen. Die vier Herren reagieren sichtbar verunsichert und versuchen mich zu beruhigen. Bieten mir eine Zigarette an und schicken mich ausgesprochen freundlich nach draußen, um sich zu beraten. Nach zehn Minuten werde ich wieder hineingerufen. Beim Hineingehen habe ich große Mühe, meine versteinerte Miene aufrechtzuerhalten. Ich bin sicher, diesmal anerkannt zu werden und muss unter allen Umständen meine Freude verbergen. Die vier erheben sich feierlich und eröffnen mir, dass meine Gewissensnot in einer Notwehrsituation offenkundig sei. Ich bin als Kriegsdienstverweigerer anerkannt. Ein vorläufiges amtliches Schreiben bestätigt, dass ich von diesem Moment an kein Soldat mehr bin.

DRÜCKEBERGER-REALITÄT

Ein weiteres amtliches Schreiben fordert mich auf, in einigen Tagen den Zivildienst im Kreiskrankenhaus der Stadt Seesen anzutreten. Dort arbeiten neben mir drei weitere Zivis, die schon länger hier sind. Wir teilen uns zwei Zimmer im Dachgeschoss eines kleinen Hauses auf dem Innenhof. Unter uns wohnt ein älterer Pfleger mit seiner Frau. Der ehemalige Wehrmachtsanitäter macht keinen Hehl daraus, dass er Zivildienstleistende für Drückeberger hält. Im Erdgeschoss ist die Leichenhalle untergebracht.

Betten machen, Fieber und Puls messen, Patienten in den OP rollen, fremden Menschen den Hintern abwischen, randvolle Urinflaschen entleeren und Kotze wegwischen, gehören jetzt zu meiner Alltagsroutine. Alle paar Tage muss ich Verstorbene in die Leichenhalle transportieren.

OP

Der Chefarzt hat mich in seinen OP-Bereich versetzen lassen, obwohl er mich offensichtlich nicht leiden kann. Ich habe noch nie einen Operationssaal von innen gesehen. Werde vorher eingewiesen, wie ich mich unter Einhaltung von Hygiene und Sterilität bewegen soll.

Beim ersten vorsichtigen Betreten eines der beiden OP-Säle nehme ich ein Geräusch wahr, als würde man mit einer Schere ein Gummiband durchtrennen. Ein unangenehmer Schauer schießt mir durchs Rückgrat bis in die Blase. Es wird durch einen Schnitt in eine Sehne erzeugt. Der Chefarzt repariert gerade die von einem Rasenmäher durchtrennte Fingersehne eines Hobbygärtners. OP-Schwester Marianne assistiert, ist grün vermummt und behandelt mich immer leicht von oben herab. Als ich ein einziges Mal drei Minuten zu spät zum Dienst erscheine, wirft mich der Chefarzt aus dem OP und ich stelle ich einen Versetzungsantrag nach Freiburg.

KURTCHEN

Wenn ich an Wochenenden meine Eltern besuche, gerate ich regelmäßig mit meinem Vater aneinander. Mich nerven seine rassistischen und antisemitischen Bemerkungen, die ich heftig kritisiere und die er vehement verteidigt. Ich lese viele Bücher, die sich aus einem kritischen Blickwinkel mit unserer jüngeren Geschichte beschäftigen. Die schenke ich ihm regelmäßig in der Hoffnung, ihm die tief verinnerlichte Nazi-Ideologie auszutreiben. Er behauptet immer wieder, es besser zu wissen als ich. Schließlich sei er dabei gewesen. Mein Wissen stamme nur aus Büchern. Die aussichtslosen Streitereien führen zu großer Distanz zwischen uns. Um den irrationalen Auseinandersetzungen zu entgehen, setze ich mich schnell von zu Hause ab und besuche in der Heimatstadt alte Freunde. Einer von ihnen ist Kurt Mügge.

Wir nennen ihn Kurtchen. Er ist keine ein Meter siebzig groß und lebt im Dachgeschoss seines Elternhauses. Seine Mutter lebt nicht mehr. Sein alkoholkranker Vater war ein zu Gewalt neigender Pferdeschmied, der Kurtchen bis zu seinem siebzehnten Lebensjahr schwer prügelt. Der Vater stirbt. Seine ältere Schwester leidet unter Psychosen und ist in einer Psychiatrie untergebracht. Er bezieht eine Waisenrente, ist als Waise vom Bundeswehrdienst befreit und kann tun und lassen, was er will. Kurtchen hat diverse Lehren abgebrochen. Bürgerliches Leben ist nicht seins. Wenn er lacht, legen sich extrem vernachlässigte Zähne frei. Zwischen den bräunlich verfärbten oberen Schneidezähnen steht eine Lücke, daher lispelt er. Manchmal scheint er sich deswegen zu schämen und schiebt beim Lachen seine Oberlippe über die Zähne. Was etwas eigenartig anmutet.

Kurtchen hat immer ein Stück Haschisch der feinsten Sorten im Haus. Er dealt in kleinem Rahmen. Die durch Kiffen gesteigerte Lust auf Süßes hat vermutlich seine Zähne ruiniert. Wände und Fenster seines vollkommen abgedunkelten Zimmers sind mit billigen Perserteppichimitaten und Salvador-Dali-Postern behängt. Bei ihm spielt sich alles in Bodennähe ab. Die Atmosphäre hat etwas von einem orientalischen Zelt in der Wüste. Wir sitzen auf Kissen. Als Tisch dient eine Marmorplatte, die auf ein paar Backsteinen lagert. Kurtchen kifft nicht nur intensiv, er ist auch starker Zigarettenraucher. Die Haut zwischen dem Zeige- und Mittelfinger seiner rechten Hand hat sich dauerhaft gelblich-braun verfärbt.

Zur Begrüßung stopft er immer ein Shillum mit einem Gemisch aus Tabak und Haschisch. Das Shillum ist ein konisches, etwa fünfzehn bis zwanzig Zentimeter langes rohrähnliches Rauchwerkzeug aus Holz, Ton oder Stein mit einer konischen Innenbohrung. Am unteren Ende der Innenbohrung steckt eine Tonkugel, die verhindert, dass der heiße Inhalt herunterrutscht oder versehentlich eingeatmet oder verschluckt wird. Das Rauchwerkzeug hat seinen Ursprung im Himalaya.

Kurt hat ein paar Monate lang Afghanistan bereist. Dort lernt er, dass man, bevor man das Shillum anraucht, es zur Stirn führt und »Boom Shankar« sagt. Eine Einladung an den Hindugott Shiva, an der Zeremonie teilzunehmen. Während ich im Krankenhaus ackere, reisen viele meiner Freunde, die nicht zum Bund oder zum Zivildienst gezogen werden, in den Orient – im VW-Bulli oder per Anhalter. Über die Türkei, den Iran und Pakistan nach Indien, Nepal und Afghanistan. Das geht damals.

Zu den Treffen bei Kurtchen finden sich immer auch weitere Freunde ein und bekomme unkontrollierbare Lachanfälle. Stoned hören wir Pink Floyd, Doors und Velvet Underground. Wir philosophieren über fernöstliche Religionen und alternative Lebensformen im paradiesisch preiswerten und angeblich so friedlichen Orient. Hauptsächlich reden wir über Haschisch und dessen Anbau in den gelobten Ländern Marokko, Afghanistan und Nepal. Hier wird der beste Stoff mit der heftigsten Wirkung produziert. Mit leuchtenden Augen schwärmt Kurtchen, dass dort alles legal ist, was Haschisch betrifft. Polizei und Politik kümmern sich nicht um Haschischraucher oder um Bauern, die das Zeug anbauen. Er verhält sich wie ein Guru und Drogen-Sachverständiger. Die Wochenendbesuche bei Kurtchen werden festes Ritual während meiner Zivildienstzeit in Seesen. Meine rotunterlaufenen Augen und erweiterten Pupillen erwecken nie Verdacht bei meinen Eltern. Das Gros der Bevölkerung gehört zum großen Heer der Ahnungslosen.

FREIBURG

Ich bekomme die Zusage aus Freiburg. Mir fehlen die Mittel, um meine kleinen »Plastikbomber« Lloyd Alexander TS 600 durch den TÜV zu bringen. Teure Reparaturen sind fällig. Schweren Herzens fahre ich mein liebgewonnenes Gefährt zur nächsten Müllkippe. Schraube die Nummernschilder ab und schiebe ihn über die Kante der zehn Meter tiefen Müllgrube. Er überschlägt sich ein paarmal und bleibt auf der Seite liegen. Dort liegt er wahrscheinlich noch heute. Umweltverschmutzung ist 1970 kein Thema. Alles, was man loswerden will, kommt auf unbewachte Müllkippen.

Am Bahnhof von Freiburg lasse ich mich von einem Taxi zu meiner neuen Zivildienstgruppe fahren. Es gibt in Freiburg zwei Gruppen mit insgesamt sechzig Zivis. Meine Gruppe ist in einer ganzen Etage eines achtstöckigen Schwesternwohnheims auf dem Gelände der Psychiatrie untergebracht. Ich teile das Zimmer mit Uwe. Ein hagerer Typ mit schulterlangem schwarzem Haar und dünnem Fusselbart. Er hat einen starken schwäbischen Akzent und gibt sich radikal. Scheint ernsthaft darüber nachzudenken, sich nach dem Ersatzdienst anarchistischen Terrorgruppen anzuschließen. Auch wenn er manchmal Bemerkungen absondert wie: »Bulle umläge und Bombe werfe«, nehme ich seine Radikalinski-Ideen nicht wirklich ernst. Er ist ein umgänglicher Typ, der gerne kifft und auch andere Substanzen konsumiert, die er während seines Dienstes in der Psychiatrie »organisiert«. Er scheint ungehinderten Zugang zu Psychopharmaka zu haben. Auf der Packung mit den roten herzförmigen Pillen steht Librium. Ein angstreduzierendes Schlafmittel. Er grinst und sagt: »Am beschte gloi zwoi nähme!« Auf der anderen Packung steht Tofranil. Ein hochwirksames Mittel gegen chronische Angstzustände.

Wir werfen das Zeugs ein und gehen spazieren. Es dauert nicht lange und ich habe das Gefühl, auf Watte zu laufen und mich in einer gallertartigen Masse zu befinden. Meine Zunge ist pelzig und ich habe Gleichgewichtsstörungen. Meine Artikulationsfähigkeit ist stark eingeschränkt und ich verliere für Stunden jegliches Interesse am Geschehen um mich herum. So fühlen sich Patienten, die dieses Zeugs täglich schlucken müssen. Diese unangenehme Erfahrung werde ich mir in Zukunft ersparen.

Nachdem ein paar Joints die Runde machen, finden an dienstfreien Tagen oder nach Dienstschluss in der Küche bisweilen ausgelassene Trommel-Sessions mit Küchengeräten statt. In dem Moment, als wir gerade das hauseigene Klavier auseinandernehmen, klingelt es von uns unbemerkt an der Tür und irgendjemand hat die Eltern eines Zivis hereingelassen. Kaum tauchen sie in der Küchentür auf, verstummt unsere ausgelassene Session und wir versuchen auf normal zu machen. Haben aber Mühe, unser Lachen zu unterdrücken. Jemand erklärt dem verunsicherten Paar, dass wir gerade das Klavier reparieren. Als sie verschwinden, werden wir von Lachkrämpfen übermannt.

Die Ahnungslosigkeit dieser Generation hat etwas Absurdes. Dabei haben viele von ihnen als Soldaten im Krieg und als Zivilisten bis weit in die fünfziger Jahre den Kassenschlager Pervitin konsumiert. Der ist seit 1937 unter den Namen »Panzerschokolade«, »Fliegermarzipan«, »Stuka-Tabletten« und »Hausfrauenschokolade« auf dem Markt. Eine frei verkäufliche Crystal-Meth-ähnliche Amphetamin-Droge. *Breaking Bad*, ick hör dir trapsen! Erst 1981 fällt Pervitin unter das Betäubungsmittelgesetz.

Nach drei Monaten ziehe ich in eine etwas heruntergekommene alte Villa am Stadtrand von Freiburg um. Hier auf dem Gelände der Nierenklinik ist die andere Hälfte der Zivigruppe untergebracht. Ein Wald ist ganz in der Nähe, es ist idyllischer. Gerade finden sich drei ehemalige Zivis der Freiburger Gruppe ein, die von einer monatelangen Reise durch Pakistan, Indien, Nepal und Afghanistan zurückgekehrt sind, auf der sie ihr Entlassungsgeld verbraten haben. Ihr Thema Nummer eins sind Geschichten ums Kiffen und die angebliche Drogenfreiheit in den Ländern am Hindukusch. Man kann den Eindruck gewinnen, dass die gesamte Bevölkerung dort permanent high ist.

Die Jungs haben natürlich »etwas« mitgebracht. Um es durch Zollkontrollen diverser Flughäfen zu bekommen, haben sie die äußere Zellophanhülle mehrerer Zigarettenpäckchen nepalesischer Produktion vorsichtig von unten geöffnet. Die Zigaretten entnommen und deren Tabak aus den Papierhülsen entfernt. Dann mit einem Gemisch aus nepalesischem Marihuana und schwarzem Afghanen höchster Güteklasse ersetzt. Diese Zigaretten-Joints dann in Plastikfolie verschweißt, bevor sie sie wieder in die leere Packung zurückbugsierten. Am Ende die Folie der äußeren Verpackung wieder sorgfältig verklebt. Die Packungen sehen äußerlich völlig unberührt aus. Haschhunde gibt es 1970 kaum an Flughäfen und Drogenkontrollen sind noch extrem lasch.

Intensivster Haschischgeruch strömt in meine Nase als die Jungs eine der Packungen öffnen. Das Zeugs ist ungestreckt und kommt direkt vom biologisch gedüngten Himalaja-Acker. Die Wirkung ist sensationell. Am nächsten Tag kann ich mich nur in groben Zügen erinnern, was passierte. Angeblich habe ich die ganze Gesellschaft stundenlang mit Gitarre, Gesang und Geschichten amüsiert. Dabei kann ich gar nicht Gitarre spielen.

SAKSAA SUOMESSA / DEUTSCH IN FINNLAND

Ich lerne in einer Freiburger Kneipe einen Studenten und zwei seiner Kommilitonen kennen, die mich auf einen Finnland-Trip einladen. Die drei haben die Reise per Citroen 2CV penibel geplant, nichts dem Zufall überlassen. Die Gelegenheit lasse ich mir nicht entgehen.

Nähe erzeugt bekanntlich Reibung. Schon nach ein paar Stunden bin ich genervt, weil die drei ständig wegen Banalitäten aneinandergeraten. Die Fahrt Richtung Stockholm kommt mir deshalb länger vor als sie ist. Ich erzähle ihnen nicht, dass ich mich, sobald wir in Finnland sind, absetzen werde. Erst in der Mensa der Uni von Turku teile ich mit, von nun an ohne sie weiter zu ziehen.

Stelle mich an den Straßenrand, halte den Daumen raus und bin zwei Stunden später in Helsinki. Im Zentrum begegne ich Hans aus Bremen. Ein entspannter Typ, der sich hier schon eine Weile herumtreibt. Er stellt mir Seja vor, die mir ihre Bleibe anbietet. Sie studiert und hat tagsüber wenig Zeit für mich. Dafür abends umso mehr. Auch Hans hat eine temporäre Freundin. Wir treffen uns in Parks und Szene-Kneipen, wo wir Hippie-Backpackern aus der ganzen Welt begegnen. Vertrödeln die Zeit mit Kiffen und Reiseerzählungen. Trotz des miesen Wetters bin ich glücklich. Hans und ich wollen die Reise zusammen fortsetzen und verabschieden uns von unseren Freundinnen. Hans hörte, man soll sich Lahti ansehen, eine Stadt hundert Kilometer nördlich von Helsinki.

Wir halten die Daumen raus und nach stundenlanger Warterei hält endlich jemand an. Am späten Nachmittag erreichen wir den Stadtrand von Lahti. Nehmen einen Bus, der uns ins Zentrum bringt. An einem Brunnen treffen wir ein junges finnisches Hippie-Paar, bei dem wir ein paar Tage übernachten können. Wir folgen ihnen am Abend in eine Szene-Disko. Vorher kreist ein Joint.

In dem Laden komme ich aus dem Staunen nicht mehr heraus. Ich habe davon gehört, aber jetzt sehe ich es mit eigenen Augen: Frauenüberschuss. Was ich hier sehe, übertrifft alle Erwartungen. Der Klub ist zu fünfundsiebzig Prozent mit jungen Frauen gefüllt, deren Köpfe sich interessiert zu uns umdrehen, als wir den Klub betreten. Es dauert nicht lange und ich muss erleben, wie sich attraktive, gut gekleidete Frauen besoffen und lallend auf dem Boden in ihrer Kotze wälzen. So etwas habe ich noch nie gesehen.

Am nächsten Tag sitzen Hans und ich wieder auf dem Rand des Brunnens, Mittelpunkt eines Marktplatzes. Ein langhaariger Amerikaner dröhnt auf seiner Gitarre das unvermeidliche »Blowin' in the Wind« von Bob Dylan. Amerikaner werden Anfang der Siebziger besonders von jungen Frauen unkritisch angehimmelt. Mir geht dieser Song mächtig auf den Zeiger.

Die finnischen Hippies klauen Verpflegung in umliegenden Supermärkten. Mein Reisebudget von dreihundert DM muss noch drei Wochen reichen. Auch Hans hat nur wenig Geld. Wir schließen uns den Finnen an. Ich habe Angst, erwischt zu werden. Rede mir ein, dass Nahrungsmittel Allgemeingut und Supermärkte gut versichert sind. Außerdem brauche ich dem ausbeuterischen Kapitalismus gegenüber keine moralischen Bedenken zu haben. Es funktioniert ohne Zwischenfälle und zurück am Brunnen teilen wir unsere Beute brüderlich. Die Finnen haben sich jede Menge Alkohol unter den Nagel gerissen. Das Hippie-Paar lädt die gesamte Brunnen-Clique in die Wohnung ihrer Eltern ein. Die sind verreist. Niemand wird uns stören.

Eine brünette Finnin saß mit am Brunnen, hat aber nicht mit uns geklaut. Sie wirft mir in der Wohnung immer wieder lächelnde Blicke zu, während sie sich mit jemandem unterhält. Sie ist achtzehn, heißt Pirjo und lebt bei ihren Eltern an der finnischen Südküste. Die exzessive Sauferei ihrer Landsleute scheint auch ihr auf den Wecker zu gehen. Wir wechseln ein paar englische Worte, bevor ich mich in meinen Bundeswehr-Schlafsack verkrieche. Hans und ich wollen weiterziehen. Als ich aufwache, liegt das ganze Volk noch in tiefem Koma. Ich wecke Hans und schleiche mich zu Pirjo. Sie schlägt die Augen auf und lächelt. Nachdem wir unsere Adressen ausgetauscht haben, verabschieden wir uns. Versprechen uns zu schreiben und verlassen die chaotische Szene.

Es regnet wieder in Strömen, als wir am Stadtrand von Lahti den Bus verlassen. Unser Ziel Jyväskylä liegt einhundertsiebzig Kilometer entfernt im Norden. Bis zum Nachmittag kommen wir nur zwanzig Kilometer voran. In der Hoffnung, einzeln schneller voranzukommen, beschließen wir, getrennt weiterzureisen. Wir sind Freunde geworden. Er fehlt mir, als ich nass bis auf die Haut die Straße entlanglaufe, die mich zurück ins Zentrum von Lahti bringt. Ich bin frustriert, bedauere, nicht bei Pirjo geblieben zu sein. Ich nehme den nächsten Zug zurück in die Hafenstadt Naantali und eine Nachtfähre bringt mich nach Stockholm.

Hippies aus der ganzen Welt treffen sich im Kungsträdgården, eine Parkanlage im Stadtzentrum, in der auch viele Musiker rumhängen. Ich freunde mich hier mit Haakon an. Ein rothaariger Norweger mit Gitarre. Es geht uns ähnlich. Wir beide sind nahezu pleite und stellen eine Streetband zusammen. Zwei Gitarristen, ein Klarinettist und ich an geliehenen Bongo-Trommeln.

Ganz in der Nähe gibt es eine belebte Fußgängerzone. Hier spielen wir mit viel Spaß gängige Musikstücke. Ich bin erstaunt, wie schnell sich unser Hut mit Kronen füllt. Es reicht immer zu einer guten Mahlzeit für alle. Mehr brauche ich nicht, um die Zeit bis zum Ende meines Urlaubs zu überbrücken. Leider vertreibt uns die schwedische Polizei alle paar Stunden. Sobald sie außer Sichtweite sind, machen wir weiter.

Im Kungsträdgården treffe ich auf amerikanische Vietnam-Deserteure. Die leben hier, weil Schweden nicht an die USA ausliefert. Ein Afrikaner singt und spielt mit viel Gefühl auf einer leicht verstimmten akustischen Gitarre traditionelle Musik. Die leichte Dissonanz seiner Gitarre bringt einen besonderen Reiz in die ungewöhnliche Musik. Ich schnappe mir Haakons Gitarre und trommele auf dem Korpus-Rücken. Dem Afrikaner mit Namen Kojo und den Zuhörern scheint es zu gefallen. Wir bekommen viel Applaus. Kojo lobt in jeder Pause meine Trommelei. Für mich als Schlagzeuger eine besondere Genugtuung, von einem afrikanischen Musiker Komplimente zu bekommen. Afrika ist schließlich die Mutter aller Rhythmen. Kojo ist ein stolzer, selbstbewusster Mann: »Man, I'm a Bantu, I got nothin' to do wid' da black Americans!«

DAVE

Seit Tagen schwärmt Haakon von Dave, einem angeblich überirdisch Gitarre spielenden Engländer. Am gleichen Abend begegne ich ihm. Dave hat eine wertvolle amerikanische Martin-Akustik-Gitarre im Gepäck. Auf ihr gibt er mit beeindruckender Suggestivkraft Pink Floyd-Nummern zum Besten. Obwohl nur Gitarre und Gesang im Spiel sind, habe ich das Gefühl, in einem Pink Floyd-Konzert zu sitzen.

Ich will ihn näher kennen lernen, folge ihm und einer kleinen Gruppe in die Wohnung eines älteren Schweden. Der etwa fünfzig Jahre alte Mann ist angeblich Heroin-Junkie. Er passt so gar nicht in mein Bild von einem Heroin-Junkie. Seine Wohnung ist aufgeräumt und er macht einen freundlich entspannten Eindruck. Ein Joint nach dem anderen macht die Runde und Dave gibt wieder Pink Floyd-Interpretationen zum Besten. Durch die Konversation mit ihm taucht viel vergessen geglaubtes englisches Sprachwissen aus meiner Schulzeit auf. Vor allem lege ich hier ein für alle Mal die Hemmung ab, Englisch zu sprechen. Wir sprechen über professionelles Musikmachen in naher Zukunft. Überraschenderweise hat er ein lukratives Angebot des englischen Decca-Schallplattenlabels abgelehnt, immerhin eine der erfolgreichsten Plattenfirmen der Welt. Dave hält nichts von der Musikindustrie. Fürchtet, ausgebeutet zu werden. Er will Schweden in den nächsten Tagen Richtung Kopenhagen verlassen und fragt, ob ich mitkommen will. Das passt gut. Mein Urlaub ist in acht Tagen zu Ende.

KOPENHAGEN

Dave und ich haben Glück. Schon nach kurzer Wartezeit nimmt uns ein Lkw-Fahrer auf und setzt uns in Kopenhagen ab. Dave hat hier Freunde, die in einem ehemaligen Industriegebäude leben. Eine extreme Messie-Hippie-WG. So etwas habe ich noch nie vorhergesehen. »Feel at home!«, fordern sie uns auf, bevor sie einen Joint drehen und Dave und mir einen LSD-Tangerine-Dream-Trip schenken. Der quadratische Trip aus transparent rot-orangener Gelatine ist nicht größer als drei mal drei Millimeter. Ich habe das Zeugs noch nie ausprobiert. Will es in dieser gewöhnungsbedürftigen Situation und Umgebung auch nicht. Werde ihn mir für eine passende Situation in der Zukunft aufsparen. Dave schluckt seinen sofort. Ich mache mich auf, Kopenhagen zu erkunden.

Habe schon mehrfach vom gerade gegründeten Freistaat Christiania gehört, dem europäischen Hippie-Paradies, Urform alternativen Lebens im Kopenhagener Stadtteil Christianshavn. Auf dem ehemaligen Militär-Gelände leben jede Menge Hardcore-Hippies, die das Areal besetzt haben. Die Besetzung ist illegal, wird aber toleriert. Ein einzigartiger Ort in Europa. Freaks aus aller Welt strömen nach Christiania. Ein improvisiertes Dorf aus bunten Bretterbehausungen mit Cafés, Rockkonzerten, Theateraufführungen und Läden mit gebrauchter Kleidung. Natürlich Yoga und Meditationsworkshops mit Räucherstäbchen, exotischen Duftölen und Silberschmuck aus Indien. Cannabis kann man an jeder Ecke kaufen. Legal ist das nicht, aber die Obrigkeit greift nicht ein. Heute wirkt Christiania anachronistisch und gehört zu den größten Touristenattraktionen in Dänemark.

Am nächsten Morgen verabschiede ich mich von Dave. Wir verabreden, in London bald eine Band zu gründen. Ich habe 1100 km Rückweg vor mir und mein Budget ist auf fünf Mark geschrumpft.

Ich halte den Daumen raus und sitze bald in einem deutschen LKW. Der setzt mich am frühen Abend an einer Autobahnauffahrt kurz hinter Bremen ab. Die Autobahnauffahrt ist kaum frequentiert. Weil mich am nächsten Morgen niemand mitnimmt, wandere ich fünfzehn Kilometer auf dem Seitenstreifen der Autobahn bis zu einer Raststätte. An der Tankstelle spreche ich Autofahrer an und habe Glück. Ein junger Lehrer aus Freiburg, früher selbst per Anhalter unterwegs, nimmt mich mit. Wir haben eine interessante Konversation über Kriegsdienstverweigerung und Musik. Der freundliche Mann spendiert mir bei einer Rast ein opulentes Essen und setzt mich direkt vor der Villa ab. Die fünf Mark und den LSD-Trip habe ich noch im Portemonnaie.

Es ist Wochenende. Die Villa ist wie immer nahezu verwaist. Gute Gelegenheit, den Gelatine-Trip einzuwerfen. Dirk, ein ehemaliger Zivi aus Freiburg, besucht mich. Zufällig hat er auch einen Trip dabei und wir gehen gemeinsam auf die psychedelische Reise.

Nach fünfundvierzig Minuten breitet sich ein leichtes Druckgefühl hinter meinen Augen aus. Ein typischer Effekt, wenn Lysergsäurediethylamid seine Wirkung entfaltet. Verwundert beobachte ich die starken Sonnenstrahlen, die an den Wänden meines Zimmers entlangwandern, obwohl die Vorhänge zugezogen sind. Als ich sie zurückziehe, sehe ich, dass der Himmel mit düsteren grauen Wolken verhangen ist. Weit und breit keine Sonne. Verliere mich aber unmittelbar fasziniert in phantastischen sich in schneller Reihenfolge verändernden Wolkenformen. Sehe Gesichter mit tiefgründigem Ausdruck. Meine Gefühle sind ins Unermessliche gesteigert und mein Zeitempfinden funktioniert nicht. Ich starre auf grelle farbige, messerscharfe Muster die sich wie ein Fließband schnell entlang der Zimmerwände bewegen. Richtung und Farben wechselnd. Fenster und Türen bewegen sich sanft atmend auf und ab. Ich renne lustvoll die Treppe im Hausflur hoch in den zweiten Stock und wieder herunter. Dabei habe ich den Eindruck, mein Bewusstsein ist ein unbewegliches Zentrum, um das sich Treppe und Hausflur bewegen. Innerlich nahezu unbeteiligt beobachte ich dabei das Geschehen. Im nächsten Moment bewegt sich alles um mich herum in Zeitlupe. Ich »schwebe« sanft vor die Tür ins Freie.

In der absoluten Gewissheit, den Kommunikationscode der Vögel wie ein Franz von Assisi zu verstehen, lausche ich gebannt deren Zwitschern. Ich fühle mich in einer universellen Harmonie mit den kleinen Geschöpfen tief verbunden. Verstehe ihre Sprache. Tränen des Glücks rinnen mir übers Gesicht.

Plötzlich taucht Dirk in diesem Universum auf. Ich hatte ihn vollkommen vergessen. An einen Baum gelehnt grinst er mich wissend an. Wir brechen in schallendes Gelächter aus, bis meine Bauchmuskeln schmerzen und zu krampfen drohen.

»Lass uns in die Stadt gehen«, höre ich meinen Mund zu ihm sagen. Meine Stimme klingt seltsam fremd. Als gehöre sie nicht zu mir. Die Vibrationen dieser Stimme lassen meinen Körper wie bei einem leichten Erdbeben erzittern. Auf dem Weg fühle ich mich von Kühlergrills und den Scheinwerfern parkender Autos bedroht. Die Autos haben lebendige Gesichter. Wie zähnefletschende und böse starrende Tiere. Die Karosserien einiger Autos bocken wie Ziegenböcke, die vor der Attacke die Hörner senken.

Erfreulicherweise sagt etwas in mir, dass das alles nicht real sein kann und mit dem LSD zu tun haben muss. Diese Einsicht verändert augenblicklich meine Wahrnehmung und die Autos lachen mich plötzlich freundlich an. Sich scheinbar diebisch darüber freuend, mich für einen Moment erschreckt zu haben.

Dirk und ich sitzen auf einer Uferwiese der Breisach. Im Handumdrehen sind zehn Stunden vergangen. Die Wirkung des Trips lässt allmählich nach. Ich gehe zurück zur Villa und lege mich erschöpft ins Bett. Kann aber nicht einschlafen. In meinem Hirn entstehen immer noch Fließbandkaskaden von Farbmustern. Letztlich falle ich in einen leichten, alptraumhaften Schlaf.

Ende September 1970 nehme ich Abschied von Freiburg. Ich ziehe wieder in mein Kinderzimmer. Die Erfahrungen in Seesen und Freiburg, die Konfrontation mit Krankheit, Schmerz, Leid und Tod haben mich nachhaltig geprägt. Mein Traum, Musik zu machen ist jetzt stärker als je zuvor.

Ich bin mit dem Scorpions-Bassisten Lothar Heimberg in ihrem Hildesheimer Proberaum verabredet. Nachdem ich dort zweimal auftauche und niemand anwesend ist, endet meine Idee, bei den Scorpions einzusteigen. Hätte es geklappt, wäre ich heute vielleicht immer noch dabei. Es bleibt bei ein oder zwei Ersatz-Einsätzen Jahre zuvor, als Drummer Wolfgang Dziony wegen Krankheit ausfiel. Bis heute bin ich allerdings als ehemaliger Scorpions-Drummer gelistet.

BOCKSBERG

Ulli, Wolfgang, Kurtchen und ich mieten ein kleines Haus am Stadtrand von Sarstedt. Dessen Besitzer lebt in Südamerika. Eine wenig befahrene Bundesstraße führt direkt am Haus vorbei. Um uns herum bis fast zum Horizont nur Felder. Im Erdgeschoss gibt es eine Küche, einen Gemeinschaftsraum und eine Toilette. Im Obergeschoss vier kleine Zimmer mit schrägen Decken. Im Keller eine mit Kohle beheizte Zentralheizung. Das winzige Haus liegt in der Nähe des »Bocksbergs«. Ein kleiner bewaldeter Hügel, auf der versteckt eine Villa steht. Angeblich ein Heim für schwer erziehbare Kinder.

Wolfgang wohnt nur an Wochenenden sporadisch in unserer WG. Zieht schon nach drei Wochen wieder aus. Der unkonventionelle Lebensstil und die Kifferei gehen ihm wahrscheinlich auf den Wecker. Niemand fühlt sich für Ordnung und Sauberkeit verantwortlich. Mein Entlassungsgeld geht zur Neige und ich lese Job-Anzeigen. Finde in Hannover einen stundenweisen Job an zwei Tagen in der Woche als Fahrer eines rollenden Lebensmittelladens, der die ländliche Bevölkerung in den Außenbezirken von Hannover versorgt. Immer dabei ist der Chef des Fressalien-Transporters. Ein Spießbürger der übelsten Sorte. Er nörgelt ständig an meiner Kleidung und meinen langen Haaren herum. Nach zwei bis drei Stunden pro Tag ist der Job zu Ende. Den Lohn in Höhe von zwölf DM pro Einsatztag zahlt er bar. Ich halte diesen Typen nur drei Wochen aus, kündige und lese wieder Anzeigen.

Der nächste Job ist wieder ein Fahrerjob bei einer Firma, die Verpackungspapier für den Einzelhandel liefert. Ich karre mannshohe bis zu einhundert Kilo schwere Packpapierrollen durch Hannover und Umgebung.

KURTCHEN, DIE 2.

Unsere WG entwickelt sich zum Treffpunkt der lokalen Kiffer-Szene. Die ist übersichtlich und setzt sich in der Mehrzahl aus Freunden und Bekannten von Kurtchen zusammen. Kurtchens Hauptthema sind Drogen aller Art. Er hat sich Fachkenntnisse angelesen und erzählt mit leuchtenden Augen, wie wo was produziert wird. An Wochenenden schlucken wir mit Freunden und Besuchern gelegentlich LSD. An der schrägen Decke meines Zimmers entsteht ein Sternenhimmel mittels transparenter Leuchtfarbe. Der erstrahlt nur im Dunkeln, wenn das darin enthaltene Phosphor vorher eine Weile mit Licht aufgeladen wird.

Kurtchen greift zu immer härterem Stoff. Über Sterilität weiß ich durch meinen Zivi-Job in Klinik-OPs bestens Bescheid. Bin entsetzt, wie unvorsichtig er sich reines Opium in die Venen jagt. Er benutzt immer den gleichen Esslöffel zum Auflösen der schwarzbraunen Droge. Den reinigt er nie. Noch kocht er ihn aus. Er füllt ihn mit Leitungswasser und legt einen erbsengroßen Opiumklumpen hinein. Dann hält er den Löffel über eine brennende Kerze, bis es schwarzbraun schäumend aufkocht. Die braune Brühe zieht er auf eine gläserne Injektionsspritze, die er auch nie reinigt. Jetzt staut er mit einem Gummischlauch seinen Oberarm. Leckt dann an der Nadel bevor er die psychotrope Flüssigkeit in seine Armbeuge entleert. Blöde grinsend kippt er langsam nach hinten auf sein Schlafsofa und ist für mehrere Stunden nicht mehr ansprechbar.

Vor der Aktion drückt er mir ein Opium-Kügelchen in die Hand: »Kannste rauchen wie Shit! Keine Angst, vom ersten Mal wird man nicht süchtig!« Ich bin neugierig. Habe das Zeugs noch nie geraucht. Ich zerbrösele die klebrige Kugel wie Haschisch. Vermische sie mit Tabak und stopfe alles in eine Tabakspfeife. Kaum habe ich den Rauch in der Lunge, setzt auch schon die Wirkung ein. Mein Kreislauf verlangsamt sich und ich muss mich auf den Boden legen. Alles um mich herum fühlt sich an wie in Watte gepackt und ein intensives Harmoniegefühl erfasst meinen Körper. Alle Ängste sind verflogen. Mich kann absolut nichts mehr bedrohen und ich bin überzeugt, mich vollkommen entspannt und angstfrei auf den weißen Mittelstreifen einer stark befahrenen Autobahn legen zu können. Selbst ein Kriegsausbruch oder die unmittelbare Bedrohung mit einer Waffe kann mich jetzt nicht erschrecken. Ich kann nachvollziehen warum amerikanische GI Opium rauchen, bevor sie auf die Schlachtfelder Vietnams ziehen.

Zwei Stunden später lässt dieser Zustand langsam nach. Kurtchen liegt noch in der gleichen Stellung auf dem Sofa und schnarcht.

Im Nachhinein finde ich den Zustand der Angstlosigkeit und physischen Lethargie eher erschreckend als erstrebenswert. Ein Leben ohne Angst ist kein Leben. Auch wenn es einen verlockenden Aspekt hat. Der Preis ist mir zu hoch. Ich habe Opium nie wieder angerührt.

FEHMARN-ROCK-FESTIVAL

Mein Freund Manfred studiert in Hamburg Psychologie und hat eine anstrengende Freundin. Im September 1970 besuche ich ihn in seinem Hamburger Studentenheim. Dann fahren wir drei mit seinem Renault R4 zum dreitägigen Rockfestival auf die Insel Fehmarn. Dem ersten großen Rockfest mit internationalem Line-Up auf deutschem Boden. Das Festival läuft schon einen halben Tag, als wir bei strömendem Regen die Ostsee-Insel erreichen. Mit hunderten Besuchern wandern wir vom Parkplatz eine Ewigkeit über einen matschig zertretenen Feldweg, bis wir den Rand des Festivalgeländes erreichen. Einige Bands haben wegen des miesen Wetters abgesagt. Alle Konzerte an diesem Tag sind gecanceled.

Uns interessiert nur, ein trockenes Plätzchen für die kommende Nacht zu finden. Manfred hat ein kleines Zelt dabei. Ich habe auf gutes Wetter vertraut und nur meinen wasserdichten Bundeswehrschlafsack dabei. Unter diesen Wetterbedingungen ein Zelt aufzubauen, ist unmöglich. Es gibt weder Umzäunungen noch Toiletten. Dreißigtausend Besucher scheißen und pissen auf und neben das Festivalgelände. Zigtausend sind bereits ohne zu zahlen auf das Gelände geströmt. Es gibt Gerüchte über Schlägereien mit Hells Angels, die für die Security zuständig sein sollen. Die schrecken angeblich vor nichts zurück. Polizei ist weit und breit nicht zu sehen. Es gibt keine Versorgung mit Essen und Getränken. Wie ein Jahr zuvor beim Woodstock Festival bricht auch hier das totale Chaos aus.

Mit zwanzig fremden Festivalbesuchern verbringen wir dicht zusammengequetscht wie Ölsardinen die Nacht auf dem harten Betonboden einer am Weg liegenden, unbenutzten torlosen Garage. Ich kann mich kaum um die eigene Achse drehen zwischen den fremden Menschen und schlafe schlecht. Jeder Knochen schmerzt, als ich aufstehe. Es regnet immer noch in Strömen. Wir überlegen wieder abzureisen, als gegen Mittag der Regen eine größere Pause einlegt. Zwischen tausenden anderen Zelten, etwa einhundert Meter von der Bühne entfernt, stellen wir das Zelt auf den matschigen Untergrund.

Um die Zeit zwischen den Acts zu überbrücken, gibt die englische Bluesrock-Legende Alexis Korner auf der Bühne Erklärungen auf Deutsch ab und bringt Solo-Einlagen auf einer Akustikgitarre. Die Pausen sind endlos. Das Publikum ist ungeduldig. Ab und zu spielt eine Band. Immer wieder unterbrochen von heftigen Regenschauern. Wir quetschen uns zu dritt in das kleine Zelt. Meine Beine bleiben draußen im Bundeswehrschlafsack. Die Hamburger Rock-Sängerin Inga Rumpf und ihre Band Frumpy sind die Ersten, die wir zu sehen und hören bekommen. Als die amerikanische Funkband Sly & The Family Stone spielen, kommt zum ersten Mal richtige Stimmung auf. Sie werden von Fat Mattress und der Keef Hartley Band abgelöst. Deren Sänger ist der damals unbekannte Rod Stewart. Gitarrist der Band ist Ron Wood, der ein paar Jahre später bis heute bei den Rolling Stones einsteigt. Mit dem abstrakten Tonsalat des deutschen Free-Jazzers Peter Brötzmann kann ich nichts anfangen. Dafür um so mehr mit Canned Heat. Die amerikanische Bluesrock-Band reißt die Massen mit. Die Bandmitglieder stehen noch unter Schock. Gitarrist Alan Wilson litt an Depressionen und hat sich vor zwei Tagen mit einer Überdosis Schlaftabletten ins Jenseits gebeamed. Bob Hite, der extrem übergewichtige Sänger, ist trotz Leibesfülle unglaublich beweglich. Bei jedem Schlussakkord springt er in den Spagat. Ein Anblick, der weh tut.

Der Programmablauf ist vollkommen aus dem Ruder gelaufen. Man weiß nie, wer als nächstes auftritt. Umbauten ziehen sich extrem in die Länge und strapazieren weiter die Geduld. Ex-Cream-Drummer Ginger Baker hat im nigerianischen Lagos eine Formation mit dem Namen Airforce gegründet. Eine Band mit afrikanischen Musikeinflüssen. Sie spielen am Nachmittag und sorgen für gute Stimmung. Die Sonne lässt sich ab und zu blicken.

Jimi Hendrix ist zum Abend angekündigt, aber nicht erschienen. Als Alexis Korner die Information rausgibt, buhen die Massen ihren Frust in Richtung Bühne. Dann lullen Cluster das Publikum in den Schlaf, bevor es wieder in Strömen regnet. Ich verbringe die Nacht mit dem Oberkörper im Zelt zwischen den Beinen von Manfred und seiner schwierigen Freundin. Ab Hüfte abwärts im Freien.

Letzter Festivalstag. Witthüser & Westrupp werden gerade vom Publikum aufgrund ihrer lustig-ironischen Texte gefeiert, als ich mich aus dem Zelt rolle. Ein Jahr später werde ich ihnen persönlich begegnen. Doch Jimi Hendrix taucht immer noch nicht auf. Alexis Korner greift wieder zur Gitarre und versucht, die Massen zu vertrösten. Gegen Mittag ist die Geduld der Besucher am Ende. Ein Pfeif-Inferno und Buh-Rufe tönen über das Gelände. Am Horizont erscheint eine Armada der Polizei. Mit Schlagstöcken und Helmen. Mir wird mulmig. Ein Helikopter landet hinter der Bühne. »Hendrix?«, frage ich mich. Die Buhrufe werden lauter. Es dauert noch eine halbe Stunde, bis Hendrix von ohrenbetäubenden Buh-Rufen begleitet auf der Bühne erscheint. Ich habe mich bis auf dreißig Meter an die Bühne vorgearbeitet. Ein paar Freaks neben mir lassen mich an ihrem Joint ziehen.

»So we can't get happy together«, übertönt er den Lärm der Menge und fängt an zu spielen. Es dauerte keine zwei Minuten und die Buhrufe verwandeln sich in helle Begeisterung. Die Musik trifft mich ins Mark. Nicht nur weil ich bekifft bin. Hendrix verbreitet Magie. Spielt wie ein Gott. Das Wetter schlägt um. Wolken reißen auf. Die Sonne lässt das Gelände hell erstrahlen und ich bin ziemlich sicher, dass Hendrix das Wetter kontrolliert. Leider hat er die Kontrolle über sein eigenes Leben verloren. Eine Woche später erstickt er in einem Londoner Hotel an seinem Erbrochenen.

Dave und ich schreiben uns seit in Kopenhagen Briefe. Seine Antworten machen mir große Hoffnungen, mit ihm in England bald eine Band zu gründen. Dave lebt in Plymouth bei seinen Eltern und lädt mich ein, ihn dort zu besuchen.

LONDON

Ich reise nach England. Bereit, dort unter Umständen zu leben. Auf dem Weg besuche ich Manfred für ein paar Tage in seinem Hamburger Studentenwohnheim. Mit einer kleinen Truppe seiner Kommilitonen und ein paar Freunden fahren wir zum gerade eröffneten ABATON-Kino, offiziell das erste Off-Kino Deutschlands. Wir wollen uns den angekündigten Dokumentarfilm über das Woodstock-Festival ansehen.

Der Duft auf dem Männerklo verrät, dass wir nicht die Einzigen sind, die sich ein paar Joints reinziehen, bevor der Streifen anfängt. Ich trage einen etwas zu engen, abgeschabten Fuchspelzmantel. So passe ich imagemäßig perfekt zum Gros der Kinobesucher. Der Film hat eine faszinierende Wirkung auf die Zuschauer. Zur Musik, die wir lieben, scheint die Love & Peace-Utopie auf dem Festivalgelände Realität geworden zu sein. Tagelang schwärmen wir von einzelnen Filmsequenzen.

2017 lerne ich auf dem Internationalen Filmfest Oldenburg Michael Wadleigh kennen, Regisseur und einer der Kameramänner des Doku-Films. Er erzählt mir, dass das Festival eine finanzielle Katastrophe für die Macher war. Sechzigtausend Besucher wurden erwartet. Eine Million kommen und verstopfen sämtliche Zufahrtswege. Vierhunderttausend erreichen das Gelände und zertrampeln die Umzäunung. Ein Ticketverkauf ist nicht mehr möglich. Daraufhin erklären die Veranstalter das Fest als eintrittsfrei. Wegen der hohen Schuldenlast für Technik und Material muss Michael die Vermarktungsrechte an Warner Brothers verkaufen. Der Film wird ein internationaler Blockbuster. Michael gewinnt zwar einen Oscar für seine Arbeit, geht aber finanziell leer aus. Während Warner sich eine goldene Nase verdient. Michael dreht danach den viel beachteten und äußerst spannenden Kultfilm *Wolfen*. Dann kehrt er Hollywood frustriert für immer den Rücken.

Auf dem Hamburger Unigelände kündigen Plakate ein Konzert von Pink Floyd im Audimax der Uni an. Das Konzert ist fast ausverkauft. Wir bekommen nur noch zwei Stehplätze für je 4,50 DM. Die 1.700 Sitzplätze des Audimax sind bis auf den letzten Platz besetzt, als wir unsere Plätze einnehmen. Vom ersten Ton an packt mich der originelle Sound und die außergewöhnlich gute Audio-Qualität, für die die Band bekannt ist. Wir haben diesmal nicht gekifft. Aber bei geschlossenen Augen stellen sich bei mir Halluzinationen ein.

Ich nehme am nächsten Tag einen Bus nach Bremerhaven und betrete am gleichen Abend eine Nachtfähre nach Harwich in England. Mir fehlt das Geld für eine Kabine und ich suche mir auf einer Gepäckablage im Unterdeck ein Plätzchen zum Pennen. Weil mein Kopf heftig an eine der Holzwände schlägt, wache ich bald wieder auf. Das Schiff ist in einen orkanartigen Sturm geraten. Ich rutsche in ganzer Länge auf der hölzerneren Ablage hin und her. Es rollt und stampft. Mir wird übel und ich kann mich wegen der starken Schiffsbewegungen kaum auf den Beinen halten. Alle Ausgänge zum Außenbereich sind verschlossen. Die starken Windböen können einen Menschen leicht über die Reling befördern. Den Rest der Nacht verbringe ich im Sitzen.

Am frühen Morgen erreicht die Fähre das regnerische Inselreich. Den Akzent der Zöllner zu verstehen, macht mir zu schaffen. Es klingt anders als aus dem Mund meines Englischlehrers. Auf dem Bahnhof von Harwich löse ich ein Ticket über London nach Portsmouth. Jedes Wagenabteil hat eine eigene Außentür zum Bahnsteig. Eine tolle Erfindung. Kein Drängeln und Schieben. Was Engländern ohnehin relativ fremd ist.

Meine Vorstellungen von dem Land sind von englischen Schwarz-Weiß-Filmen geprägt. Krimis, die in baumlosen Straßen smogverseuchter Arbeiter-Vorstädte spielen. Nichts davon sehe ich hier. Der Zug gleitet durch saftig grüne Hügellandschaften, vorbei an romantischen Dörfern. Immer wieder werde ich von Mitreisenden freundlich angesprochen und in kleine Plaudereien verwickelt. Ich schäme mich für unsere unselige Nazi-Vergangenheit und befürchte allgegenwärtig, auf Ablehnung zu stoßen, wenn ich als Deutscher identifiziert bin. Das aber ist mir in England bis zum heutigen Tag nie passiert.

Den Akzent in Portsmouth empfinde ich noch extremer als in Harwich, als ich am späten Nachmittag nach einem Bus frage, der mich in die Nähe meines Ziels bringen soll. Als ich zu Fuß in *The Dale* einbiege, finde ich schnell Hausnummer 55. Daves Eltern nehmen mich mit großer Herzlichkeit auf und loben mein schlechtes Englisch. Daves Zimmer sieht aus wie ein Kinderzimmer. An einer Wand hängen ein paar wertvolle E- und Akustikgitarren. Er ist auch ein brillanter Klassik- und Flamenco-Gitarrist. Das Essen, zu dem ich eingeladen bin, widerspricht meinen negativen Vorurteilen gegenüber englischer Kochkunst.

Mit seinem verbeulten Mini fahren wir am Abend in seinen Lieblings-Pub. Der Laden ist laut, die Stimmung wie in einer Kölner Kneipe während der Karnevalszeit. Jeder Zweite hier scheint Dave zu kennen. Außer dem Austausch einiger Smalltalk-Floskeln gelingt mir keine Plauderei. Ich verstehe so gut wie nichts und seine Freunde verlieren schnell ihr Interesse an mir. So stehe ich die ganze Zeit im Abseits. Bedauere, in der Schule nicht genug Interesse an der Sprache gezeigt zu haben.

Auf der linken Seite im Auto ohne Steuerrad vor mir zu sitzen ist gewöhnungsbedürftig. Umso mehr, wenn der Fahrer angetrunken ist. Der verbeulte Mini lässt einige Rückschlüsse auf Daves Fahrkünste zu, als wir auf der Rückfahrt durch die engen Straßen von Portsmouth rasen. Dave bemerke meine Verunsicherung. Drückt grinsend noch mehr aufs Gas.

»Please slow down!«, flehe ich. »Don't worry, British cops are quite tolerant«, bemerkt er ungerührt und rast weiter, bis wir vor seinem Elternhaus stehen.

Es ist keine Rede mehr von der Idee, eine Band ins Leben zu rufen. Zu meiner Überraschung will er wegen seiner guten Französischkenntnisse einen Job bei der Air France antreten. Er will die Welt bereisen. Dieser Job soll ihm günstige Flugtickets verschaffen. In zwei Tagen will er dafür nach London. Ich lasse mir meine Enttäuschung nicht anmerken. Kann es nicht fassen, dass er einer bürgerlich sicheren Existenz den Vorzug gibt, anstatt sich mit ganzer Kraft seinen musikalischen Talenten hinzugeben. Bei Freunden in einer Londoner WG hat er eine vorübergehende Bleibe für uns organisiert. Ich kann dort für einige Tage unterkommen. Er wird später in ein Youth Hostel der YMCA ziehen, bevor er sich von seinem Gehalt eine eigene Wohnung leisten kann. Ich habe auch das Gefühl, ihm lästig zu sein. Wir verabschieden uns und ich höre lange Zeit nichts von ihm.

Ich laufe ziellos durch London und habe am Abend noch keine Bleibe für die Nacht. Neben einem heruntergekommenen Kleinbus entdecke ich ein paar langhaarige Typen und frage: »Hey, you got a place to stay for me tonight?« »Sure! You can sleep in the van.« Erklären, dass sie noch einiges mit dem Van zu erledigen haben, bevor ich Ruhe finden werde. Die Hippie-Truppe besteht aus drei jungen Männern und einer Frau. Ich steige in den Laderaum und mache es mir auf einer alten Matratze so gut es geht bequem. Ein Joint macht die Runde. Ihrem heftigen Cockney-Akzent kann ich kaum folgen. Es rappelt und schaukelt, als sich die alte Kiste in Bewegung setzt. Der Motorlärm lässt mich nur dämmern. Es geht anscheinend kreuz und quer durch die Außenbezirke von London. Manchmal halten die vier an und verschwinden für zehn bis fünfzehn Minuten. Bei ihrer Rückkehr werfen sie hektisch Kartons neben mich in den Laderaum. Dann geht es mit erhöhter Geschwindigkeit weiter. Sie lachen jedesmal befreit und reden aufgeregt durcheinander. Ich verstehe nichts. Nach gleichem Muster wiederholen sich diese Aktionen bis weit nach Mitternacht.

Mir wird mulmig, denn langsam dämmert mir, was vor sich geht. Ich liege im Lieferwagen von jungen Einbrechern. In den Kartons ist das geklaute Material. Ich will nicht in diesen Krimi hineingezogen werden und bitte, mich bei nächster Gelegenheit abzusetzen. Als ich mich in den frühen Morgenstunden aus dem Lieferwagen pelle, ist es noch stockfinster. Die Verabschiedung ist kurz, aber freundlich. Ich bin heilfroh, der absurden Situation entronnen zu sein und habe nicht den leisesten Schimmer, wo ich mich befinde. Alleine in einem schlecht beleuchteten Vorort von Londons herumzuirren, ist kein angenehmes Gefühl. Ich laufe verunsichert weiter und hoffe, bald auf eine U-Bahnstation oder Bushaltestelle zu stoßen. In einer Seitengasse entdecke ich einen pakistanischen Breakfast-Imbiss, der gerade seine Türen öffnet. Es riecht nach Sandelholz, säuerlicher Worcestersauce und altem Frittenöl. Bei Tee, Baked Beans und Spiegelei kann ich mich langsam entspannen.

Ohne Ziel und müde durchstreife ich den ganzen Tag die große Stadt, bis mir ein Poster ins Auge sticht. Eric Burdon & War im Lyceum, einem ehemaligen Kino. Der näselnde Brite ist durch seinen Welthit *House Of The Rising Sun* seit den frühen sechziger Jahren ein Superstar der internationalen Musikszene. Ich sang diese Nummer bei den Stuntmen. Burdon und Band kommen im ausverkauften Lyceum emotional sehr authentisch rüber. Die ausgezeichneten Musiker erzeugen eine mitreißende Atmosphäre bei hervorragendem Sound. Neben mir sitzen ein paar freundliche schwarze Londoner, die mich an ihrem Joint ziehen lassen. Ich fühle mich dazugehörig. Verstehe auch zum ersten Mal englisch gesungene Texte. Das Londoner Publikum reagiert viel enthusiastischer, als ich es in Deutschland erlebe.

BACK HOME

Während der Busfahrt von Bremerhaven nach Hamburg höre ich im Radio deutsch gesungene Rockmusik. Das ist neu und hat bis dahin niemand gewagt. Deutsch gilt in Musikerkreisen allgemein als nicht geeignet für Rockmusik. Der Sänger ist der unbekannte Udo Lindenberg, der gerade sein erstes Album *Lindenberg* herausbringt.

Eine sehr attraktive brasilianische Kunststudentin im Studentenwohnheim bei Manfred in Hamburg trägt maßgeblich dazu bei, etwas Abstand von der Enttäuschung mit Dave zu bekommen.

Nach einigen Tagen drogenfreier Regeneration treffe ich wieder in meiner WG ein. Die Jungs freuen sich und ich habe viel zu berichten. Ärgere mich allerdings, dass in meiner Abwesenheit mein Schlagzeug unbrauchbar geworden ist. Das schöne Trixon-Kit mit dem chromfarbenen Krokodilsleder-Imitat stand aufgebaut im Gemeinschaftszimmer und wurde Opfer einer LSD-Session. Nicht nur die Tom-Tom-Halterungen der Bassdrum haben den Geist aufgegeben, auch einige Felle sind gerissen. Keiner will die Verantwortung übernehmen oder kann sich erinnern, wer es war.

WG-LEBEN

Ich bin es leid, dass einige Haschisch dealende Freunde das Zeug kiloweise zu uns in die WG bringen, um es hier zu portionieren, bevor sie es verkaufen. Das geschieht mittels heiß gemachter Messer, Bügeleisen und Aluminiumfolie. Am Ende liegt ein Haufen kleiner glitzernder Alu-Päckchen auf dem Tisch. Weil immer etwas für mich dabei abfällt, halte

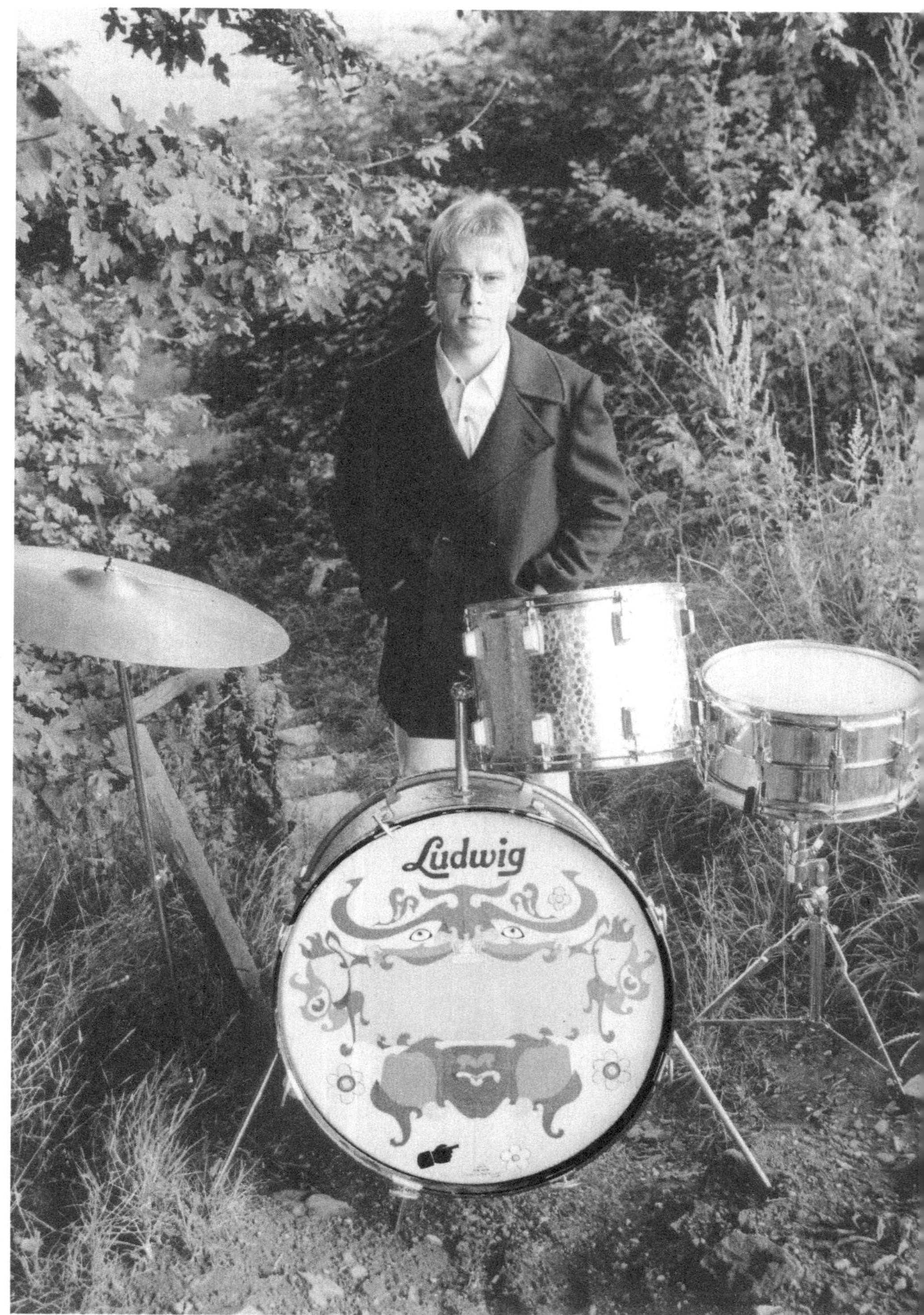

1972 in Hildesheim

ich mein Missfallen zurück. Befürchte aber, dass unsere WG eines Tages Besuch von einer Abteilung des Drogendezernats bekommen wird.

Meine düsteren Vorahnungen bestätigen sich kurze Zeit später. Im Nachhinein wird bekannt, dass wir seit Monaten aus sicherem Versteck unter Beobachtung der Polizei stehen. Unsere Besucher werden fotografiert und Autokennzeichen notiert.

Zufällig bin ich nicht anwesend, als es per Megaphon vor dem Haus dröhnt.: »HIER SPRICHT DIE POLIZEI! ÖFFNEN SIE DIE TÜR!« Die Anwesenden sind hektisch damit beschäftigt, ihre Dope-Vorräte und Haschischpfeifen aus den Fenstern zu werfen, wo sie von den um das Haus postierten Beamten aufgefangen werden. Die zertrümmern die Haustür und stürmen ins Haus. Alle Anwesenden werden verhaftet und in Handschellen ins Polizeipräsidium Hildesheim transportiert, dort verhört und nach ein paar Stunden wieder auf freien Fuß gesetzt. Sie haben Glück, denn man hat nur kleine Mengen Hasch sicherstellen können. Da ich bei der Operation nicht anwesend und bei meinen Eltern gemeldet bin, werde ich nicht behelligt.

Am nächsten Tag prangt neben einem großen Foto auf der Titelseite des Sarstedter Kreisanzeigers: **RAUSCHGIFTKOMMUNE IN SARSTEDT AUSGEHOBEN**. Auf dem Foto werden die sorgfältig geordneten Rauch-Utensilien, die mir alle gut bekannt sind, gezeigt. Meine WG ist Stadtgespräch und meine Eltern fallen aus allen Wolken. Da mein Name in der Reportage nicht erwähnt wird, bringt mich niemand mit diesem »Skandal« in Verbindung. Die Polizei gibt die Hoffnung nicht auf und besucht unsere WG ein paar Wochen später ein weiteres Mal. Mit noch spärlicherem Resultat müssen sie wieder abziehen. Zufällig bin ich wieder nicht anwesend.

BLITZKRIEG

Als Ulli, älterer Bruder von Stuntmen-Gitarrist Christian, unsere WG besucht, hat er Leute im Schlepptau. Er sei ihnen zufällig in einem Szeneladen Hannovers über den Weg gelaufen, berichtet er. Die beiden sind von einem Drummer versetzt worden, den sie für ihre neue Band casten wollen. Ulli erzählt den beiden von mir und dass ich mich nach einer Band umschaue. Der Typ mit schulterlangen blonden Haaren ist Keyboarder und Bassist. Er heißt Jürgen Dollase. Der andere ist Riccardo. Eine Mischung aus Manager, Tontechniker, Roadie und Fahrer. Ein dünner Typ mit verkniffenen Lippen und Metallrand-Brille, über deren Rand er seine Umgebung taxiert. Jürgen hat bei Joseph Beuys an der Düsseldorfer Kunstakademie Malerei studiert. Sein Selbstbewusstsein ist unerschütterlich. Er berichtet von Drogenexperimenten und großen Plänen mit seiner gerade gegründeten Rock-Band mit dem provokanten Namen Blitzkrieg. Da mein Schlagzeug unbrauchbar ist, kann ich ihnen meine Künste nicht vorführen, wie die beiden es erwarten. Wir vereinbaren, dass sie mich unverbindlich mitnehmen. Sollte ich ihren musikalischen Vorstellungen nicht entsprechen, werden sie mich wieder nach Hause schicken. Ich habe nichts zu verlieren und entscheide mich, am nächsten Tag mitzufahren.

Meine Eltern fallen aus allen Wolken, als ich mich von ihnen verabschiede. Voller Hoffnung kehre ich meiner Heimatstadt den Rücken. Fest überzeugt, dass Jürgen und Riccardo mich nicht wieder nach Hause schicken. Auf der Fahrt in Riccardos verschlissenem Ford-Transit unterbreiten mir die beiden hochfliegende Karrierepläne. Eine LP-Veröffentlichung ist geplant und bereits fertig komponiert. Die beiden schwärmen in höchsten Tönen von den überragenden musikalisch-technischen Talenten ihres Gitarristen Wolfgang »Ginger« Steinicke.

Die Reise endet in der Kleinstadt Dülken am linken Niederrhein vor einem Einfamilienhaus. Hier lebt Jürgens achtköpfige Familie. Vater Dollase ist Rektor eines Gymnasiums. Jürgens Mutter und die achtzigjährige Großmutter schmeißen traditionell den Haushalt. Die Großmutter verewigen wir auf dem Cover unserer zweiten LP. Jürgen hat zwei jüngere Schwestern, einen älteren und einen jüngeren Bruder. Vom ersten Moment an fühle ich mich zur Familie gehörig. Bekomme einen Schlafplatz auf einem schlichten Campingbett im Keller und werde in den darauffolgenden Wochen bestens mit Nahrung versorgt.

Jürgens Selbstbewusstsein und Zuversicht sind ansteckend. Bis zum internationalen Durchbruch von Blitzkrieg kann es nicht mehr lange dauern. Endlich gibt es eine musikalische Lebensperspektive.

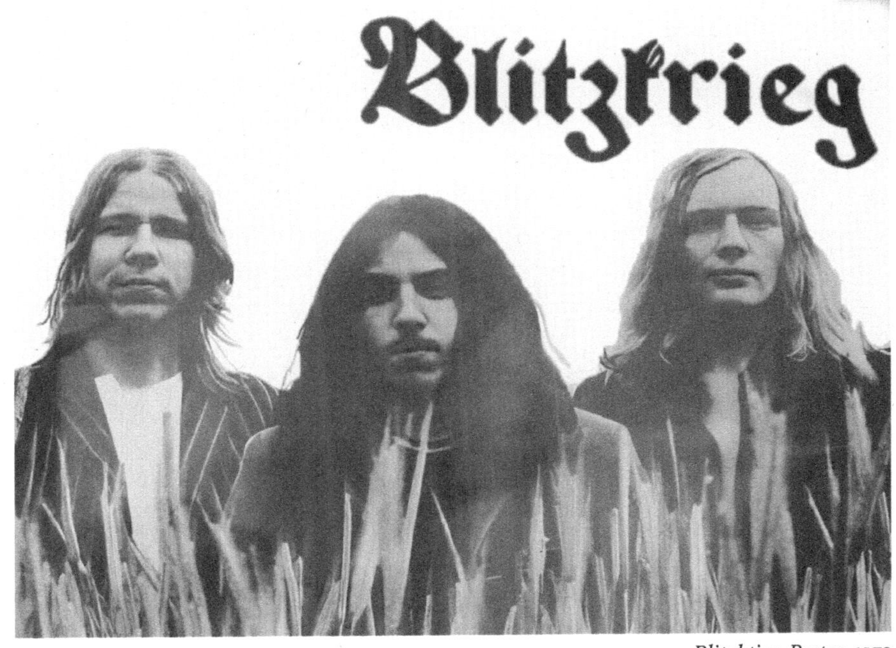

Blitzktieg-Poster, 1972

Bei den Dollases ist immer etwas los. Jürgen wird von allen Familienmitgliedern ermutigt und vorbehaltlos unterstützt. Ich bewundere seine Disziplin, mit der er jeden Tag stundenlang am Klavier komponiert und textet. Niemand stört ihn. Gegen Mittag holt uns Riccardo in der Regel ab und bringt uns in den kleinen Nachbarort Boisheim. Der Inhaber einer extrem nach Zweikomponentenkleber und Lösungsmitteln stinkenden Devotionalien-Manufaktur hat uns hier im Keller der kleinen Produktionsstätte unentgeltlich einen Proberaum zur Verfügung gestellt. In den Keller gelangt man durch die Werkstatt, in der überall kleine Plastiken und Latex-Formen herumliegen, mit denen religiöse Figuren hergestellt werden. Jesus am Kreuz, Maria, Engelfiguren und zahlreiche Variationen von Heiligen. Auch Büsten von Beethoven und Händel.

Ich brauche eine Weile, um mich an das ungewohnt hohe Arbeitspensum von Jürgen und Ginger zu gewöhnen. Die Disziplin der beiden ist außergewöhnlich. Vier bis fünf Stunden am Stück zu trommeln, ist eine sehr sportliche Angelegenheit. Außer an Wochenenden proben wir jeden Tag. Da ich keine Noten kann, muss ich die komplexen Kompositionsstrukturen auswendig lernen. Unser Programm fordert meine ganze Aufmerksamkeit. Bei einigen Stücken spielt Jürgen einen 1959er Danelectro-Bass. Sonst bedient er ein Hohner Clavinet D6-Keyboard.

Innerhalb weniger Wochen ist Blitzkrieg reif für den Bühnenüberfall. Die Aufnahmen zur ersten LP stehen kurz bevor. Ein paar lokale Auftritte und Radio-Interviews sind organisiert. Ich habe keinen Cent in der Tasche. Dank Jürgens Optimismus und Riccardos Aufschneiderei bin ich vom unmittelbar bevorstehenden Geldregen fest überzeugt.

Nach sechs Wochen muss ich die großzügige Gastfreundschaft der Familie Dollase verlassen.

PETER

Der internationale Durchbruch lässt auf sich warten. Riccardo hat einen Manager aufgetrieben, der unsere Karriere voranbringen soll. Genauer gesagt einen, der es werden will. Im Zentrum von Mönchengladbach auf der Waldhausener Straße betreibt Peter die Sahara-Bar. Hier arbeiten abends bis in die späte Nacht ein Dutzend junger Frauen unter Einsatz ihrer erotischen Attribute. Sie bringen männliche Gäste dazu, Geld für überteuerte Getränke zum Fenster hinauszuwerfen. Am Ende der Bar gibt es auf der Mitte einer winzigen Bühne eine Pole-Dance-Stange, an der sich alle paar Stunden eine Stripperin windet und dabei gekonnt die Klamotten ablegt. Weil Peter keine Puff-Lizenz hat, wird in kleinen Separees auf eigene Rechnung der Frauen gegen Bezahlung Sex angeboten.

Zur Bar gehört im Erdgeschoss ein Einzimmer-Apartment mit Dusche und Kochnische. Darüber im Haus befinden sich zwei weitere Appartements. Das untere wird wie ein Hotelzimmer sporadisch von Peters Stripperinnen bewohnt. Jetzt ist es meine Bleibe. Das Interieur besteht aus einem Sofa, einem Klappbett, Tisch und zwei Stühlen. Gegenüber der Wohnungstür befindet sich der Hintereingang der Sahara-Bar.

Im Apartment über mir wohnt Peters Freund Erwin. Er hat keine Dusche und fragt mich ab und zu, ob er meine nutzen darf. Erwin sprich mit starkem Gladbacher Akzent und lebt offensichtlich von dubiosen Gaunereien. Manchmal ist er für Monate verschwunden. Wenn er wieder auftaucht, bezeichnet er seine Knastaufenthalte als Urlaub.

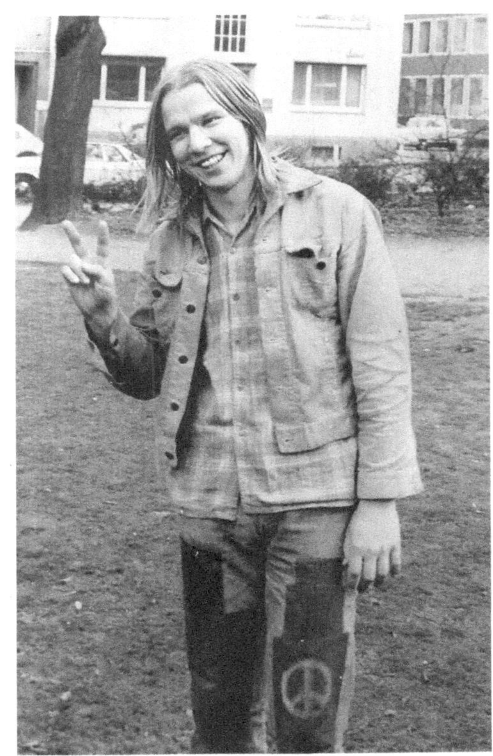

In Mönchengladbach 1972

Ich fühle mich in Mönchengladbach ziemlich isoliert. Kenne niemanden außer Peter. Habe noch keinen Schimmer, wo ich hier meine Szene treffen kann. Abends langweile ich mich und gehe in die Sahara-Bar, wo ich freie Getränke bekomme. Peters Frau steht hinter der Theke. Die Barfrauen und Stripperinnen sind meist einfach gestrickt und verdienen sich hier mehr oder weniger nebenbei ein paar Mark dazu. Eine studiert Zahnmedizin.

Fußball interessiert mich nicht die Bohne. Peter ist ein fanatischer Anhänger von Borussia Mönchengladbach. Bei einer Besprechung in seiner Wohnung läuft im Fernsehen eine Liveübertragung unter Beteiligung seiner Borussen. Hier offenbaren sich die Abgründe eines Fußballfanatikers. Peter zeigt drei rudimentäre Reaktionen: Er verfolgt unruhig im Sessel zappelnd das Spielgeschehen. Er schreit vor Begeisterung. Er schnellt aus dem Sessel hoch. Rennt drohend den Fernseher an und belegt das Fehlverhalten einzelner Spieler brüllend mit übelsten Beschimpfungen. Alles im tiefsten Gladbacher Dialekt. Instinktiv spüre ich, dass er mich ganz unten in sein Fußballuniversum einordnet. 1971 wird Borussia Mönchengladbach zum zweiten Mal Deutscher Fußballmeister und ich kenne weder Namen der Spieler noch von ihrem Trainer.

Borussen-Star Günther Netzer besitzt schräg gegenüber der Sahara-Bar eine Diskothek mit dem Namen Lovers Lane. An Nachmittagen sind Peter und seine Frau mit Vorbereitungen für den abendlichen Bar-Betrieb beschäftigt. Ich bin gerade anwesend, als Peter plötzlich nervös

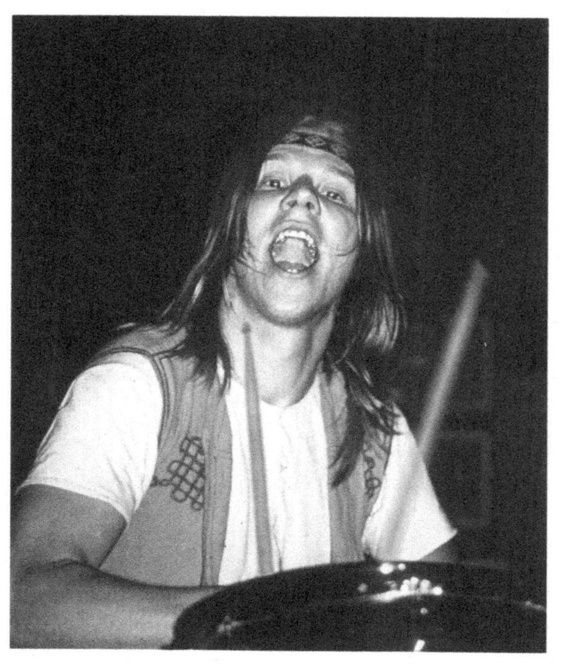

in meine Richtung ruft: »De Hennes kütt jleisch!« Er will sagen, dass er in jedem Moment mit dem Besuch von Hennes Weisweiler rechnet, dem legendärsten aller Bundesligatrainer der siebziger Jahre. Aktuell trainiert er die äußerst erfolgreichen Borussen. Ich habe noch nie von dem Mann gehört und bin unbeeindruckt. Auf seinem Rückweg von Gesprächen mit Günther Netzer in dessen Diskothek pflegt Hennes Weisweiler manchmal bei Peter auf einen Kaffee vorbeizuschauen. Von ihrem zehnminütigen Fußball-Dialog verstehe ich nichts. Kaum hat Weisweiler die Bar verlassen, flüstert mir Peter ehrfürchtig ins Ohr: »Dat wor de Hennes!« Ich zucke die Schultern: »Wer ist Hennes?« Sein ungläubiger Gesichtsausdruck spricht Bände. Ich habe ein weiteres Stück Achtung bei ihm eingebüßt.

Peter neigt zur Gewaltausbrüchen. Schreckt nicht davor zurück, zahlungsunwillige Gäste samt Türfüllung aus der Sahara-Bar zu befördern. Im Hausflur zwischen der Tür meiner Bleibe und der Hintertür zur Sahara-Bar bricht mitten in der Nacht heftiger Streit zwischen Peter und Erwin aus. Sie brüllen sich an: »Isch hou disch kapott, do Wichser!« Dann fliegen die Fäuste. Es klatscht und kracht minutenlang dumpf gegen meine Tür, Hauswände und Treppengeländer. Ich erwarte, dass jeden Moment meine Tür zersplitternd aufbricht und einer der beiden in meinem Apartment landet. Nach einer Viertelstunde kehrt plötzlich Ruhe ein. Am nächsten Tag scheint zwischen den beiden nichts Ungewöhnliches vorgefallen zu sein.

Unsere sporadischen Blitzkrieg-Gigs bringen selten mehr als hundert Mark. Einmal in der Woche drückt Peter mir unwillig zehn oder zwanzig

Mark in die Hand. Das reicht gerade, um mich bei Aldi mit dem Nötigsten zu versorgen und um die Ecke bei Curry-Schorsch eine Bamischeibe oder eine Currywurst zu bestellen. Miete für Peters Apartment brauche ich nicht zu zahlen. Aber er macht immer wieder Andeutungen, dass ich mir bald was anderes suchen soll. Er hat erste Kontakte zu Plattenfirmen aufgenommen, um unsere erste LP *Blitzkrieg* produzieren und veröffentlichen zu können.

Ausgerechnet in dieser hoffnungsvollen Phase informiert uns die Freundin von Ginger per Telefon, dass er auf dem Weg nach Freiburg ist. Er hat sich zum Mathematik- und Physikstudium eingetragen und ist an einer professionellen Musikkarriere nicht mehr interessiert. Es auf diese unpersönliche Weise zu erfahren, verärgert und enttäuscht uns zusätzlich. Monatelange Arbeit an unserem Live-Repertoire für die Tonne. Ginger hat an allen Kompositionen mitgewirkt. Einige Stücke sind ganz von ihm. Nach Dave fühle ich mich ein weiteres Mal von einem Gitarristen hängen gelassen. In der lokalen Musikszene gibt es niemanden, der ihm das Wasser reichen kann. Das bedeutet Stillstand und Frustration auf unabsehbare Zeit.

Wir begegnen uns erst zweiunddreißig Jahre später in Freiburg. Ginger wird Diplom-Mathematiker, macht einen Doktor in Physik und ist ein weltweit hochrespektierter Astrophysiker.

Pirjo belegt in Finnland deutsche Sprachkurse. Schreibt, dass sie nach Deutschland kommen will, um mit mir zu leben. Ich freue mich sehr über diese Ankündigung. Wovon wir leben werden, steht in den Sternen. Sie kommt und wir leben in Peters Appartement. Ich spüre, dass ihm das nicht passt. Würde er mehr und lukrativere Gigs organisieren, könnten Pirjo und ich uns eine eigene Wohnung leisten.

BILL

Bei einem seiner regelmäßigen London-Business-Trips läuft Riccardo zufällig William »Bill« Joseph Barone über den Weg. Der amerikanische Rock-Gitarrist mit italienischen Wurzeln stammt aus Philadelphia. Im Alter von fünfzehn spielt er in einer der zahlreichen Bands der schwarzen Soul Music-Legende Otis Redding, der 1967 bei einem Flugzeugabsturz ums Leben kommt. Mehrfach steht er mit Chuck Berry auf der Bühne. Der tourt ohne eigene Band und nimmt gern lokale Musiker.

Riccardo hat Bill eine strahlende Zukunft in Germany als Mitglied von Blitzkrieg ausgemalt und ihn bewegt, mit nach Mönchengladbach zu kommen. Bill ist groß und schlaksig, trägt tiefschwarze schulterlange Haare, einen Vollbart und meist Blue Jeans-Outfit. Als die beiden in Mönchengladbach ankommen, setzt ihn Peter, ohne mich zu fragen, in unser Apartment. Wir sind jetzt zu Dritt. Da ich keine Miete zahle, füge ich mich unfreiwillig. Durch Nähe entsteht Reibung, Konflikte vorprogrammiert.

Bill ist typisch für Amerikaner ein freundlicher Mensch. Leider aber extremer Frühaufsteher. Pirjo und ich sind zwar keine Langschläfer, aber stehen nicht gerne um halb sieben auf, wenn es nicht unbedingt sein muss. Jeden Tag wiederholt sich das gleiche unvermeidliche Ritual. Sobald Bill erwacht, beobachtet er uns aufmerksam, will uns nicht stören und wartet ungeduldig mit einem Knie wippend, dass einer von uns beiden die Augen aufschlägt.

Kaum sind unsere Augen auf, legt er eine seiner beiden Lieblingsalben auf den Plattenteller und dreht die Lautstärke auf. Entweder *Surrealistic Pillow* (1967) von Jefferson Airplane oder das Album *Steppenwolf* (1968) von Steppenwolf. Auch gern in umgekehrter Reihenfolge. Tag für Tag. Woche für Woche. Monat für Monat. Es geht mir mit diesen Musik-Nummern ähnlich wie mit dem Titel »Barbara Ann« von den Beach Boys, der während der Pausen meines zweiten Auftritts mit den Stuntmen pausenlos dudelte. Ich werde bis heute melancholisch, wenn ich diese Sachen hören muss.

Um das tägliche Inferno so lange wie möglich hinauszuzögern, entwickeln Pirjo und ich das Wir-Machen-Unsere-Augen-Einfach-Nicht-Auf-Spiel. Bill wird von Minute zu Minute kribbeliger und beginnt, sich absichtlich geräuschvoller zu bewegen. Manchmal spielt er ohne Verstärkung auf seiner E-Gitarre, während wir Tiefschlaf vorgaukeln.

Wir sprechen nur Englisch miteinander. Die Enge ist bestes Sprachtraining. Ich fange an, Englisch zu träumen und lerne nicht nur Bills Philadelphia-Italo-Ghetto-Slang zu verstehen. Beim Einkaufen fallen mir oft erst englische Begriffe ein. Von Pirjo lerne ich ein paar finnische Wörter. Ausgenommen des allmorgendlichen Aufwach-Rituals verstehen wir uns gut.

Wie schon mit Ginger proben Blitzkrieg wieder jeden Tag sehr diszipliniert. Jürgen ist ehrgeizig und treibt uns an. Die zum Teil klassisch komplexen Musikstrukturen sind eine Aufgabe für Bill. Innerhalb weniger Wochen steht unser Bühnenprogramm.

In der Mönchengladbacher Kaiser-Friedrich-Halle geben wir unser Debüt mit Bill und sind über Nacht die neuen Rockstars in town. Bill ist musikalisch sehr von seinen Gefühlsschwankungen abhängig. Ist er gut drauf, spielt er göttlich. Wenn ihn etwas nervt, kickt er schon mal wütend eines seiner Fußpedale über die Bühne oder reißt mit einem kräftigen Ruck sein Gitarren-Kabel aus der Gitarre.

Nach diesem ersten Gig kenne ich plötzlich jede Menge junger Leute und muss fortan meine Getränke nur selten selber zahlen. Ohne Jürgen stürzen sich Bill und ich nach den Proben ins abendliche Szeneleben von Mönchengladbach. Es gibt nur ein paar Kneipen. In der Meisengeige treffen wir unsere Fans und neue Freunde. In der Nähe gibt es eine kleine unbeleuchtete Parkanlage, in der man zwischendurch ungestört kiffen kann.

Junge Amerikaner werden Anfang der Siebziger blind angehimmelt. Besonders wenn sie lange Haare und eine kritische Haltung zum Vietnamkrieg haben. Bill lebt im sexuellen Paradies. Die Frauen lieben ihn und er lässt nichts anbrennen. Ich bin neidisch auf seine überdurchschnittliche Erfolgsquote.

Zwei sportliche Typen erscheinen zum ersten Mal bei einem unserer lokalen Gigs. Die Leute machen großzügig Platz und starren sie unablässig an. Ich wundere mich, warum sich plötzlich kein Schwein mehr für unsere Musik zu interessieren scheint. Das Angestarrtwerden scheint ihnen nach einer Weile auf den Sender zu gehen und sie verschwinden wieder. Vielleicht finden sie unsere Musik auch scheiße. Ich frage Jürgen, wer die beiden waren: »Wie, du kennst Günther Netzer und Berti Vogts nicht?«

Kenne ich nicht, aber fortan grüßen mich die beiden freundlich, wenn sie mit ihren Ferraris 365 GT4 BB in der Stadt an mir vorbeizischen.

Auch wenn Riccardo selten gute Laune hat, ist er ein ausgezeichneter, zuverlässiger Roadie. Es gibt keine Ordner bei unseren Konzerten. Riccardo hat keine Skrupel, störende Fans ohne Diskussion von der Bühne zu befördern. Wenn etwas auf der Bühne umfällt, hat er es in der Hand, bevor es den Boden berührt. Er hat weitreichende Beziehungen und kann alles besorgen, was eine Band an Technik benötigt. Riccardo besucht regelmäßig London mit seinem Bandbus, ein umgebauter Mercedes Benz Panorama Kleinbus. Elf der ehemals siebzehn Sitzplätze hat er aus dem hinteren Teil entfernt, um eine Ladefläche zu schaffen. Der vordere Teil mit sechs verbliebenen Sitzen ist durch eine passgenaue Spanplatte von der Ladefläche abgetrennt. Riccardo kauft in London für uns und Bands aus der Umgebung nagelneue Verstärker und Lautsprecherboxen. Die Bands geben ihm Bargeld und ihre alte Anlage in Zahlung.

Bei mir häufen sich die Beschwerden von Musikern, dass er angeblich nie liefert und sich das Geld in die eigene Tasche steckt. Vielleicht zahlt er davon auch unsere Technik. Jürgen und ich begleiten ihn gelegentlich bei diesen London-Trips. Technik für Rockbands ist in Deutschland schwer zu bekommen. Im Mekka der europäischen Rockmusik, in London, gibt es alles, was das Herz begehrt.

John Kelly betreibt eine Hinterhof-Schreinerei und eine winzige Elektrowerkstatt in einem Londoner Außenbezirk. Er hat sich auf den Bau von preisgünstigen Verstärkern und Lautsprecherboxen spezialisiert. Kundenwünsche sind kein Problem. Riccardo ist einer seiner besten Kunden. Seine Mannschaft besteht aus zwei Schreinern und einem Elektrotechniker. Sie arbeiten notfalls das ganze Wochenende auf Hochtouren, um das von Riccardo georderte Equipment rechtzeitig fertig zu stellen.

Der kürzeste Weg zwischen England und Deutschland führt über Frankreich, Belgien und Holland. Dazwischen liegen Grenzen mit Zollkontrollen. Um Zollgebühren für das brandneue Equipment zu umgehen, stellt John Rechnungen aus, auf denen quittiert ist, dass das Material gebraucht ist. Zur »Reparatur« nach England ein- und ausgeführt wird. Riccardo schmuggelt jahrelang brandneue Musiktechnik nach Deutschland. Erwischt wird er nie.

Wenn wir tagsüber nicht bei John herumhängen, lungern wir mit leuchtenden Augen in einer der zahlreichen Musikgeschäfte Londons herum und besuchen am Abend Rock-Konzerte. Meist im legendären Marquee Club.

Auf den Schmuggeltrips nach London mieten wir uns in Bed & Breakfast-Pensionen für ein Pfund pro Person ein. In den Zimmern stehen sechs oder zwölf Stahlbetten, immer zwei, manchmal drei übereinander. Es gibt keine Schränke. Nur einen Tisch mit Stühlen. Zimmer, Toilette und Bad teilt man mit wildfremden Menschen. Londoner Wohnungsmieten zählen zu den höchsten in Europa. So ist es für manche Menschen preiswerter, permanent in Pensionen als zur Untermiete zu wohnen.

Die engen Frühstücksräume liegen meist im Basement und sind schon in aller Frühe gerammelt voll. Die Frühstücksauswahl beschränkt sich auf warmen Porridge, Buns mit bitterer Orangenmarmelade und dem sogenannten Continental English Breakfast. Die hochtrabende Bezeichnung will kaschieren, dass es aus zwei bis drei geschmacksneutralen Bratwürstchen, Hash Browns, Baked Beans, gebratenem, fetttriefendem dicken Ham und einem Spiegelei besteht. Dazu wahlweise billiger schwarzer Tee mit Milch oder mieser Kaffee.

In einer solchen Pension begegnen wir Danny Kirwan, von 1969 bis 1972 einer der drei Gitarristen von Fleetwood Mac. Danny hat 1969 zusammen mit Peter Green an dem Titel »Oh Well« mitgewirkt, einem der ersten großen Hits von Fleetwood Mac. Danny besucht hier in der Pension seine Freundin, ein Mädchen aus Belgien, das hier dauerhaft wohnt. Danny ist ein bescheidener und freundlicher Mensch, der uns mit Respekt begegnet. Riccardo bietet ihm einmal an, ihn nach Hause zu fahren und berichtet, dass Danny in bescheidensten Verhältnissen bei seiner Mutter lebt. Ich bin schockiert. Wie kann das sein? Der Mann ist Mitglied von Fleetwood Mac. Müsste doch Geld wie Heu haben.

Lange nach dieser Begegnung überwirft sich Danny mit der Band. Er gilt als unkontrolliert launisch. Seine musikalische Karriere und sein persönliches Schicksal verlaufen weitestgehend im Sande. Exzessiver Drogenkonsum und Alkoholmissbrauch bringen ihn in die Psychiatrie, wo er von der Welt vergessen stirbt.

Neben Riccardo sind sporadisch zwei weitere Roadies an Bord der Blitzkrieg-Crew: Fred und Eddi. Eddi Laumann wird später ein erfolgreicher Sportjournalist und Fotograf im Auto-Rallye-Sport. Im Sommer 1971 machen wir uns auf die Reise nach Landshut. Wollen dort auf einem von Abiturienten organisierten Festival auftreten. Der Eintritt ist frei. Die Fahrt dauert ewig.

Es regnet in Strömen und hinter der Bühne gibt es keinen Schutz für die Bands. Der Begriff Catering ist noch ein unbekanntes Fremdwort. Bis zum Auftritt harren wir im Bandbus aus. Das Dach über der Bühne ist ein improvisierter Flickenteppich aus Plastik- und Stoffbahnen. Windböen drohen die Planen wegzublasen. Überall tropft und rinnt es. Backline und Schlagzeug sind nur provisorisch durch Planen geschützt, in denen sich Wassermengen ansammeln, die sich von Zeit zu Zeit wasserfallartig auf die Seitenareale der Bühne ergießen. Ein feiner Sprühnebel setzt sich auf allem ab, was auf der Bühne steht. Die zahlreich am Boden liegenden Kabel erinnern mich an den frühen Bühnentod zahlreicher Rockstars. Statistisch trifft es Sänger am häufigsten. Der Tod schlägt in dem Moment zu, wo der Mund das unter Strom stehende Mikrofon berührt. Danach folgen Gitarristen und Bassisten. In meiner Nähe liegen keine Kabel. Ich mache mir eher Gedanken, wie sich die Feuchtigkeit auf den Zustand meiner Trommeln auswirkt. Die Felle sind nass und sondern bei jedem Schlag kleine Wasserfontänen ab. Bill bekommt zweimal über ein Mikrofon einen leichteren Schlag.

Trotz dieser Widrigkeiten geben wir alles. Werden von den im Regen geduldig ausharrenden Massen gefeiert. Woodstock hat es vorgemacht. Regen und Matsch sind kein Hindernis.

Die anschließenden Kritiken der wenigen deutschen Musikmagazine sind durchweg positiv. Die Drähte von Peters Telefon laufen heiß. Ein Dutzend A&R-Manager diverser Schallplattenfirmen scheinen an uns interessiert. Auf dem Rückweg besuchen wir in München Gerd Augustin. A&R-Labelmanager von United Artists. Ein Freund von Florian Fricke. Ich habe nicht den geringsten Schimmer von diesem Geschäft und höre demütig staunend zu, wenn Jürgen selbstbewusst die Initiative ergreift. Erfolg und Geldsegen scheinen zum Greifen nah. Aber das Treffen endet ergebnislos.

Wir spielen jetzt häufiger und nicht mehr nur im lokalen Umfeld. Was sich aber leider nicht auf das Erzielen höherer Gagen auswirkt. Aber mehr als einhundert Mark springen für mich selten dabei heraus. Ein Teil davon geht für Verpflegung drauf.

MACHT DAS OHR AUF

Wir haben einen Vertrag mit Ohr Music in Aussicht. Ein Unterlabel des erfolgreichen Berliner Hansa-Labels. Auf Ohr veröffentlichen Bands, von denen ich bis dahin noch nie etwas gehört habe: Amon Düül, Tangerine Dream, Ash Ra Tempel, Klaus Schulze, Popol Vuh, Birth Control, Embryo, Mythos, Annexus Quam, Xhol sowie die Folkmusiker von Floh De Cologne und Witthüser & Westrupp.

In England existiert seit längerem eine Rockband mit dem Namen Blitzkrieg. Nichts deutet darauf hin, dass die Engländer uns urheberrechtlich an den Kragen gehen wollen. Dennoch beschließen Jürgen und Peter eine Namensänderung.

Mit Hilfe des Boulevardblattes Düsseldorfer Express suchen wir öffentlich nach einem neuen Namen. Eine Pseudosuche. Wir wollen das Blatt nur als Trittbrett für Eigenwerbung nutzen, denn wir haben uns schon für den Namen Wallenstein entschieden.

Wir unterzeichnen bei Ohr, aber wie von mir befürchtet wirft der sprunghafte Peter genau in dieser hoffnungsvollen Situation das Handtuch. Er zieht sich aus dem Geschäft zurück und übergibt die Octopus Agentur dem jungen Michael S. Er selbst wirkt nur noch im Hintergrund. Michael S. widmet sich in erster Linie anderen Acts, die größeren Profit versprechen und Wallenstein hat das Nachsehen.

TURN ON, TUNE IN, DROP OUT

Geschäftsführer des Ohr-Labels ist der Musikjournalist Rolf-Ulrich Kaiser, der Bücher und Essays im Rundfunk veröffentlicht. 1968 veranstaltet er die Internationalen Essener Songtage, für die es ihm gelingt, den amerikanischen Superstar Frank Zappa zu engagieren. Man sieht Rolf-Ulrich nie ohne seine Lebensgefährtin Gerlinde »Gille« Lettmann, die sich als

Modedesignerin bezeichnet. Gille hat einen starken Einfluss auf Rolf-Ulrichs Entscheidungen.

Bei einem Besuch in der Schweiz lernen die beiden Timothy Leary kennen und küren ihn zu ihrem spirituellen Meister. Leary ist ein ehemaliger Psychologie-Professor der Harvard-Universität in Cambridge/USA.

Anfang der sechziger Jahre führt er mit seinem Kollegen Abraham Maslow legal psychologische Therapie-Experimente mit LSD und der halluzinogenen Pilzdroge Psylocibin an freiwilligen Strafgefangenen durch. Als der amerikanische Gesetzgeber den Konsum, Besitz, Gebrauch und Handel dieser Substanzen für illegal und strafbar erklärt, weigert sich Leary, seine Experimente zu beenden. Daraufhin feuert man ihn von der Uni. Er ruft öffentlich zum Ausstieg aus der bürgerlichen Gesellschaft auf und veröffentlicht zahlreicher Bücher, in denen er LSD als das probate Mittel zur Selbstbefreiung und Selbsterkenntnis anpreist. Sein Buch *Politik der Ektase* gerät in die internationalen Bestsellerlisten und auch in meine Hände. Die darin enthaltene Aufforderung »Turn On, Tune In, Drop Out« wird wie ein Bibel-Zitat unter jungen Menschen gehandelt. »Turn On« ist die Aufforderung, Drogen zu konsumieren, »Tune In« die Einladung zu sanfter und liebevoller Integration in die Umwelt, »Drop Out« sein politischer Appell zum Ausstieg aus der Konsumgesellschaft und ihren Zwängen.

Die amerikanische Beat- und Hippiegeneration macht Leary zum Star und ihrem intellektuellen Helden. Zeitgenössische amerikanische Schriftsteller wie Allen Ginsberg, Jack Kerouac, William S. Burroughs und die Musik-Superstars Jimi Hendrix, Rolling Stones und John Lennon bekennen sich öffentlich als Anhänger seiner Philosophie. Learys Ruhm schwappt auch nach Europa. Das alles ruft die US-Administration unter dem extrem konservativen republikanischen Präsidenten Richard Nixon auf den Plan. Der sieht in Learys Popularität und seinen Äußerungen eine politische Bedrohung, die sich angeblich gegen die moralischen Grundwerte der amerikanischen Gesellschaft richtet. Man setzt die CIA auf ihn an. Die sestuft Leary als ein die nationale Sicherheit gefährdendes Element ein und verfolgt ihn.

Nach einen Kurzurlaub in Mexiko werden Leary und seine Tochter

Susan an der mexikanisch-amerikanischen Grenze verhaftet. Sie hat ein paar Gramm Marihuana in der Tasche. Um sie zu schützen, übernimmt er die Verantwortung. Trotzdem wird Susan zu fünf Jahren Gefängnis auf Bewährung verurteilt. Auf Grund des sogenannten Marihuana Tax Act-Gesetzes aber wird Leary wegen Steuerhinterziehung und illegaler Drogeneinfuhr zu dreiunddreißig Jahren (!) Haft verurteilt.

Vier Jahre später hebt der Supreme Court das Urteil auf, da der Marihuana Tax Act verfassungswidrig ist. Kurze Zeit danach wird der Ex-Professor mit zwei Joints erwischt und diesmal zu zehn Jahren Haft verurteilt.

Die Weathermen, eine linke radikalpolitische Organisation, verhelfen Leary zur Flucht. Über die Niederländischen Antillen und Algerien gelangt er in die Schweiz. Hier genießt er die Gastfreundschaft eines Waffenhändlers und den Schutz des schweizerischen Asylrechts. Der Waffenhändler veräußert Learys Bücher mit hohem Gewinn und betrügt ihn um dessen Anteil.

Die US-Behörden intervenieren erfolgreich bei der Schweizer Regierung, die Leary das Asylrecht entzieht. Der erfährt frühzeitig davon und flieht nach Afghanistan, trotz vehementer Warnungen seiner Schweizer Freunde. Mit Hilfe der korrupten Behörden wird er in Afghanistan verhaftet und der CIA übergeben. Die entführen ihn in die USA und sperren ihn wieder ein.

Während der Schweizer Episode hat Leary intensive Kontakte zur Baseler Künstlerszene. Hier freundet er sich auch mit dem Pharma-Chemiker Dr. Albert Hoffmann an, dem Entdecker des LSD. Vermutlich hat Leary gute Beziehungen zu Chemikern und Forschern der in Basel ansässigen Pharmaindustrie. Learys Spezis stellen jedenfalls nach Feierabend lupenreines LSD her. Nicht zu vergleichen mit dem gepanschten Zeug, das man auf der Straße zu kaufen bekommt. Auch der in Basel lebende Maler Walter Wegmüller, der ehemalige Nationalratsabgeordnete, Kulturphilosoph, Mythenforscher und esoterische Bücher verfassende Sergius Golowin und der Maler H.R. Giger, Schöpfer der berühmten *Alien*-Film-Figur, gehören zu Learys Schweizer Freunden.

In dieser Szene bewegen sich Rolf-Ulrich und Gille. Jeder Schweiz-Besuch, bei dem sie Leary treffen, erfüllt sie mit Begeisterung für dessen Persönlichkeit und steigert ihr Sendungsbewusstsein für seine Philosophie. Schließlich entdecken sie ihn als Sänger. Unter Mitwirkung von Ash Ra Tempel und anderen Musikern entsteht das Album *Seven Up* (1973). Der Titel ist eine mehr oder weniger ironische Verquickung zwischen einer US-amerikanischen Erfrischungsgetränkemarke und dem Erfinder des Buddhismus, Siddharta Gautama, nach dessen Lehre ein wahrheitssuchender Mensch sieben Bewusstseinsstufen durchlaufen muss, bevor er das Nirvana erreicht.

Unter LSD-Einfluss entwickeln Rolf-Ulrich und Gille ihre Marketingstrategien. Technikliebe, Science-Fiction, Raumfahrt, das Universum und östliche Religionen spielen in den siebziger Jahren eine große Rolle. Gille nennt sich in Bezug darauf Sternenmädchen und entwickelt Sternen-Mode. Reflektierende Textiloberflächen sollen technischen Fortschritt und Science-Fiction zum Ausdruck bringen.

Wir Wallenstein-Musiker sind dem Label-Standort in Köln örtlich am nächsten und somit ausersehen, erstmals diese kitschigen Klamotten in der Öffentlichkeit zu präsentieren. Gott sei Dank gelingt es mir im Vorfeld, Gille davon zu überzeugen, nach meinen Ideen Änderungen an meinem Outfit vorzunehmen. Dennoch habe ich die Klamotten nach nur einem Fototermin nie wieder angezogen. Der gerade boomende Hi-Fi-Quadrophonie-Markt bringt die beiden auf die absurde Idee, Klaus Schulze ein »Quadro« anzuhängen. Der lehnt entsetzt ab. Nur Tangerine Dream passen ins Konzept. Edgar Froese inspirierte der Beatles-Song »Lucy in the Sky with Diamonds« zum Bandnamen.

Für jeden ihrer Pläne und jede Entscheidung befragen Rolf-Ulrich und Gille die Tarot-Karten. Zur Vereinfachung immer nur drei der zweiundzwanzig Grundkarten von insgesamt achtundsiebzig Karten. Die drei stehen für Vergangenheit, Gegenwart und Zukunft. Studiotermine und LP-Veröffentlichungen werden erst terminiert, wenn günstige Kartenkonstellationen dies zulassen. Das bringt sie auf die Idee, ein Album über die zweiundzwanzig Grundkarten des Tarot-Kartenspiels zu produzieren.

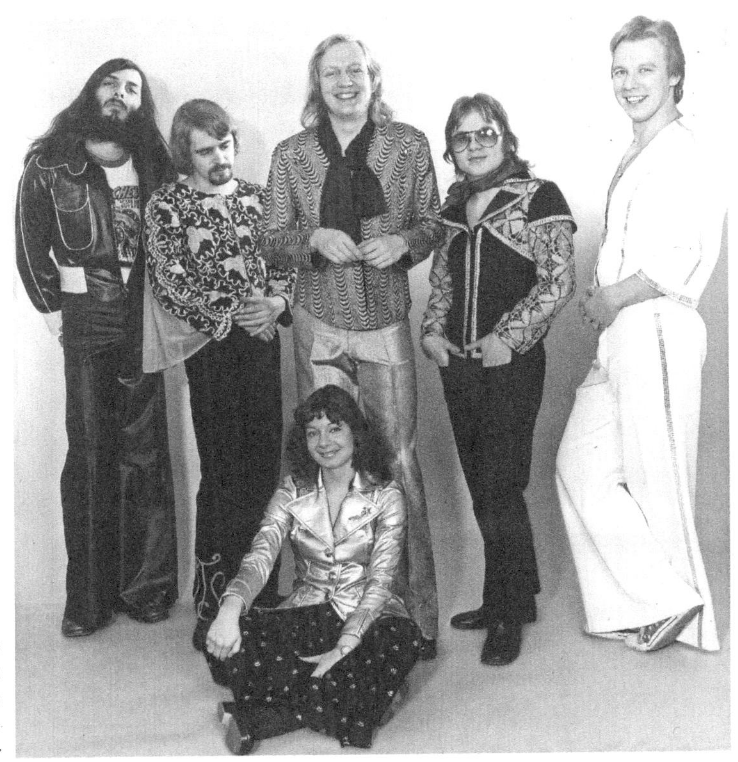

Gille Lettmann und die von ihr eingekleideten Wallenstein-Musiker

TAROT

Es gibt einen Termin mit Rolf-Ulrich und dem Sternenmädchen. Vorbereitungen zur Produktion des *Tarot*-Vinyl-Doppel-Albums. Es sind eingeladen: Klaus Schulze, Jürgen Dollase, Manuel Göttsching, Hartmut Enke, Wallenstein-Bassist und -Sänger Jerry Berkers, Bernd Witthüser, Walter Westrupp und ich. Das Thema sind die zweiundzwanzig Grundkarten des esoterischen Kartenspiels. Zu jeder dieser Karten soll ein Musikstück produziert werden.

Walter Wegmüller soll in das Projekt eingebunden werden. Ein ruhiger und freundlicher Vertreter mit jenischen Vorfahren. Er gilt als der Tarot-Experte der Schweiz. In unverwechselbarem Malstil hat er sämtliche achtundsiebzig Tarot-Karten großformatig angefertigt. Mit seinem Schweizer Akzent gibt er immer wieder Anekdoten über geheimnisvolle Treffen und Abenteuer von Menschen mit überirdischen Fähigkeiten in einsamen Berghöhen von sich. Walter kann nicht singen und wird die Titel mit Sprechgesang untermalen.

Alle Beteiligten treffen sich auf dem Hof von Bauer Plath im Hunsrück. Hier leben Bernd Witthüser und Walter Westrupp. Die beiden stammen ursprünglich aus Essen und haben einen guten Draht zu Bauer Plath, dem sie eines ihrer Alben widmen (*Bauer Plath*,1972, Pilz), auf dem ich mitwirke.

Es stehen wieder ausreichende Mengen psychotroper Substanzen in flüssiger Form zur Verfügung. Gleich zu Beginn kreisen Joints und ich schluckte einen Trip. Für den späten Nachmittag ist das Eintreffen von Sergius Golowin angekündigt. Jürgen ist Sergius während der Produktion des *Seven Up*-Albums mit Timothy Leary und Ash Ra Tempel in der Schweiz begegnet. Er schwärmt von dem warmherzig charismatischen Schriftsteller. Die Wirkung des LSD-Trips hat gerade die volle Wirkung entfaltet, als es heißt, Sergius ist im Anmarsch. Ich bin sehr neugierig auf die Begegnung mit der hochgepriesenen Persönlichkeit. Höre, wie im Hof die Tür von Rolf-Ulrichs Volvo zugeschlagen wird, der ihn abgeholt hat.

Ohne dass ich Sergius sehen kann, habe ich das Gefühl, er ist von einem transparenten, energetischen Lichtfeld umgeben. Das wird größer, als er die Treppe zu uns hinaufsteigt. Als er das Zimmer betritt, ist er von einer hellen Sonnenstrahlung umgeben. So etwas habe ich noch nie erlebt. Der Mann hat die überirdische Ausstrahlung eines indischen Heiligen. Die Freundlichkeit, mit der er einzeln die Anwesenden begrüßt, treibt mir Tränen der Rührung in die Augen.

Zur Einstimmung reichen Rolf-Ulrich und Gille die zweiundzwanzig Tarot-Grundkarten in die Runde. Das Blatt stammt von dem Briten Aleister Crowley, der es zu Beginn des 20. Jahrhunderts entworfen hat. Crowley nennt sich Antichrist und gründet religiöse Orden. Angeblich ist er Satanist.

Unter der Wirkung von LSD entfalten die schön gestalteten Karten eine traumhafte Wirkung. Die geheimnisvollen Symbole und Gestalten erscheinen vor meinem Auge auf einmal dreidimensional. Die Figuren darauf bewegen sich wie in einem Animationsfilm und vermeintliche Botschaften entschlüsseln sich. Fasziniert versenke ich mich ein paar Stunden in die Karten. Mein Zeitgefühl kommt vollkommen abhanden.

Wir hören mir bekannte Musik, die ich jetzt neuartig und intensiv wahrnehme, als höre ich sie zum ersten Mal.

In einem Zimmer steht das Equipment von Manuel. Eine Gibson-E-Gitarre, zwei WEM-Lautsprecherboxen und ein WEM-Copicat. Das kultige Band-Echogerät der Siebziger. Von Pink Floyd unter Musikern berühmt gemacht. Ich schließe die Gitarre an. Die Echo-Loops ziehen mich derartig in ihren Bann, dass ich nicht mehr aufhören kann zu spielen. Schmerzhafte Blasen an den Fingerkuppen zwingen mich aufzuhören. Die Magie, die von sich überlagernden Echoes ausgeht, hat mich seither nie wieder losgelassen.

In mehreren Sessions nehmen wir die zweiundzwanzig Stücke im Studio von Dieter Dierks auf. Lange Improvisationen, darüber Walters gutturaler Sprechgesang. Das Doppel-Album entwickelt sich zu einem der wichtigsten Kult-Alben des Krautrock.

KOSMISCHE KURIERE

Rolf-Ulrich und Sternenmädchen haben mich eingeladen, an einer Session im Dierks-Studio teilzunehmen. Bei leichtem Nieselregen besteige ich mein französisches, schwarzes Velosolex-Mofa und mache mich auf den vierzig Kilometer langen Weg. Leicht bekifft durchquere ich verträumt die Hauptstraße der Kleinstadt Jüchen. In meinem Augenwinkel erscheint ein weißer Schatten neben mir, als ich links abbiegen will. Etwas berührt mich mit großer Kraft und hebt mich aus dem Sattel. Wie in Zeitlupe fliege ich in Fahrtrichtung und beobachte, Füße voran, wie sich mein Mofa zwei Meter von mir in seine Einzelteile zerlegt. Dann krache ich rücklings auf den Asphalt. Dicht neben meinem unbehelmten Kopf kreischen die blockierenden Vorderreifen des Autos, das mich gerade seitlich gerammt hat. Ich rutsche noch gute zehn Meter geradeaus und bleibe auf der Seite liegen. Mein dicker blauer, französischer Militärmantel verhindert, dass ich mich bis auf ein paar Prellungen schlimmer verletze.

Für einen kurzen Moment herrscht vollkommene Stille. Obschon alles vorbei ist, spüre ich erst jetzt Todesangst und mein ganzer Körper beginnt zu zittern. Eine Sekunde früher abgebogen und das Auto hätte mich frontal erfasst. Es dauert keine Minute, bis sich die Szene mit Schaulustigen bevölkert. Ich bin ohne Zeichen zu geben abgebogen und bekenne meine Schuld. Mein Mofa ist Schrott. Mit einem Taxi lege ich den Rest der Strecke zurück.

Unter der Ablage des großen dreifach verglasten Fensters zum Regieraum haben Rolf-Ulrich und Gille ein großzügiges Büfett aufgebaut. Willkommene Abwechslung meiner vergleichsweise bescheidenen Ernährungsgewohnheiten. Im Regieraum stehen kleine mit Wasser gefüllte Sektkelche. Darin aufgelöst Premium-LSD aus der Schweiz. Sofort kippe ich mir die geschmacksneutrale rötliche Flüssigkeit in den Hals.

Nach einer dreiviertel Stunde setzt dieser obligatorische Druck hinter meinen Augen ein. Dann erschrecke ich. Mein Ich-Bewusstsein ist plötzlich ein atomarisch kleiner Punkt im Raum. Mein Körper scheint aus einer gasförmigen Substanz zu bestehen und ist in einer losen Verbindung um diesen winzigen Punkt angeordnet. Ich kann mich mit diesem Mikro-Ich mühelos an jede Stelle meines Körpers bewegen. Ich gewöhne mich an diese Wahrnehmung und schenke ihr bald keine Beachtung mehr.

Meine ganze Aufmerksamkeit gehört jetzt einem so noch nie erfahrenen Klangerlebnis. Ich sitze am Klavierflügel und schlage mit durchgedrücktem Hallpedal einzelne Töne an. Aus dem Instrument quellen Klangwellen wie grüne Nordlichter und entfalten sich im Raum. Obwohl ich die Taste bereits losgelassen habe, kann ich diese lichtakustischen Gebilde mit meinen Gefühlen nachträglich formen und kontrollieren.

Auch mein Schlagzeugspiel erlebe ich vollkommen neu. Seit ich mich erinnern kann, versuche ich Schlagzeuger zu imitieren, die ich bewundere. Musikalische Vorbilder halten unbewusst meinen Kopf besetzt. Ich werde von Versagensängsten beherrscht. Habe Hemmungen, mich hinter das aufgebaute Schlagzeug zu setzen. Bis Edgar Froese mich freundlich animiert loszulegen. Unter LSD-Einfluss habe ich jetzt das Gefühl, dass mir das Imitieren meiner trommelnden Vorbilder in jeder Komplexität nahezu perfekt gelingt. Ich transformiere mich begeistert in Billy Cobham, Ginger Baker, Bill Bruford, Buddy Rich, Carl Palmer und Michael Giles. Ohne dass mir dabei bewusst ist, dass mich dieses Verhalten vom unmittelbaren Musikgeschehen um mich herum mehr oder weniger vollkommen isoliert. Ich nehme nicht wirklich wahr, was die Kollegen neben mir gerade machen. So agiere ich wahrscheinlich schon, seit ich Musik mache. Just in diesem Moment höre ich eine deutliche Stimme in mir, die mich fragt: »Warum hörst du nicht der Musik zu? Warum folgst du nicht deinen eigenen Impulsen und Gefühlen? Warum verschwendest du deine Phantasie an das Imitieren von Vorbildern?« Ich blicke wie vom Donner gerührt um mich. Es fühlt sich an, als hätte Buddha zu mir gesprochen.

Wie eine lang ersehnte Befreiung setzt ein atemberaubendes Glücksgefühl ein. Und ich trommele tiefenentspannt mehr als sechs Stunden am Stück. Nehme mich physisch wie psychisch nicht mehr als von meinen Mitspielern getrennt wahr. Ich bin gleichzeitig ich und sie in einer Art universellen Person. Als seien es meine eigenen, kann ich jetzt jeden ihrer musikalischen Impulse im Voraus erfühlen und darauf reagieren.

Mein Ich-Bewusstsein ist eine große transparente, feinstoffliche Linse, welche das ganze Studio auszufüllen scheint. Alle hier Anwesenden sind Teil dieser Linse. Meine Wahrnehmung schwebt in geringer Entfernung unbeteiligt über meinem Körper und beobachtet das Geschehen in größter Gelassenheit, obwohl mein Körper gerade sportliche Höchstleistungen vollbringt.

Es trommelt. Ich bin nicht mehr der Handelnde und vollkommen überzeugt, das Nirwana erreicht zu haben. Dieser dauerhafte Glückszustand des vor sechstausend Jahren in den Upanishaden der alten Inder beschriebenen Ziels jeder spirituellen Bestrebung. Dafür brauchen indische und buddhistische Mönche Jahrzehnte. Wenn sie es denn überhaupt schaffen. Mittels eintausendzweihundert Mikrogramm LSD in nur wenigen Stunden zu meiner Realität geworden.

Auf dem Gang zur Toilette schwebe ich in etwa fünf bis zehn Zentimetern Höhe über dem Boden. Mir ist, als seien nur wenige Sekunden vergangen, als ich vor sechs oder sieben Stunden schon einmal diesen Weg nahm.

Ich habe unbeschreiblichen Durst. Am Büfett leere ich in einem Zug eine halbe Flasche Weißwein, ohne dass ich die Wirkung des Alkohols auch nur ansatzweise spüre. Das Gleiche gilt für Joints. Haschisch hat keine Wirkung unter dem Einfluss von LSD.

Mein Durst ist noch nicht gestillt. In einer der kleineren Gesangskabinen steht Winfrid Trenkler, Moderator der WDR-Radio-Sendung *Pro Pop Music Shop*, und beobachtet fasziniert das Geschehen. Er hält ein kleines Glas in der Hand, trinkt aber nicht. Ich deute freundlich auf das Getränk und signalisiere ihm, dass ich Durst habe. Er reicht mir freundlich das Glas. Nachdem ich es hastig entleert habe, bemerke ich, dass ich gerade einen weiteren LSD-Trip geschluckt habe. Wahrscheinlich weiß Winfrid bis heute nicht, was er da eine Weile in seiner Hand hielt.

In den frühen Morgenstunden lässt die LSD-Wirkung langsam nach. Ich bin felsenfest überzeugt, an der grandiosesten Musik aller Zeiten mitgewirkt zu haben.

Aus meiner Perspektive wird leider nur ein Bruchteil dieser und nachfolgender Sessions veröffentlicht. Möglich auch, dass mich meine psychedelischen Erinnerungen, was die Menge der Aufzeichnungen betrifft, zum Narren halten. Die Mehrspur-Magnettonbänder dieser unveröffentlichten Sessions verrotten vermutlich seither in irgendwelchen Archiven und warten darauf, dass Musik-Archäologen diesen Schatz eines Tages ausgraben. Nach fast fünfzig Jahren ein heikles Unterfangen, denn die Magnetschichten der Tonbänder haben nur eine begrenzte Haltbarkeit.

Rolf-Ulrich und Sternenmädchen erfinden das Etikett der Kosmischen Kuriere für diese Produkte und sehen uns bereits in überdimensionalen Weltraumdekorationen Welttourneen vor ausverkauften Häusern durchführen. Bekleidet mit den Science-Fiction-Klamotten vom Sternenmädchen.

Die Fünf-Jahres-Verträge, die Rolf-Ulrich allen Beteiligten anbietet, haben miserable Bedingungen und stoßen auf große Ablehnung. Tangerine Dream sind schon unmittelbar nach der ersten Kosmische-Kuriere-Session ausgestiegen und untersagen jegliche Veröffentlichung von Material, auf dem sie in diesem Zusammenhang zu hören sind.

Das euphorische Geschehen im Studio und die spekulativen Utopien von Rolf-Ulrich und dem Sternenmädchen sind nicht von Dauer und haben keine Entsprechung in meinem Leben. Die schlecht bezahlten und seltenen Auftritte von Wallenstein bringen nicht genug, um meine

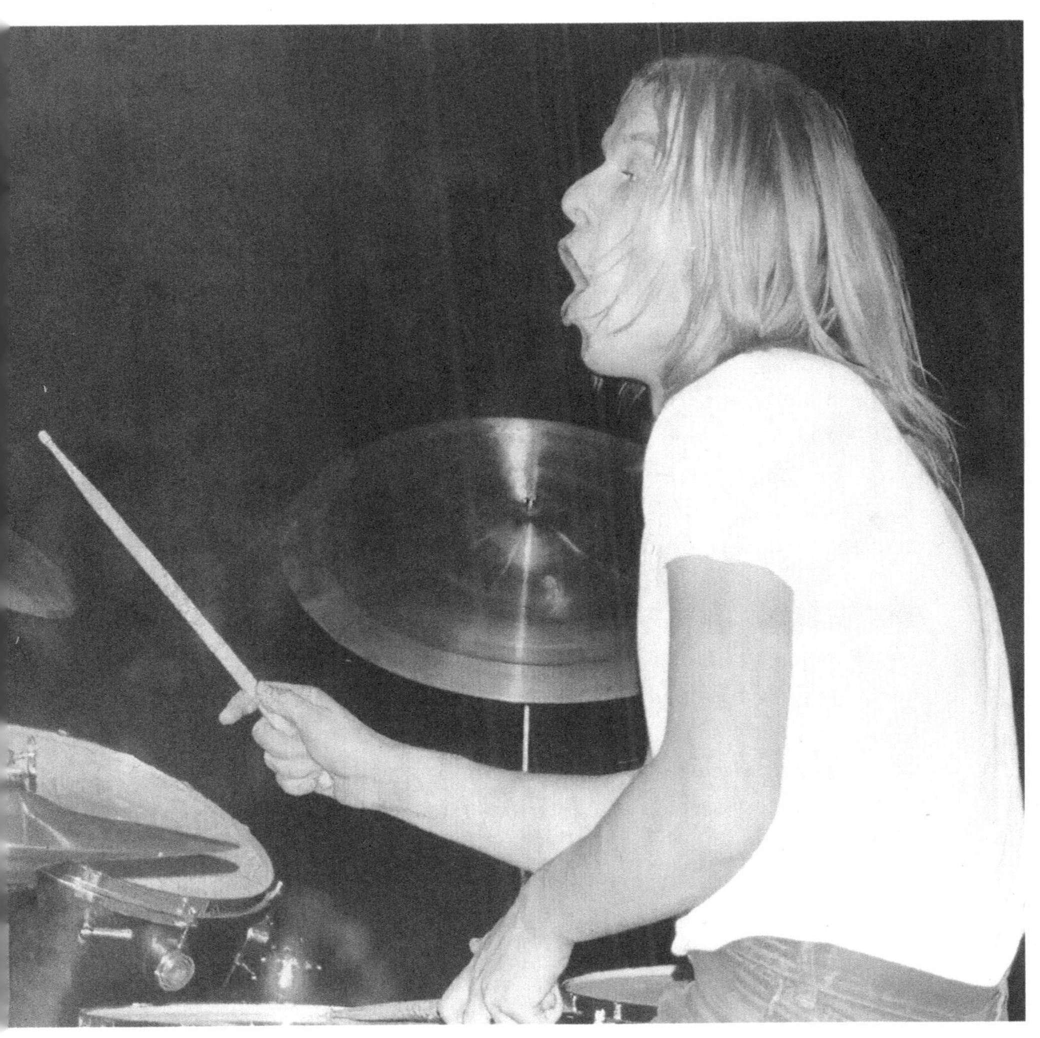

täglichen Kosten zu decken, und Peter gibt mir nachdrücklich zu verstehen, uns so schnell wie möglich nach einer neuen Unterkunft umzuschauen.

Pirjo und ich finden eine kostengünstige Bleibe unmittelbar über der Szenekneipe Balderich im Stadtzentrum von Mönchengladbach. Es ist ein einziges Zimmer ohne Bad. Im Hausflur gibt es eine Gemeinschaftstoilette. Ich streiche die Wände dunkelbraun. Die Fensterrahmen graublau. Über uns wohnen Gisela und Christian in einer kleinen Wohnung mit Bad, das wir gelegentlich benutzen dürfen. Pirjo arbeitet als Putzfrau und später als Bürokraft im englischen Nato-Hauptquartier. Wir verleben einen glücklichen Sommer in diesem Zimmer. An einer Wand hängt eine sehr effektive Gasheizung, die unser Zimmer innerhalb von zehn Minuten in ein furztrockenes tropisches Paradies unter Sauerstoffmangel verwandeln kann. Das Gerät hat Tücken. Ich drehe das Gas auf und halte das Streichholz einen Moment zu spät an den Brenner. Es macht Wumm ... ich habe keine Augenbrauen mehr und für einige Tage einen leichten Sonnenbrand im Gesicht.

Wenn ich in dieser Zeit mit Wallenstein unterwegs bin, bedeutet das Aufstehen morgens um fünf Uhr. Mit dem Fahrrad zum Proberaum, die Anlage zusammenpacken und in einen Miet-LKW verladen. Je nachdem zwischen drei und fünf Stunden Fahrt zur Location. Vor Ort alles wieder ausladen. Im ungünstigsten Fall die zwei Tonnen Equipment in den zweiten Stock schleppen. Hier aufbauen und Soundcheck. Nach einer Pause zwei Stunden mit hohem physischem Einsatze trommeln. Nach dem Gig die Anlage wieder abbauen und einladen. Um Hotelkosten zu sparen, fahren wir meist direkt wieder nach Hause. Zwischen zwei und drei Uhr in der Nacht oder am frühen Morgen das Equipment in den Proberaum ausladen. Dann die Jungs nach Hause fahren und den Miet-LKW abgeben. Falle ins Bett und schlafe den nächsten Tag durch. Ein 24-Stunden-Job für einen Stundenlohn von maximal drei Mark.

TM

Ich erinnere mich gut an den Videoclip der Beatles zu *All You Need Is Love*. Zwischen den Musikern und zahlreichen Gästen sitzt ein vollbärtiger lächelnder Inder mit einem weißen Bettlaken bekleidet. Der Mann nennt sich Maharishi Mahesh Yogi (Großer Seher). Eigentlich heißt er Mahesh Prasad Varma und ist Erfinder der Transzendentalen Meditation (TM). Der Mann hat ein Buch geschrieben und behauptet, Meditierende werden innerhalb kürzester Zeit den Konsum von Zigaretten, Drogen und Alkohol einstellen und ein erfolgreiches Leben führen. Der will überzeugen, dass Meditieren ein durch nichts zu beeinträchtigendes, dauerhaftes Glücksgefühl erzeugt. Als Nebeneffekt auch eine stabile körperliche Gesundheit zur Folge hat. Fortgeschrittene auf der achtstufigen spirituellen Entwicklungsleiter können andere Seinszustände und sogar ewiges Leben erlangen. (Der Meister bringt es übrigens nicht so weit und verlässt am 5. Februar 2008 für immer die schnöde Welt in Richtung Nirwana.)

WHOW! Das alles hört sich verlockend an! Andere Seinszustände sind mir schon mal nicht fremd. Dauerhaftes Glück konnte ich mittels LSD bisher nicht stabilisieren. Vielleicht klappt es ja mit Meditation. Erfolg und Gesundheit kann ich gerade sehr gut gebrauchen. Ulli, unser ehemaliger Stuntmen-Bassist, drückt mir ein Buch mit dem Titel *Die Wissenschaft vom Sein* in die Hand. Es ist von Maharishi. Im Buch wird die physiologische Wirkung von Meditation mit wissenschaftlichen Fakten untermauert.

Von derartigen Aussichten angetan, bereite ich mich mit ein paar kräftige Zügen aus meiner Haschpfeife auf einen angekündigten Vortragsabend eines Vereins vor, der TM verbreitet. Blasse, anzugtragende sogenannte TM-Lehrer und -Lehrerinnen mit der attraktiven Ausstrahlung von Bankangestellten halten abwechselnd den Vortrag. Ich erfahre, dass ich mich wie alle Anfänger auf der untersten Stufe der spirituellen Entwicklung befinde, aber mir größte Hoffnung auf rasche Erlösung von meinem Leid machen darf. Als Beweis, dass TM wirkt, wird auf die großen Erfolge der Beatles, der Beach Boys, von Martin Scorsese, Rudolf Schenker (!) und Clint Eastwood hingewiesen.

Pirjo und ich lassen uns voller Hoffnung auf ein finanziell entspanntes und glückliches Leben gegen eine Gebühr von je 250 Mark in die Meditationstechnik einführen. Unsere Mantras dürfen wir nicht laut aussprechen und nie mit irgendjemandem teilen. Das kann große psychische Schäden anrichten. Unsere Mitbewohner über uns im Haus, Gisela und Christian, sind auch dabei.

Wir meditieren jeden Morgen und jeden Abend zwanzig Minuten. In jeder Situation! Notfalls auf dem Klo. Tatsächlich fühle ich mich nach einigen Tagen etwas entspannter. Nach vier Wochen gebe ich das Rauchen von Zigaretten auf. Erst auf der zweiten, dritten oder gar vierten spirituellen Entwicklungsstufe scheint das Aufgeben der Kifferei möglich. Um mich dem Geläuterten-Image der TM-Lehrer anzunähern, lasse ich mir die schulterlangen Haare etwas kürzen.

An allen Bauzäunen der Stadt hängen Poster mit dem Konterfei des Gurus. Darauf in großen Golddruckbuchstaben:

MAHARISHI MAHESH YOGI – PHILIPSHALLE DÜSSELDORF.

Wir wollen den Meister natürlich mal live erleben und machen uns auf die heilsuchenden Socken in die rheinische Modemetropole. Auf der Bühne der Philipshalle stehen lange Tische. In zwei Reihen stufenförmig hintereinander. Mit weißem Stoff abgedeckt wie bei einem CDU-Parteitag. Auf der oberen Stufe ein mit weißen Laken bedecktes Sofa. Von einem Blumenmeer umgeben. Hinter den Tischen der oberen Reihe sitzen vollbärtige, weiß gekleidete Inder mit weißen Gandhi Caps auf den Köpfen. Die Tische sind mit protzigen Blumengebinden dekoriert. Die Philipshalle riecht intensiv nach Sandelholz. An der unteren Tischreihe eine Anzahl bleicher Männer in grauen Anzügen und Frauen in langweiligen Röcken und weißen Blusen. Allesamt TM-Lehrerende. Ich lasse meinen Blick über deren Reihen wandern und will meinen Augen zunächst nicht trauen, als ich meinen Namensvetter Harald aus Köln erkenne. Mit kurzen Haaren und in einem Anzug. Mein Kiff-Kamerad aus gemeinsamer Bundeswehrzeit.

In der Mitte der gegenüberliegenden Bühnenseite bricht Blitzlichtgewitter los, es folgt dem kaum größer als 1,60 Meter großen Erleuchtungsexperten auf seinem Weg durch die Menschenmenge bis zur Bühne. Rechts und links vom Mittelgang haben sich TM-Fußvolk und TM-Lehrer spaliermässig verteilt. Sobald der Weißbärtige an ihnen vorbeischwebt, grinsen sie verzückt, legen die Innenflächen ihrer Hände zum indischen Gruß vor die Brust und verbeugen sich hingebungsvoll. Auch dann, wenn er nicht alle mit Darshan beglückt, dem segensreichen Blick eines Heiligen oder Gottes. Nachdem der Maharishi auf dem weißen Sofa im Schneidersitz seinen Platz eingenommen hat, schließt er die Augen. Öffnet sie eine Stunde lang nicht und rührt sich nicht mehr vom Fleck.

Kaum hat der heilige Mann seine Lider gesenkt, stellen sich einige der Anzugträger ans Mikrofon und beginnen lächelnd, Werbetexte für TM abzusondern. Dann öffnet der Guru wieder seine Augen, lächelt und beginnt auf Englisch mit starkem indischem Akzent zu referieren.

Nach seinem Vortrag versuchen Journalisten den Meister mit provokanten Fragen aus der Ruhe zu bringen: »Wie viele Rolls-Royce haben Sie in Ihrer Garage?« Der heilige Mann lacht laut. Sein ganzer Körper wippt dabei auf und ab. Er sei Mönch, besitze nichts und was denn ein Rolls-Royce sei? Seine Fans im Saal lachen entzückt über so viel Humor.

Nach dem Event spreche ich Harald an. Freue mich sehr, ihm hier wieder zu begegnen. Er wirkt unnatürlich ernst. Reagiert kühl und distanziert. Öffentliches Umarmen ist verpönt in der TM-Bewegung. Harald wirkt hier ganz anders auf mich, ganz anders als wie ich ihn bei der Bundeswehr kennenlernte. Er ist jetzt TM-Lehrer. Lebt vom Stellen astrologischer Horoskope und Tarotkarten-Legen. Seine Haare sind kurz wie bei allen TM-Lehrern und er steckt in einem Anzug von der Stange. Der Maharishi wünscht dieses Erscheinungsbild. Haralds Distanz erklärt sich vielleicht aus seiner Befürchtung, ich könne hier etwas zu laut über unsere gemeinsame Cannabis-Vergangenheit plaudern. Vielleicht auch, weil ich nur zum TM-Fußvolk gehöre. Östliche Heilslehren haben Hochkonjunktur. Kiffende, langhaarige Hippies verwandeln sich über Nacht in kurzhaarige Anzugträger und geben eine Menge Geld aus, um TM-Lehrer zu werden. Reaktion auf unsere christlich geprägte Nazi-Elterngeneration?

Der deutsche Filmemacher David Sieveking entlarvt 2010 in seinem preisgekrönten Dokumentarfilm *David Wants To Fly* die Aktivitäten der TM-Organisation auf sehr humorvolle Weise. Der angeblich besitzlose Maharishi hat am Anfang seiner weltweiten Aktivitäten die reichlich fließenden Geldströme in einen großzügigen Hotelkomplex im schweizerischen Engelsberg gesteckt. Er ist ein studierter Physiker, der sich auf die Tradition von Swami Brahmananda Saraswati beruft, seinen spirituellen Meister. Ein Abt des Klosterordens Jyotir Math, der in dem kleinen Ort Joshimath am Fuß des Himalayas liegt. Maharishi hat angeblich von ihm den Auftrag bekommen, TM in der ganzen Welt zu verbreiten. Nachfolger des Abtes distanzieren sich angeblich von Maharishi. Der hat nach deren Aussage schon wegen seiner einfachen Stellung als Sekretär nie einen solchen Auftrag bekommen. Grundsätzlich gehört auch zur Tradition des Ordens, niemals Geld für spirituelle Leistungen zu verlangen.

Jürgen will sich nur noch den Keyboards und Solo-Gesang widmen. Bisher wechselt er auf der Bühne immer zwischen Keyboards und Bass. Wir denken über die Einbeziehung eines Bassisten nach.

Riccardo bringt Ger »Jerry« Berkers ins Spiel. Der Niederländer ist eigentlich Rhythmus-Gitarrist und stammt aus Brunssum. Es gelingt ihm sehr schnell, auf Bass umzustellen. Auch unsere komplexen Arrangements bereiten ihm keine Schwierigkeiten. Seine große Musikalität und seine rauchige Stimme sind eine große Bereicherung für Wallenstein.

Seinen letzten Job als Rhythmus-Gitarrist hat er in einer australischen Oben-Ohne-Show-Band mit dem Namen Pussy Cat A Go Go. Die Truppe mit fünf australischen Tänzerinnen spielt aktuelle Hits und Pop-Klassiker und ist gerade in Australien unterwegs, als sie nach einem Gig von einem Staff Officer der US-Armee angesprochen werden, der sie fragt, ob sie interessiert sind, für US-Soldaten in Vietnam zu spielen. Unter massiver Militär-Hilfe der USA tobt dort gerade der Krieg zwischen Nord- und Süd-Vietnam.

Dwight D. Eisenhower, 34. Präsident der Vereinigten Staaten, hat in seinem letzten Amtsjahr 1960 damit begonnen, US-Militär-Berater nach Süd-Vietnam zu schicken. Unterstützt das dort herrschende ultrakorrupte Militärregime in seinem Kampf gegen das unter der Führung von Ho Chi Minh kommunistisch regierte Nord-Vietnam. Die amerikanische Militärberatung artet ab 1965 in einen erbitterten Dschungelkrieg aus.

Die Show-Band soll kämpfende US-Soldaten in ihrer Freizeit unterhalten und der Job ist bestens dotiert. Die Band sagt zu und wird per Truppentransporter nach Vietnam geflogen. Hier wird die gesamte Backline auf eine große Holzplattform geschraubt. Auf diese Weise kann die gesamte Bühne am Stück per LKW oder Helikopter zu den Locations im Dschungel transportiert werden.

Schon beim ersten Transport per LKW gerät der Konvoi in einen Hinterhalt der Vietcong, nordvietnamesische Soldaten, die von den US-Soldaten abfällig als Gooks diskriminiert werden.

Bei dem Hinterhalt sterben Soldaten im Geschosshagel, aber kein Bandmitglied kommt zu Schaden. Traumatisiert setzten sie ihre Tour fort. Der nächste Vorfall lässt nicht lange auf sich warten. Mitten in der Nacht reißt der Lärm einer unerwarteten Panzerattacke Jerry und seine Mitstreiter aus dem Tiefschlaf. Der heftige Granatenbeschuss löst massive Todesängste bei Jerry aus.

Dann fällt während einer anderen Performance eine der blutjungen Go-Go-Tänzerinnen neben Jerry um, als hätte jemand den Stecker aus ihr gezogen. Von einem Scharfschützen tödlich getroffen. Ein breiter Blutstrahl spritzt aus ihrem Kopf auf die Bühne. Alle springen in großer Panik von der Bühne und bringen sich in Deckung. Von diesem Vorfall geschockt, löst sich die Band auf und verlässt Vietnam. Jerry aber bleibt noch einige Wochen, bevor er in die friedliche Idylle seiner niederländischen Heimat zurückkehrt.

Kurze Zeit später trifft Jerry auf uns. Er ist gut gelaunt, gesprächig und immer zu Scherzen aufgelegt. Nichts deutet darauf hin, dass er derartig schmerzhafte Erfahrungen hinter sich hat. Er ist ein Womanizer, der nichts anbrennen lässt.

Wie sich bald zeigt, ist mein oberflächlicher Eindruck, dass seine Vietnam-Erlebnisse spurlos an ihm vorübergegangen sind, eine fatale Fehleinschätzung. Wir touren zusammen. Nehmen mit ihm 1972 die ersten beiden Wallenstein-Alben *Blitzkrieg* und *Mother Universe* auf und er nimmt an Studiosessions der Kosmischen Kuriere teil.

Als Rolf-Ulrich und Gille ihn ermuntern, eine Solo-LP zu produzieren, hat Jerry seine Erfahrungen in Vietnam scheinbar verdrängt. Das Berliner Hansa-Label hat das Ohr-Label an Rolf-Ulrich abgestoßen, vermutlich, weil es nicht lukrativ genug ist. Die beiden nennen es nun Pilz. Der Fliegenpilz im Logo ist ein subtiler Hinweis auf Drogen im Zusammenhang mit der auf dem Label veröffentlichten Musik.

Jerry willigt in das Soloprojekt ein. Widmet sich dem Komponieren und Verfassen von Texten und zieht sich zurück. Er lebt meist bei seinen Eltern in Brunssum. Erscheint nur zu Proben und Gigs in Deutschland. Manchmal treibt er sich in Mönchengladbach rum, wo er eine Freundin hat. In dieser Phase kifft er auch mehr als sonst und schluckt einen LSD-Trip nach dem anderen. Ich mache mir ernsthaft Sorgen. Bei unseren

Begegnungen wirkt er von Tag zu Tag ernster und verschlossener. Ich vermute, dass das Beschäftigen mit seiner Vergangenheit seine traumatischen Vietnam-Erlebnisse zu neuem Leben erweckt. Er treibt sich auch in der lokalen Junkie-Szene herum, vermutlich hängt er an der Nadel.

Bei einer unserer Begegnungen ist Jerry auf Trip. Seine Pupillen sind stark erweitert. Mit einem Ausdruck unendlicher Trauer sagt er zu mir: »Harald, ich muss sterben!« Ich fühle mich hilflos. Bin zu unerfahren, um in dieser Situation das Richtige zu entscheiden.

Wallenstein hat einen Auftritt in der Hamburger Fabrik. Roadie Tony baut gerade unser Equipment auf, als ein paar Hells Angels aufkreuzen und fragen: »Spielt ihr heut' Abend auch Rock?« Dann ohne eine Antwort abzuwarten: »Wenn ihr keinen Rock spielt, braucht ihr nachher nich' abbauen. Das machen wir dann!« Natürlich spielen wir Rock. Jerry verschwindet in einer Pause spurlos und wir sind gezwungen, ohne ihn weiterzumachen. Zum Glück kennt Jürgen alle Texte. Nach dem Gig fahren wir ohne Jerry wieder nach Hause. Auch seine Freundin in Mönchengladbach weiß nicht, wo er abgeblieben ist. Sie ist besorgt und glaubt, ihn verloren zu haben.

Zehn Tage später ist er wieder da. Auf die Frage, was in Hamburg los war: »Mir ist Blut über das Gesicht gelaufen!« Eine Fiktion seiner gespaltenen Psyche.

Bei einer anderen Aktion fährt Jerry fünfundsechzig Kilometer mit dem Fahrrad von Mönchengladbach nach Aachen. Lässt es dort stehen und nimmt sich mitten in der Nacht ein Taxi. Das bringt ihn bis vor die Haustür von Jürgens Elternhaus. Er klingelt die Familie aus dem Tiefschlaf, weil er kein Geld hat. Die lösen ihn aus und sind stinksauer. Bieten ihm aber ein Bett an.

Zeitweilig lebt er bei Witthüser & Westrupp im Hunsrück. Hier klaut er nachts im Nachbardorf ein Auto und macht sich vom Acker. Das Auto wird am Kölner Flughafen gefunden. Der Diebstahl hat sich im Dorf herumgesprochen und Jerry ist erkannt worden. Nach zwei Wochen taucht er unangekündigt wieder bei Bernd und Walter auf. Die befürchten, dass der Autodiebstahl auch mit ihnen in Verbindung gebracht wird. Als sie ihn zur Rede stellen, beschwichtigt er sie allen Ernstes: »Ihr müsst keine Angst haben. Alle Politiker hören eure Musik mit geheimen Unterwasserabhörgeräten ab. Sie beziehen aus eurer Musik Informationen und Kraft für ihre politischen Entscheidungen. Die brauchen euch! Ihr habt absolut nichts von der Polizei zu befürchten!«

Trotz seines desolaten Zustands gelingen ihm die Aufnahmen für *Unterwegs* (1972, Pilz), sein einziges Soloalbum. In einer Textzeile heißt es: »Ich kam aus einem Märchenland, um die Hölle anzusehen … es wird morgen vorbei sein …« Ein unter die Haut gehendes Abbild seiner psychischen Verfassung. Ich habe die Hoffnung, dass er von ganz alleine wieder auf die Beine kommt.

Nach der Veröffentlichung von *Unterwegs* ist er kaum noch zu erreichen. Er taucht ohne Ankündigung auf und verschwindet gleich wieder. Verabredungen mit ihm für unsere Gigs sind nicht mehr zu organisieren. Wir können nicht mehr mit ihm rechnen und beschließen, uns nach Ersatz umzuschauen.

Dieter Meier ist ein Musiker der lokalen Musikszene und wird unser neuer Mann am Bass. Dieter ist wie Jerry eigentlich ein Rhythmus-Gitarrist. Ich kenne ihn schon eine Weile. Er ist auf der Wallenstein-LP *Cosmic Century* (1973, Kosmische Musik) verewigt. Letztlich genügt er langfristig nicht unseren musikalischen Ansprüchen. Ich habe ihn in die Band geholt und muss ihm nun die unangenehme Nachricht überbringen, dass wir ohne ihn weitermachen werden.

Jerrys Eltern haben Jerry in eine Psychiatrie eingewiesen. Zwei Jahre später begegne ich ihm ein letztes Mal. Er steht ganz plötzlich neben mir in einer Kneipe. Sagt, dass es ihm gut geht. Fast hätte ich ihn nicht erkannt. Der Bart fehlt. Er trägt kurze Haare, steckt in einem Anzug und wirkt sehr schüchtern. Körpersprache und Mimik wirken gedämpft. Offensichtlich haben ihn Psychopharmaka ruhiggestellt.

Dreißig Jahre später erfahre ich, dass Jerry einen Sohn hat. Per E-Mail berichtet er mir, dass sein Vater 1988 in einer Parkanlage von Brunssum gefunden wurde. An einer Überdosis Heroin gestorben. Der Vietnamkrieg hat ein spätes Opfer gefunden.

Auch Dieter Meier findet ein viel zu frühes Ende. Der gertenschlanke Mensch, den ich kannte, bringt es bei seinem Lebensende auf rund einhundertfünfzig Kilo. Er stirb 1986 schwer alkoholkrank in der Wohnung seiner Großmutter, bei der er lebt.

Bei einem Bassisten-Casting fällt unsere Wahl auf den Musik- und Sportlehrer Jürgen Pluta aus Bottrop. Der raucht und trinkt nicht und hat mit Drogen noch nie etwas zu tun gehabt. Als Sportlehrer ist er fit wie ein Turnschuh. Nach fast fünfzig Jahren ist er das heute immer noch.

Ich bin seit drei Monaten mit der Miete im Rückstand. Wenn ich mich abends unter die Leute mische, verhilft mir meine Prominenz immer zu ein paar Getränken meiner Wahl. Ich erzähle Thomas, den ich aus der lokalen Szene kenne, von meinen Schwierigkeiten, meine Miete nicht mehr aufbringen zu können. Er bietet mir vorübergehend seine Wohnung an. Ein Einzimmer-Apartment mit Küche und Bad. In der Küche wäre noch Platz, meint er. Ich muss auch nichts bezahlen. Thomas studiert Sinologie und Sanskrit in Köln. Miete zahlen seine Eltern. Meine Habseligkeiten bestehen aus einer Matratze und einem Koffer. Die Matratze passt genau in eine Ecknische unter einem der zwei Küchenfenster. Meinen Koffer stelle ich daneben.

Keine drei Monate später eröffnet mir Thomas, dass er wieder in sein altes Kinderzimmer bei seinen Eltern einzieht. Ich könne die Wohnung jetzt übernehmen. Wo soll ich genug Geld für die Miete hernehmen?

ENDE DER KOSMISCHEN REISE

Die späteren Veröffentlichungen der Kosmischen Kuriere erreichen aus meiner Perspektive nicht das Niveau der ersten psychedelischen Session *Galactic Supermarket* (1974, Kosmische Musik). Musikalisch wird es flacher, gepaart mit esoterischem Marketing-Schwachsinn.

Das Sternenmädchen verbreitet in der Öffentlichkeit mental retardierte Nachrichten:

»Hallo, galactic People. Ich bin das Sternenmädchen. Ich wurde auf die Erde gepustet, um Dir Freude zu bringen. Jetzt hast Du eine der Schallplatten, die ich für Dich produziert habe. Mach die Augen zu und fahr ab. Von einer Wolke grüßt Gille, Sternenmädchen.«

Nachdem das deutsche Musikmagazin *Sounds* in einer Art über Tim Learys Aufenthalt in der Schweiz berichtet, der nicht den Erwartungen von Rolf-Ulrich und Sternenmädchen entspricht, flippen sie aus. Sie giftet in einem offenen Brief: »Timothy Leary ist vom CIA verfolgt. Die Zeitschrift mit dem bislang angeblich ›progressiven‹ Image druckt drei Fotos von Timothy Leary, die aus CIA-Fotoarchiven stammen. Der CIA braucht *Sounds* nicht. Die Redakteure durchschauen nicht, wie er arbeitet. Sie drucken Hass statt Freude. *Sounds* hat sich damit gegen das Prinzip der Freude entschieden. Für Angst, Horror und CIA. Wir prophezeien: Diese *Sounds* ist tot!«

Die wichtigste Musikzeitschrift Deutschlands boykottiert daraufhin sämtliche Produkte aus dem Hause Rolf-Ulrich Kaiser. Auch der Rest der deutschen Musikpresse reagiert mit beißender Kritik und Ironie auf Veröffentlichungen der Kosmischen Kuriere.

Es kommt zum Eklat, als die beiden uns allen Fünfjahresverträge mit unakzeptabel miesen Konditionen vorlegen und wir Gilles kitschige Sternenmode anziehen sollen. Tangerine Dream verlassen als Erste das Pilz-Label und unterzeichnen beim britischen Virgin Label. Bekommen hohe Vorschüsse und machen eine beachtliche internationale Karriere. Vor allem in Hollywood, wo sie im Laufe der Jahre tausende Filmscores produzieren. Dann geht Ash Ra Tempel. Manuel zieht vor Gericht, verklagt Rolf-Ullrich und gewinnt den Prozess. Das Urteil hat erhebliche Auswirkung auf deutsches Urheberrecht. Manuel verkürzt Ash Ra Tempel zu Ashra und unterzeichnet ebenfalls bei Virgin. Der ehemalige Tangerine Dream- und Ash Ra Tempel-Schlagzeuger Klaus Schulze wechselt auch zum Virgin-Label und startet seine Solokarriere. Damit ist das kleine Label am Ende. Rolf-Ullrich und Sternenmädchen können die finanziellen Forderungen des Dierks-Studios nicht mehr begleichen. Als Kompensation überlassen sie dem Studio ihre Verwertungsrechte an den Aufnahmen.

Die Kölner und Berliner Dependance von Pilz wird geschlossen. Nicht einmal die Miete für die großzügige Jahrhundertwende-Villa in Köln können sie aufbringen, die sie jahrelang privat und beruflich nutzen. Sie verschwinden von der Bildfläche und hüllen sich seitdem in Schweigen.

Andreas Hub, guter Freund, Journalist und Fotograf, versucht vergeblich, Kontakt zu den beiden aufzunehmen. Angeblich leben sie seit über fünfunddreißig Jahren in einem Haus der katholischen Kirche am Möhnesee im Sauerland. Rolf-Ulrich nennt sich Meson Crystallis und Gille will nur noch Sternenmädchen genannt werden. Sie ist jetzt Philosophin und verschickt ein selbstverfasstes esoterisches Magazin an Freunde, Politiker und Wirtschaftsführer. Den Kontakt zur Welt hat Meson Crystallis vollkommen abgebrochen. Nimmt weder Post noch Geldzuwendungen an. Ein Versuch des Werner Pieper Verlags im Jahre 2006, ihm Tantiemen auszuzahlen, schlägt fehl. Briefe beantwortet wenn überhaupt nur das Sternenmädchen. Auch nur dann, wenn die postlagernden Sendungen bestimmte Kriterien erfüllen. Es scheint, dass die beiden mit ihrer Vergangenheit und dieser Welt abgeschlossen haben. Sie wollen weder gefunden noch besucht werden. Im Internet finden sich nur bruchstückhafte Spuren von Meson Crystallis und dem Sternenmädchen.

Auch bei Timothy Leary scheint die Begegnung mit den beiden keinen besonderen Eindruck hinterlassen zu haben. In seiner 2006 erschienenen Biografie sind ihm weder Rolf-Ulrich noch Gille eine Fußnote wert. Auch er gerät in Vergessenheit. Nachdem er aus dem Gefängnis entlassen ist, schreibt er Bücher über Weltraumbesiedlung. Er erkrankt unheilbar an Krebs und veröffentlicht sein langsames Sterben per Videoaufzeichnungen.

NACHLASSVERWERTUNG

Ich suche dringend jemanden, mit dem ich meine derzeitige Einzimmer-Wohnung teilen kann und ich habe wieder einmal Glück. Wallenstein-Roadie Tony will nicht mehr in seinem Elternhaus wohnen und sucht eine Zweitbleibe. Ich schlage ihm vor, bei mir einzuziehen. Da er den Löwenanteil der Miete übernimmt, bleibe ich in der Küche. Da er von unseren Wallenstein-Gigs nicht leben kann, arbeitet er in einer Nachlassverwertung. Deren Sinn und Zweck es ist, Hinterlassenschaften Verstorbener aus deren Wohnungen zu entfernen, einzulagern und zum Verkauf vorzubereiten. Der Laden sucht immer Leute, sagt Tony. Ich habe keine Wahl und trete den Knochenjob an. Besitzer der Nachlassverwertung ist Willi L., ein grauhaariger Choleriker in den Fünfzigern. Stundenlohn fünf Mark schwarz. Den kargen Lohn muss ich ständig von ihm einfordern. Aus eigenem Antrieb zahlt Willi nie.

Die tägliche Schlepperei schwerer alter Möbel durch enge mehrstöckige Hausflure der traditionell kleinen Häuser am linken Niederrhein ist sehr anstrengend und die cholerischen Anfälle des unbeherrschten Willi filmreif.

Bei wohlhabender Kundschaft schleimt sich das alte Schlitzohr ausgesucht charmant und gefällig ein. Aber mit kaum verhohlener Verachtung bedient Willi Sozialhilfeempfänger, die hier täglich mit Gutscheinen vom Sozialamt aufkreuzen, um gebrauchte Kühlschränke und elektrische Kochherde abzuholen.

Willi besitzt einen siebten Sinn für wertvolle Antiquitäten. Wenn er Wohnungen inspiziert, kratzt er unauffällig hier und da hässlichen alten Lack ab, um darunter vermutete Edelholzoberflächen freizulegen. Er spielt den Uninteressierten. Wertet vor den trauernden Hinterbliebenen grundsätzlich alle Gegenstände ab. Hat er etwas von Wert entdeckt, flüstert er mir in einem unbeobachteten Moment im Vorbeigehen mit infantiler Freude triumphierend zu: »Kirschholzkonsole 18. Jahrhundert!«

Aber als brächte die bevorstehende Arbeit und der Verkauf nur Nachteile, richtet sich Willi mit gespieltem Bedauern an die Hinterbliebenen und lässt sich den Abtransport so gut wie möglich bezahlen. Sind die Hinterbliebenen außer Sicht, führt Willi euphorische Freudentänze auf. Als seien wir Kompagnons, schwärmt er vom zu erwarteten Profit. Wenn es um Auszahlung meines Lohns geht, ist Willi sehr ideenreich, was die Erfindung von Vorwänden betrifft, mit denen er mich hinhält.

Der Job ist deprimierend und ruiniert meine Bandscheiben dauerhaft. Wallenstein hat kaum Auftritte und ich fürchte, meine Karriere endet, bevor sie richtig begonnen hat.

HARTMUT

Hartmut Enke, Bassist von Ash Ra Tempel, hat einen außergewöhnlich originellen Sound entwickelt. Als einer der ersten Musiker auf unserem Planeten benutzt er live und im Studio einen Kompressor und ein Echogerät an seinem Instrument. Der Kompressor erzeugt einen langen energetischen Sound ähnlich einem gestrichenen Kontrabass. Mit dem

Echogerät erzeugt er sich überlagernde Sequenzen und Harmonien. Es hört sich streckenweise an, als spielen zwei Musiker gleichzeitig. Sein ideenreiches Spiel hat Groove und Gefühl. Ich erlebe ihn bei einigen der Kosmischen-Kuriere-Sessions als freundlich, intelligent, aufgeschlossen und sehr humorvoll.

Ein LSD-Trip während einer KK-Session scheint Ursache für Hartmuts schleichende Wesensveränderung. Manchmal lacht er ohne erkennbaren Grund in sich hinein. Dann wieder wirft er mir wahnhaft bedeutungsvolle Blicke zu, deren Inhalt ich nicht deuten kann. Bei einer Begegnung in Berlin berichtet er euphorisch von einem Einzelton, den er entdeckt hat. Er ist felsenfest überzeugt, der Ton besitzt eine die Welt fundamental verändernde Wirkung und kann Mensch und Tier heilen. Glaubt, dass Schallplattenfirmen sich bald darum reißen werden, diesen Ton als Hit-Single auf den Weltmarkt zu werfen. Dann höre ich, dass er sich mit einem weißen Bettlaken bekleidet in einen Zug Richtung Rom gesetzt hat. Er beabsichtigt, dem Papst diesen einzigartigen Ton vorzuführen und will ihm auch neue religiöse Erkenntnisse nahebringen.

Hartmut wird in eine Psychiatrie eingewiesen. Zwei bis drei Mal im Jahr schickt er Manuel Postkarten, auf denen man nur mit allergrößter Mühe eine Empfänger-Adresse erkennen kann. Der Rest besteht aus Hieroglyphen, die niemand entziffern kann. Manuel ist überzeugt, dass Hartmut simuliert.

Ausgerechnet im Berliner Center für Transzendentale Meditation begegne ich ihm Anfang der achtziger Jahre. Er sitzt während eines Vortrags drei Reihen vor mir. Ich spreche ihn an. Er freut sich schüchtern und macht einen normalen Eindruck auf mich. Wir setzen uns in eine Kneipe und trinken ein Bier. Er nimmt offensichtlich starke Medikamente und übernachtet in der Psychiatrie. Tagsüber kann er sich frei bewegen. Plant, mit einer Schreinerlehre zu beginnen.

Das ist unsere letzte Begegnung. Wo ist der inspirierte Musiker abgeblieben, frage ich mich? Er lebt nach seiner Entlassung aus der Psychiatrie bei seiner Mutter. Am 27. Dezember 2005 stirbt er im Alter von dreiundfünfzig Jahren.

SELTENE AFRIKANISCHE ZIERPFLANZEN

In meinem Briefkasten liegt ein Brief des Polizeipräsidiums Mönchengladbach. Eine Vorladung. Gegen mich wird wegen Verdacht auf Verstoß gegen das Betäubungsmittelgesetz ermittelt. Ich habe keine Ahnung, was die von mir wollen. Ich bin nie von irgendeinem Drogendezernat der Polizei persönlich kontrolliert worden. Am Tag des Termins meditiere ich länger als gewöhnlich, um tief zu entspannen und ziehe dann meine besten Klamotten an.

Ich stehe vor einem Schreibtisch, hinter dem mich zwei Figuren skeptisch mustern: »Sie stehen im dringenden Verdacht, illegal mit Haschisch zu handeln! Uns liegt die Aussage eines Strafgefangenen vor, der behauptet, dass sie mit Haschisch handeln. Sie haben Bezugsquellen in den Niederlanden, über die sie jede gewünschte Menge beschaffen können. Außerdem erwähnt er, dass sie in ihrer damaligen Einzimmer-Wohnung über der Gaststätte Balderich Haschparties abgehalten haben!«

Die meinen das kleine braun gestrichene Zimmer, in dem ich mit Pirjo lebte. HASCHPARTIES?! Was für ein antiquierter Begriff, denke ich. Der Knastmensch redet wahrscheinlich von den spontanen gelegentlichen Treffen in unserem Zimmer, um ungestört kiffen zu können. Manchmal greift auch jemand zur Gitarre. Woher weiß der Typ das? Seine Aussage, ich handele mit Haschisch, ist dreist und vor allem falsch. Ich weise beide Vorwürfe entspannt zurück und frage mich, wer der Typ ist, der mich bei den Drogenfahndern angekackt hat.

»Rauchen Sie Haschisch?«, lautet die nächste Frage an mich. Ich versuche, nicht zu schnell und übertrieben zu reagieren und lüge entspannt: »Nein«. Alle nachfolgenden Fragen beantworte ich knapp und unaufgeregt. Vermeide Szenejargons wie Dope, Acid, Schnee, Shit, Pot, Gras, Joints, Shillum, Dröhnen und Kiffen. Rede wenn erforderlich nur von Haschischzigaretten und Rauschgift. Ganz beiläufig erwähne ich, dass ich noch nie etwas mit Drogen zu tun hatte.

Im Verlauf der Befragung dämmert es mir, dass ich den Typen kenne, dem ich die Anschuldigungen verdanke. Er wohnte eine kurze Zeit im Dachgeschoss über dem Balderich und hat an einer meiner »Haschparties« teilgenommen. Vermutlich braucht er für die positive Beurteilung seiner Knast-Resozialisation Punkte und hat mich als Opfer ausgesucht.

Die Rauschgiftfahnder legen mir ein großes Fotoalbum mit Fotos und Namen im Zusammenhang mit Drogendelikten vor. Ich soll Personen identifizieren, die ich kenne. Während ich blättere, lassen sie mich nicht aus den Augen. Ich lasse mir nicht anmerken, dass ich eine erschreckende Anzahl erkenne und gebe zu Protokoll: »Noch nie gesehen!«

Die einstündige Vernehmung endet mit den Sätzen: »Die Vorwürfe gegen Sie sind sehr vage. Ein dringender Verdacht wird normalerweise durch bestätigende Informationen aus verschieden Quellen erhärtet. Diese liegen in Ihrem Falle nicht vor.«

Dann schauen sie mir tief in die Augen und richten mit subtilem Grinsen die Frage an mich: »Wenn wir jetzt zusammen mit Ihnen in ihre Wohnung fahren. Würden wir dort Drogen finden? Da wir keinen Durchsuchungsbefehl haben, müssten sie dem natürlich zustimmen.«

Ich habe zufällig nichts in meiner Bleibe gebunkert und kann unbekümmert erwidern: »Kein Problem! Kommen Sie mit!«

Als wir vor dem Haus auf der Erzbergerstraße ankommen, stelle ich fest, dass ich meinen Hausschlüssel vergessen habe und wundere mich, dass das die beiden nicht zu beunruhigen scheint. Denn ich muss hinter dem Haus durch das Küchenfenster in die Wohnung steigen. Dabei könnte ich alles, was mich belastet, unbemerkt entsorgen.

In der Küche beginnen sie ohne Eile, meine Sachen zu durchforsten. Schrank und Schubladen werden geöffnet. In jede Dose gerochen. Nach zwanzig Minuten beenden sie die Suche. Beim Herausgehen zeigen sie auf Tonis Zimmertür: »Wer wohnt hier?« Ich: »Ein Freund! Ist gerade unterwegs.« Dann ziehen sie ab. Erleichtert betrete ich Tonis Zimmer, das wir auch als Gemeinschaftszimmer nutzen. Unter der Decke hängen fünf Marihuana-Sträucher zum Trocknen. Jeder etwas mehr als einen Meter lang. Spitze nach unten. Die hat die Mama von Toni den Sommer über liebevoll im Garten gepflegt. Auf ihre Frage, was das für Pflanzen sind, klärt er sie auf: »Seltene afrikanische Zierpflanzen!«

Ich kann mir das Apartment immer noch nicht leisten. Suche wieder nach einer neuen Bleibe.

Jürgen M. bewohnt eine schlauchartige Zweizimmer-Küche-Toilette-Wohnung auf einem ehemaligen Fabrikgelände. Er sagt, ich könne eines der beiden Zimmer haben. Das Gebäude steht seit Jahren leer und soll irgendwann abgerissen werden. Die ehemaligen Büroräume im Erdgeschoss kosten keine Miete. Eine Heizung gibt es nicht. Wasser und Strom sind noch nicht abgeklemmt und wir heizen mit Strom. Es gibt kein Badezimmer, aber ein Klo. Bis auf das hintere Zimmer, in dem Jürgen wohnt, sind sämtliche Zimmer Durchgangszimmer. Der erste Raum ist die Küche. Ich ziehe in den mittleren. Jürgen bewohnt den hinteren.

Ich kenne Jürgen schon eine ganze Weile. Er gehört zur lokalen Künstlerszene und malt. Im Alter von sechzehn Jahren arbeitet er unter Tage als Bergmann. Seine schwierige Kindheit und Familiensituation haben in ihm den starken Wunsch nach Unabhängigkeit geweckt. Er dealt im kleinen Umfang mit Cannabis. Mit neunzehn gerät er in Junkie-Kreise, wird heroinsüchtig und begeht Apothekeneinbrüche. Man erwischt ihn. Das Urteil: fünf Jahre Haft. Die Haft befreit ihn von der Heroinsucht und er beginnt zu malen. Lebt aber seit der Entlassung wieder vom Cannabis-Dealen.

Seine Malkunst beschränkt sich auf das Kopieren moderner Meister. Jürgen wechselt seine Vorbilder wie andere Menschen ihre Hemden. Einmal malt er wie Friedensreich Hundertwasser, ein anders Mal ist er glühender Bewunderer von Joseph Beuys. Dann wiederum referiert er mir gegenüber monatelang über kinetische Kunst.

Endlich habe ich ein eigenes Zimmer. Wenn auch nur ein Durchgangszimmer. Ich will wenigstens Sichtschutz und baue eine hauchdünne Wand aus Dachlatten, Stoff und Tapete. Die spannt sich vor den beiden Türen meines Zimmers durch den Raum. Dahinter entsteht ein schmaler Korridor zwischen Küche und Jürgens Zimmer. In der Trennwand ist eine kleine Tür durch die man in gebückter Haltung mein Zimmer betritt.

Die Wohnung ist extrem hellhörig. Der hohle Holzboden verstärkt jeden Schritt dröhnend. Wenn Jürgens Gäste hinter der Trennwand durch mein Zimmer laufen, um bei ihm einen durchzuziehen oder über Kunst zu reden, reißt mich lautes Geschwätz und Gepolter nachts aus dem Tiefschlaf. Auf dem Rückweg poltern sie wieder durch mein Zimmer. Ahnen nicht, dass ich hinter der dünnen Stoff-Wand im Bett liege. Mein Zimmer habe ich mit kitschigen Bildern indischer Götter dekoriert. Es riecht immer intensiv nach Sandelholz-Räucherstäbchen. Auch bei Jürgen duftet es nach den exotischen Glimmstengeln.

Für gewöhnlich schläft Jürgen lange. Er hat den indischen Philosophen Sri Aurobindo zu seinem spirituellen Vorbild erkoren und liest dessen dicke Bücher über Yoga und Erleuchtung. Auf seinem Plattenteller dreht sich ständig der Titel »My Sweet Lord« des Ex-Beatles George Harrison. Wie sich später herausstellt, hatte Harrison den Song abgekupfert und muss am Ende 1.600.000 $ an den Urheber abdrücken. Durch die Dauerberieselung von Jürgen mit dieser Nummer gelangt das Stück auf meine Liste nervender Musiktitel.

THE TIMES THEY ARE A-CHANGIN'

Nachdem wir mit Jürgen Pluta einen neuen Bassisten gecastet haben, hat sich unser Quartett auch um den Violinisten Joachim Reiser erweitert. Neben seinem Geigenkoffer hat der schwäbische Musiklehrer auch eine alte lederne Arzttasche dabei. Darin immer ein Piece Haschisch und eine Tabakspfeife.

Ende 1974 bereiten wir in der Musikakademie Remscheid mit den beiden unsere vierte LP *Stories, Songs & Symphonies* (1975, Kosmische Musik) vor. Die Arrangements sind noch wesentlich anspruchsvoller als auf den vorangegangenen Alben. Jürgen treibt uns zu Höchstleistungen. Wir arbeiten jeden Tag zwischen zehn und zwölf Stunden. Was zu Spannungen zwischen uns und Jürgen führt.

Dann finden wir uns in den Dierks-Studios ein, um das Album einzuspielen. Brechen die Aufnahmen aber nach ein paar Probeaufnahmen wieder ab. Das Material ist zu kompliziert und überfordert unsere technische Kompetenz. Das komplizierte Material wackelt an allen Ecken und Kanten. Wir ziehen frustriert ab und arbeiten an einfacheren Strukturen. Jetzt erst nehmen wir das Album auf.

Seit meinen Erfahrungen bei der ersten KK-Session langweilt mich Rockmusik zunehmend. Niemand in meiner Umgebung teilt meine

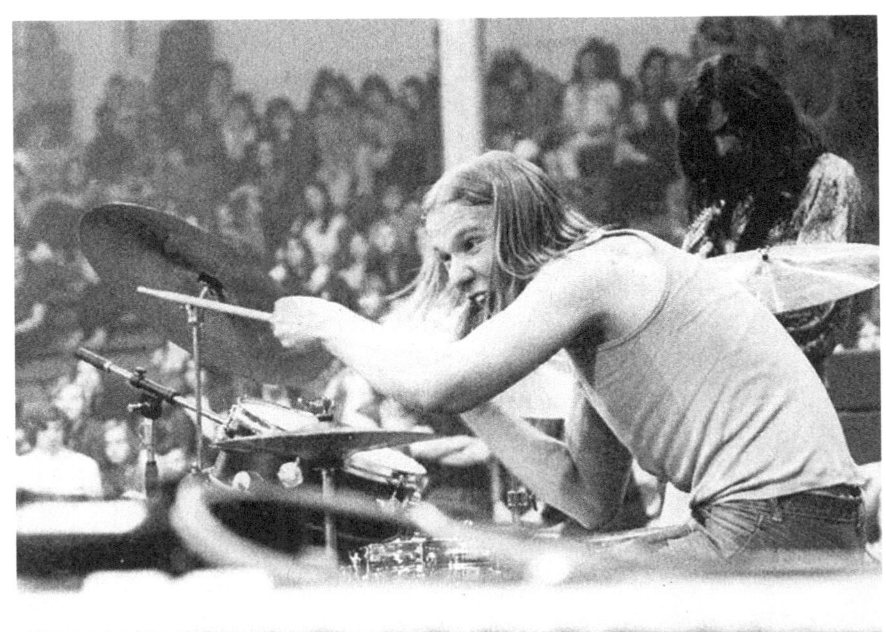

Leidenschaft für elektronische Musik. Ich bin es leid, Grundsatzdiskussionen darüber zu führen, wie angeblich unnatürlich elektronische Musik ist. Schon gar nicht mit Musikern, die keine eigenen Ideen haben und mit Tunnelblick angloamerikanische Musik kopieren. Musikinstrumente spiegeln aus technischer Sicht seit jeher den Zeitgeist. Analoge Synthesizer sind kultureller Ausdruck der siebziger Jahre des 20. Jahrhunderts. Klaus Schulze entgegnet Kritikern, die vorurteilsbeladen behaupten, elektronische Musik sei unnatürlich: »Klaviere und Geigen wachsen nicht auf dem Acker oder an Bäumen.«

Rockmusik, einst Ausdruck einer rebellischen Jugend, wiederholt sich inzwischen in Endlosschleifen, und etabliert sich immer mehr bei einem breiten angepassten Publikum. Die einst rebellische Geste ist in hohlem Ritual erstarrt. Der englische Musikjournalist Simon Reynolds kritisiert dies detailreich recherchiert und gut begründet in seinem Buch *Retromania.*

Ich spiele mit dem Gedanken, Wallenstein zu verlassen und alles hinzuwerfen. Der lokalen Musikszene habe ich seit langem den Rücken gekehrt und warte auf meine Chance. Wallenstein hat vier mäßig erfolgreiche LPs veröffentlicht. Ich fürchte, die Band gleitet immer mehr in Beliebigkeit ab. Das ist nicht, was ich will.

Im Frühjahr 1975 haben wir mit Wallenstein einen Gig in Freiburg, der Stadt, mit der ich so viele schöne Erinnerungen verbinde. Kurz bevor wir auf die Bühne gehen, teile ich den Jungs mit, dass dies mein letzter Auftritt sein wird und löse damit unerwartet starke Betroffenheit bei den Kollegen aus. Gleichzeitig muss meine Ankündigung eine Befreiung ausgelöst haben. Die Spannungen untereinander, an denen ich sicher auch einen Anteil habe, sind wie weggeblasen. Aus meiner Perspektive ist dieser Auftritt der beste, den wir je hatten.

Mein Beispiel macht die Runde. Diese Formation fällt auseinander. Drei Wochen nach mir verlässt Bill die Band. Er lebt noch eine Weile in Mönchengladbach und kehrt dann nach Philadelphia zurück. Bis zu seiner Pensionierung tritt er mit lokalen Bands auf und repariert als versierter Mechaniker bei Caterpillar fachmännisch große Baumaschinen aller Art. Bill spricht gut Deutsch und hat einen Heidenspaß, wenn er Begriffe in Mönchengladbacher Mundart von sich geben kann. Wir sind bis heute über das Internet gut vernetzt.

Bassist Jürgen Pluta steigt 1978 aus. Mein Nachfolger am Schlagzeug wird Nicky Gebhard. Drei Jahre später dann Charly Terstappen. Nach seiner Wallenstein-Zeit trommelt Charly fünfzehn Jahre in der Band von Marius Müller-Westernhagen. In seiner letzten Besetzung gelingt Wallenstein Anfang der achtziger Jahre ein großer kommerzieller Erfolg mit dem Titel »Charline«. Ein banaler Rock-Schlager, der sich 1,5-Millionen-mal verkauft. Dann ist Schluss. Jürgen Dollase beendet seine Musikkarriere und widmet sich wieder der Malerei. Ich verliere ihn für mehr als fünfzehn Jahre aus den Augen. Als wir uns erneut begegnen, hat er sich der hohen Kunst des Kochens zugewendet und zählt heute zu den bedeutendsten Gourmet-Kritikern im Land. Schreibt Kolumnen in der F.A.Z. und bringt erfolgreiche Kochbücher heraus.

POPOL VUH

Als ich im Sommer 1975 von einem Urlaub in Frankreich zurückkehre, finde ich einen Brief von Florian Fricke. Florian ist Kopf der Krautrock-Kult-Band Popol Vuh. Wir sind uns ein paarmal in den Dierks-Studios über den Weg gelaufen. Aus den Sessions der Kosmischen Kuriere hat er sich stets herausgehalten. Seine Mutter ist eine erfolgreiche Operndiva und hat ihn schon im frühen Kindesalter ans Klavier gedrängt. Sie möchte, dass er eine Karriere als klassischer Konzertpianist einschlägt. Florian studiert das Instrument. Merkt aber bald, dass eine klassische Musikkarriere nicht sein Ding ist und legt sich das astronomisch teure MOOG 3P-Synthesizer-Modular-System zu. Stellt fest, dass ihm das Gerät in seiner musikalischen Entwicklung nicht weiterhilft und verkauft es an Klaus Schulze. Der damit die Grundpfeiler für seine Solo-Karriere als Synthesizer-Pionier legt.

In seinem Brief an mich deutet er an, dass er mitbekommen hat, dass ich nicht mehr bei Wallenstein bin. Er suche gerade einen Schlagzeuger für Popol Vuh. Fragt, ob ich Lust habe, ihn in München zu besuchen.

Mit großen Hoffnungen lade ich mein Schlagzeug in meinen metallicgrünen VW-Käfer, den ich einem Freund für 350 DM abgekauft habe.

Florian ist gerade Vater geworden und lebt in einer komfortablen Villa im Münchner Nobelviertel Grünwald. Seine Frau meditiert wie ich mit TM und hat wie ich ein kritisch distanziertes Verhältnis zur TM-Organisation.

Nach seinem Ausflug zum Synthesizer hat sich Florian wieder dem Klavierspiel gewidmet. Sein aktueller Musikpartner bei Popol Vuh ist Daniel »Danny« Secundus Fichelscher. Sohn des Jazzmusikers und Sängers Toby Fichelscher. Danny war Mitglied der Krautrock-Band Gila und ist der aktuelle Drummer bei Amon Düül II. Auf allen Popol Vuh-Alben spielt Danny Schlagzeug und Gitarre. Will aber auf der Bühne nur noch E-Gitarre spielen. Daher die Idee, mich einzuladen.

Florian beschwert sich in Dannys Abwesenheit bei mir über dessen Unzuverlässigkeit. Danny ist Heroinjunkie, erfahre ich von ihm. Hat für den Stoff mehrfach seine wertvolle Gibson-Gitarre verpfändet und der Gerichtsvollzieher ist ständiger Gast. Florian löst die Gitarre jedes Mal wieder geduldig aus. Die Sucht scheint sich aber nicht negativ auf seine technischen Fertigkeiten auszuwirken. Nur auf seine Verlässlichkeit. Danny ist ohne Zweifel ein begnadeter Musiker, weshalb Florian ihn nicht fallenlässt.

Florian ist mit dem Regisseur Werner Herzog befreundet und hat Musik zu dessen Film *Aguirre, der Zorn Gottes* (1972) mit Klaus Kinski beigesteuert. Auch zu weiteren Herzog-Filmen wie *Jeder für sich und Gott gegen alle* (1974), *Die große Ekstase des Bildschnitzers Steiner* (1974), *Herz aus Glas* (1976), *Nosferatu* (1979), *Fitzcarraldo* (1982) und *Cobra Verde* (1987).

Ich bin nicht der einzige Gast im Haus. Der amerikanische Fotograf Elliot Landy ist gerade auf der Durchreise. Als offizieller Fotograf des *Woodstock Festivals* hat er 1969 ikonographische Fotografien von Bob Dylan, The Band, Janis Joplin, Jimi Hendrix, Joan Baez, Richie Havens, Jim Morrison und vielen anderen Musikgrößen jener Zeit aufgenommen.

Elliot ist ein freundlicher Hippie mit Bart und Afro-Krause. Gerade ist er mit seiner Familie in einem bunt bemalten, gebrauchten englischen Schulbus quer durch Europa unterwegs. Er plant, ein Foto-Buch über diese Reise zu machen. Seine Frau schreibt dazu poetische Texte. Ihre beiden Kinder haben sie in einem solchen Bus ohne medizinische Hilfe höchstpersönlich ans Licht der Welt befördert.

Im Musikzimmer von Florian steht ein großer Steinway-Flügel und der kleine Gitarren-Kofferverstärker von Daniel.

Florian und Daniel spielen derart leise, dass meine Versuche, sie adäquat zu begleiten, an der natürlichen Lautstärke meines Schlagzeugs scheitern. Mit normalen Trommelstöcken gespielt, übertönt es die beiden. Ich höre sie einfach zu schlecht. Bin gewohnt, mich gegen große Lautstärken der Kollegen durchzusetzen. Brauche ein gewisses Level an physischer Intensität, um grooven zu können. Und so scheitert mein Bemühen, bei Popol Vuh einzusteigen. Enttäuscht mache ich mich wieder auf den Heimweg. Florian bin ich leider nie wieder begegnet.

Nach dieser herben Enttäuschung denke ich ernsthaft darüber nach, das Schlagzeugspielen an den Nagel zu hängen. Der ausgeleierte 4/4-Rock-Groove geht mir maßlos auf den Senkel. Ich suche nach neuen musikalischen Ausdrucksformen. Tausche mit einer Träne im Auge mein wunderschönes transparentes Sonor-Acryl-Drum-Kit gegen eine 12-saitige Western-Gitarre, einen 50-Watt-Gitarrenverstärker und ein WEM-Copicat Band-Echo.

Seit dem *Tarot*-Trip auf dem Bauernhof bei Bernd und Walter haben es mir Echos schwer angetan. Ich fange an, mich mit einem anderen Musikinstrument zu befassen. Mit faserverstärktem 2-Komponenten-Kunstoff verlängere ich zwei gebrauchte Bongo-Trommeln. Meine ganze Wohnung stinkt zwei Tage lang extrem nach Kunstharz. Die Trommeln statte ich mit Mikrofonen aus und verbinde sie mit dem Copicat. Verbringe viele Stunden mit musikalischen Experimenten. Mal mit den Trommeln und mal mit der 12-Saitigen. Meilenweit davon entfernt, damit auf eine Bühne zu gehen.

Ich liege im Bett. Verfolge im Radio die WDR-Musiksendung *Rock In* mit dem Moderator Winfrid Trenkler. Es läuft ein siebzehnminütiger Track, der mich in den Bann zieht. Trenkler erwähnt, dass der Titel »Ways of Change« heißt und von Klaus Schulze ist. Auch wenn ich 1972 mit seinem ersten Solo-Album *Irrlicht* nicht viel anfangen konnte, will ich Klaus meine Begeisterung mitteilen. Springe aus dem Bett und schreibe ihm einen kurzen Brief. Ein Telefon habe ich nicht.

Nach Hartmut Enkes Ausscheiden hat Manuel den Bandnamen Ash Ra Tempel auf Ashra reduziert. Mit seinem alten Jugendfreund Lutz »Lüül« Ulbrich als neues Bandmitglied ist er auf Tour durch Frankreich. Die beiden kennen sich aus gemeinsamer Zeit beim Gitarrenunterricht. Lutz hat in Frankreich gelebt. Für Franzosen ist es schwierig, seinen Vornamen korrekt auszusprechen. So wird aus Lutz Lüül. In Frankreich stehen die Menschen Schlange für Ashra-Konzerte. Das Publikum liebt Musique Planantes, während in Deutschland immer noch angloamerikanische Rockmusik und deutscher Schlager den Musikmarkt dominieren. Die Printmedien mögen unsere Musik nicht. Das Fernsehen ignoriert uns sowieso. Sogar der als progressiv geltende *Spiegel* reiht sich ein. Völlig daneben allerdings das englische Musikmagazin *New Musical Express* (NME). In seiner Aufmachung einer Tageszeitung sind die Kraftwerk-Musiker Ralf, Florian, Wolfgang und Karl in ein altes Foto von am Brandenburger Tor marschierenden SA-Truppen hineinmontiert. Die Headline in der im Dritten Reich beliebten Schwabacher Schrift lautet:

New Muzak From Germany. The Final Solution For Music.

Es klingelt an meiner Haustür. Unangekündigt steht Manuel davor. Er ist auf dem Rückweg von einem Paris-Gig. Wir plaudern über seine Frankreich-Tour und meine Ideen. Es überrascht ihn, dass ich kein Schlagzeug mehr besitze und stattdessen mit 12-saitiger Gitarre und Echogerät experimentiere. Meinen Frust über Rockmusik kann er nachvollziehen und sieht mich als Drummer bei Ashra. Nicht als Gitarrist. Ich kann mir vorstellen, mich für diese Musik wieder hinter ein Schlagzeug zu setzen. Berlin ist nur leider sechshundert Kilometer entfernt.

KLAUS SCHULZE

Ein paar Tage nach Manuels Besuch liegt eine Postkarte von Klaus im Briefkasten. Reaktion auf meine enthusiastischen Zeilen? KDM hat die knappen Zeilen im Auftrag von Klaus verfasst: »Komm doch einfach mal vorbei.«

KDM ist ein ehemaliger Postbeamter und Ex-Roadie von Ash Ra Tempel. Jetzt die rechte Hand von Klaus. Die beiden haben Berlin den Rücken gekehrt und sind in der Lüneburger Heide in ein Einfamilienhaus gezogen.

In dem kleinen Ort südlich von Celle laufe ich durch einen Vorgarten auf ein spießiges Sechzigerjahre-Haus zu und drücke auf die Klingel. KDM empfängt mich distanziert, verfrachtet mich ins Wohnzimmer und lässt mich allein. Klaus schläft noch, sagt er. Es ist früher Nachmittag. Ich hatte meinen Besuch angekündigt und ärgere mich über die Respektlosigkeit. Warte gute zwei Stunden, bis Klaus endlich aufkreuzt. Hätte ich gewusst, dass er nie vor drei bis vier Uhr nachmittags das Bett verlässt, hätte ich mich später auf den Weg gemacht.

Klaus freut sich über meinen Besuch und meine enthusiastische Reaktion auf sein neues Album. Kaffee und Zigaretten bringen ihn auf die Beine. Wir reden über Musik und was in den letzten Jahren passiert ist. Klaus kann Begeisterung entfachen und Menschen für sich gewinnen. Seine charmant-witzige Berliner Art lassen mich meinen Frust schnell vergessen. Im Keller zeigt er mir das P3-Modular-System von Moog und steckt sich eine Zigarette nach der anderen ins Gesicht. Der Raum ist ein einfacher Kellerraum mit weißen Wänden und grau lackiertem Boden. Er hat nichts von einem schallisolierten Studio. Hier stehen auch ein paar andere legendäre Analog-Synthesizer.

Ich habe keinen Schimmer von Synthesizern. Die vier schwarzen Moog-Kästen haben etwas faszinierend Undurchschaubares, ähnlich den Steuerelementen einer Kommando-Raumkapsel der NASA. Eine Mischung aus Flugzeugcockpit, Laboranordnung und Kirchenaltar. Auf den Vorderseiten der Musikmaschinen sind unzählige Drehknöpfe und jede Menge Ein- und Ausgangsbuchsen, die untereinander mit Kabeln verbunden sind. Derartige Synthesizer-Sammlungen sind extrem rar auf dem Planeten und werden nur von einer Handvoll Musikern genutzt. Ich habe die Kisten zum ersten Mal während einer KK-Session gesehen und muss zugeben, dass mich die Teile damals nicht die Bohne interessierten.

Der Moog muss erst zwanzig Minuten warmlaufen, damit er die Stimmung stabil hält. Dabei erklärt mir Klaus die Funktionen des Systems, aber ich verstehe nicht einmal die Hälfte. »Det is 'n Sequenzer, damit kannste rhythmische und melodische Tonfolgen produzieren.« Man muss wissen, dass Sequenzer 1974 in der gesamten Musikwelt nahezu unbekannt sind. Als er den Sequenzer startet, reißt es mich sofort vom Stuhl. Das Ding produziert einen mitreißenden Groove, den ich bei einer meiner Live-Bands so noch nie erlebt habe. Ich möchte sofort dazu trommeln. Da es hier kein Schlagzeug gibt, greife mir einen in der Nähe stehenden Plastikeimer und lege los. Meine Begeisterung und Trommelei amüsierten Klaus offenbar: »Du bist auf meinem nächsten Album dabei!« Diese Perspektive lässt mich in den folgenden Wochen den Job in der Nachlassverwertung besser aushalten.

KDM schickt mir ein Telegramm mit folgenden Zeilen: - BITTE IN DREI TAGEN ZU DEN AUFNAHMEN FÜR NEUE LP VON KLAUS EINFINDEN - STUDIO PANNE&PAULSEN - FFM HEDDERNHEIM -

Die Erfahrungen in München mit Florian haben an meinem Selbstbewusstsein gekratzt. Nach Monaten ohne Schlagzeug bin ich ein wenig aus der Übung. In Frankfurt rufe ich KDM aus einer Telefonzelle wegen der Studioadresse an. Er sagt, Klaus wird erst vierundzwanzig Stunden später kommen. Nennt mir aber keinen Grund dafür. Das fängt ja gut an, denke ich. In einer Kurve des Wenzelwegs, einer kleinen Seitengasse in Frankfurt-Heddernheim, befindet sich das Studio im ersten Stock eines ehemaligen Kinos. Ein Mann mit auffällig großer schwarzer Brille öffnet und stellt sich als Eberhard Panne vor. Ich trete ein und bin schwer enttäuscht. Im Vergleich zu den Dierks-Studios ist das Panne&Paulsen hinterwäldlerisch klein. Ich habe erwartet, dass Klaus inzwischen in ganz anderen Regionen zu Hause ist. Was treibt ihn dazu, vierhundert Kilometer weit zu fahren, um in solch einem kleinen Studio zu arbeiten? Der größte Teil des Hauses wird vom Heddernheimer Karnevalsverein Fidele Nassauer 1931 genutzt. Es gibt eine Kneipe im Erdgeschoss, die sporadisch öffnet. Der ehemalige Zuschauerraum des Kinos ist jetzt Sitzungssaal und wird vom P&P-Studio für Orchester-Aufnahmen genutzt.

Im Keller betreibt Eberhards Kompanion Friedrich Paulsen eine Elektronik-Werkstatt. Bei genauerem Hinsehen und -hören wird mir klar, warum wir hier arbeiten werden. Der studierte Elektrotechnikingenieur Friedrich Paulsen hat die komplette Studiotechnik selber gebaut. Hinter der bescheiden wirkenden Oberfläche des Studios verbirgt sich erste technische Sahne und höchster Audio-Qualitätsstandard. Neben der technischen Betreuung des Studios baut Friedrich 2-Kanal-UHER-Tonbandmaschinen in 8-Kanal-Maschinen. Er überwacht auch im nahe gelegenen Vinyl-Presswerk die Audio-Qualität der Pressmatritze (Mutter) der im Studio gemasterten Aufnahmen.

Eberhard ist einer der geduldigsten Toningenieure, die mir je begegneten. Der Familienvater ist gelernter Tonmeister und arbeitet auch für den Hessischen Rundfunk. Drogen und Alkoholexzesse sind ihm vollkommen fremd. Trotz seiner Bodenständigkeit ist er weder spießig noch konservativ und kann sich leidenschaftlich in elektronische Musik hineinversetzen.

Das Studio-Schlagzeug ist aufgebaut. Die Mikrofone eingestellt. Ich warte nur noch auf Klaus. Bin bereit loszulegen. Am späten Nachmittag des nächsten Tages erscheinen Klaus und KDM. Klaus baut sich direkt neben dem Mischpult im Regieraum auf. Ich bin gewohnt, dass spätestens zwei Stunden nach Ankunft im Studio die erste Aufnahme im Kasten ist. Jetzt dauerte es eine Ewigkeit bis Klaus seinen Moog aufgebaut und verkabelt hat. Trotzdem noch keine Aufnahme an diesem Tag.

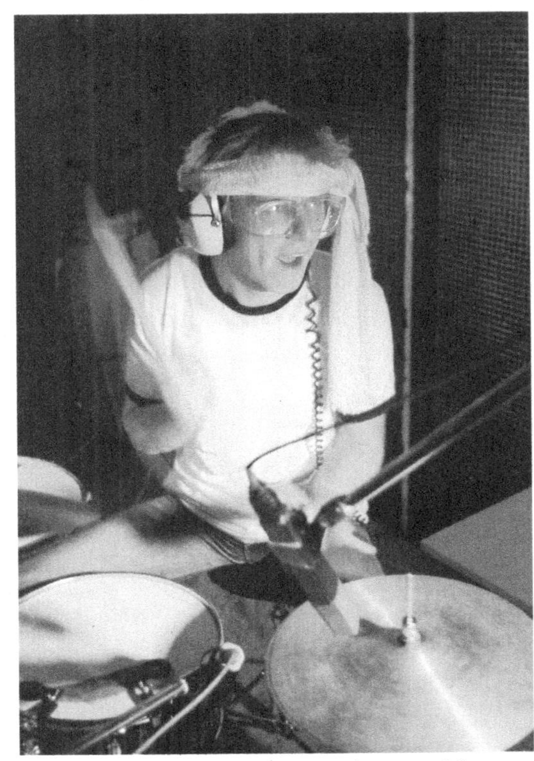

Im Studio Panne-Paulsen, Frankfurt 1977

Ich sitze den zweiten Tag untätig herum. Habe keinen Schimmer, wie Klaus arbeitet, noch was er von mir erwartet. Auch am nächsten Tag schraubt Klaus ketterauchend stundenlang an den Synthi-Schränken herum, bevor wir am Abend in aller Ruhe beim Karnevals-Wirt im Erdgeschoss essen gehen. Es gibt »Jäischäschnitzl mit Pomm Fritt« oder »Körriworscht«. Danach scheint es endlich loszugehen. Ich bin ziemlich nervös. Die Popol Vuh-Episode plagt mich mit Versagensängsten.

Dann läuft die 16-Track-Bandmaschine an. Ich sitze in der Schlagzeug-Kabine, kann Klaus während der Aufnahme nicht sehen aber hören. Vorsichtig lege ich los. Nach fünf Minuten bricht die Aufnahme plötzlich ab. Irgendetwas stimmt nicht. Popol Deja Vuh? Bitte nicht! Ich lege die Kopfhörer beiseite und gehe in den Regieraum. Wir hören ein paar Minuten lang in die Aufnahme hinein und sind uns in allen Kritikpunkten sofort einig. Dann fangen wir noch einmal an. Diesmal warte ich mehr als fünf Minuten, bevor ich ganz vorsichtig in die Musik einsteige, die mehr und mehr an Dynamik gewinnt. In zwei Wellen folgen zwei Höhepunkte. Nach knapp dreißig Minuten ebbt der Titel »Floating« (1976 auf der LP *Moondawn*, Brain) langsam ab und endet. Ich habe während der Aufnahme die ganze Zeit ein großartiges Gefühl. Es gibt weder Verspieler noch negative Gefühle. Lang angestauter Frust fällt von mir ab.

Als ich zurück in den Regieraum gehe, fallen wir uns in die Arme. In der Musikwelt bin ich der erste Schlagzeuger, der zu maschinell erzeugten Sequenzen trommelt. Die französische Musikpresse verleiht mir den Titel »Monsieur Séquenceur«. *Moondawn* wird ein Meilenstein elektronischer Musik. Die B-Seite »Mindphaser« überzeugt mich allerdings nie ganz.

In einer Nachtsession machen wir das Mastering. Als wir gegen fünf Uhr morgens das Studio verlassen, hat die Morgendämmerung eingesetzt. Vögel zwitschern. Wir machen Bemerkungen über die hervorragende Qualität der 24-db-Filter, mit der diese kleinen Geschöpfe ausgestattet sein müssen. Mein VW-Käfer hat nur ein Radio. Während der vierstündigen Fahrt hören wir ununterbrochen *Floating* über einen Ghettoblaster. Als wir in seinem Haus ankommen, ist die erste Aktion von Klaus, das Master-Kopie-Band mit amtlicher Lautstärke über seine Hi-Fi-Anlage abzuhören. Nach mehrfachem Abhören habe ich plötzlich das Empfinden, das Stück sei vollkommen misslungen und eine einzige Kakophonie. Auch Klaus scheint verunsichert. Übermüdet und frustriert lege ich mich aufs Ohr und schlafe erschöpft ein.

Am späten Nachmittag hören wir noch einmal in das Stück hinein. Gott sei Dank stellt sich das gute Gefühl sofort wieder ein. Die Übermüdung hatte meine Wahrnehmung massiv gestört. Zum Abschied fragt Klaus mich, ob ich Lust habe, mit in das Haus einzuziehen.

Meine kühnsten Karriereträume scheinen sich endlich zu realisieren. Freue mich tierisch auf eine intensive Zusammenarbeit mit Klaus. Kündige meine Dach-Wohnung und den Job bei Willi L. und verkaufe den VW-Käfer.

Ein Freund bringt mich und meine Habseligkeiten nach Hambühren. Es ist die Zeit, als Jean-Michel Jarre sein Album *Oxygene* herausbringt. Eines der erfolgreichsten Elektronikalben aller Zeiten. Elektronische Musik wird nach Kraftwerk aus der avantgardistischen Ecke gehoben.

HAMBÜHREN

Klaus und ich haben eine gute Zeit und lachen viel zusammen. KDM zeigt dagegen seit dem ersten Tag meiner Anwesenheit Aversionen. Er begrüßt mich nie und behandelt mich wie einen Fremdkörper. Wenn es etwas zu besprechen gibt, bleibt er distanziert und mir gegenüber kurz angebunden. Tag und Nacht höre ich das Klappern seiner Schreibmaschine. Bald spricht er gar nicht mehr mit mir.

Es dauert nicht lange und ich komme mir wie ein abgestelltes Stück Möbel vor. Klaus und ich machen nie zusammen Musik. Ich habe erwartet, dass wir zusammen auf Tournee gehen. Stattdessen hüte ich wochenlang allein das Haus, während er unterwegs ist. Ich kenne hier in der spießigen Gegend keinen Menschen. Fühle mich isoliert. Ohne Einkommen ist es mir zunehmend unangenehm, auf Klaus' Kosten zu leben. Ich will die Hoffnung aber nicht zu schnell aufgeben. Hoffe, dass sich bald alles zum Guten wendet.

GO

Chris Blackwell ist CEO von Island Records. Eines der erfolgreichsten englischen Musiklabel der siebziger Jahre. Er hat die Idee, mit dem japanischen Perkussionisten Stomu Yamashta eine All-Star-Recording-Session zu produzieren. Stomu Yamashta ist damals ein international relativ bekannter Perkussionist. Die Aktion soll seine Karriere fördern. Die größten Stars des Labels werden eingeladen: Gitarrist, Keyboarder und Sänger Steve Winwood, Musiklegende seit den sechziger Jahren. Der Jamaikaner Roscoe Gee, ehemals Bassist der Supergroup Traffic. Al Di Meola, schnellster Jazz-Rock-Gitarrist aller Zeiten. An den Drums Mike Shrieve, lockenköpfiger Ex-Drummer von Santana. Den kennt man aus der 1970 erschienenen Woodstock-Festival-Filmdokumentation von Michael Wadleigh. Auch dabei Phil Manzanera und Andy Mackay, der Gitarrist und der Saxophonist von Roxy Music, Pat Thrall ist Lead-Gitarrist von Asia und Junior Marvin Gitarrist von Bob Marleys Wailers. Der sechste

Gitarrist heißt Bernie Holland. Ein Jazz- und Studiomusiker, den man auf allen namhaften Alben der siebziger Jahre hören kann. Hinter den Congas sitzen die Perkussionisten Brother James und Lennox Langton. Hisako Yamashta, Schwester von Stomu Yamash'ta, und Karen Friedman sind für die Vocals zuständig. Vertreter deutscher Elektronik-Musik ist Klaus Schulze. Die Orchesterarrangements hat man Paul Buckmaster übertragen. Der hat auf allen wichtigen Alben dieser Epoche seine Handschrift hinterlassen. Unter anderem auf Alben von John Lennon.

Während Klaus sich für diese Produktion wochenlang in London aufhält, bin ich mit dem schlecht gelaunten KDM allein im Haus. Um mich nicht zu langweilen, zeichne ich viel. Klaus kommt begeistert aus London zurück und berichtet, dass er die Musiker mit seinem Modular-System zum Staunen gebracht hat. Vor allem der Maschinen-Groove des Sequenzers hat es ihnen angetan. Das Album der All-Star-Session bekommt den Titel *Go* (1976, Island). Zur Veröffentlichung ist ein Live-Konzert in der Londoner Royal Festival Hall angesetzt. Eine Woche vor dem Termin finden Proben statt. Klaus will mit leichtem Gepäck fliegen und bittet mich, sein Equipment per Auto und Fähre nach England zu bringen. Für mich willkommene Abwechslung zu meiner unausgefüllten Existenz in der Lüneburger Heide.

Klaus hat gerade von einem Hamburger Gebrauchtwagenhändler eine dunkelblaue Mercedes 600 W100-Limousine gekauft. Die belade ich mit den Synthies und mache mich auf den Weg. In Bremerhaven nehme die Nachtfähre nach Harwich und fühle mich in der 1. Klasse wie der King. Die unfreundliche Nordsee hält mich nicht davon ab, selig einzuschlafen.

Der Linksverkehr auf der Insel fordert meine ganze Konzentration. Nach zwei Stunden erreiche ich London und lande beim Abbiegen zweimal auf der rechten Seite. Die freundlichen Londoner haben damit kein Problem. Warten geduldig, bis ich wieder auf der richtigen Seite bin.

Ich soll zum Dorchester kommen. Das traditionsreiche Luxus-Hotel in London. Es diente schon einigen Hollywoodfilmen als Kulisse. Kaum stehe ich vor dem Haupteingang, stürzt ein klassisch uniformierter Page freundlich auf mich zu. Öffnet die Fahrertür, nimmt mir die Autoschlüssel ab und sorgt dafür, dass mein Gepäck im richtigen Zimmer landet und der Daimler korrekt abgestellt wird. Ich halte mich nicht lange im Hotel auf. Der Concierge übergibt mir eine Message von Klaus, auf der beschrieben ist, wie ich zu den Island Rehearsal-Studios gelange.

Die Professionalität, mit der man in England das Musikgeschäft organisiert, ist beeindruckend. Island hat einen alten leerstehenden Industriekomplex gekauft und darin eine große Zahl kleiner Übungsstudios eingerichtet. Hier können sich die Musiker ungestört auf Tourneen und Schallplattenproduktionen vorbereiten. Ein großes Restaurant sorgt für leibliches Wohl.

Ich kann Klaus nicht gleich finden. Bei meiner Suche komme ich an einem offenstehenden Raum vorbei, in dem ein Bassist auf seinem Instrument spielt. Ich setze mich hinter das Schlagzeug und beginne, mit ihm zu jammen. Ein paar Minuten später betritt Steve Winwood den Raum. Der Mann, dessen Welt-Hit *Keep On Running* ich bei den Stuntmen gesungen habe. Steve setzt sich hinter die Hammond-Orgel und steigt freundlich lächelnd in unsere Jam ein. Zwei Minuten später betreten die beiden Roxy Music-Legenden Phil Manzanera und Andy Mackay den kleinen Raum, packen ihre Instrumente aus und steigen auch in die Jam ein. Mir klopft das Herz. Ich sitze plötzlich zwischen einigen der Größten der Pop- und Rockmusikgeschichte.

In zwei Tagen soll das Live-Konzert in der Royal Festival Hall stattfinden. Bassist Roscoe Gee ist stinksauer. Hat den Job hingeworfen. Man hat ihn auf dem Plattencover-Entwurf nicht in vorderster Reihe erwähnt. Mit Nachdruck wird ein Bassisten-Casting organisiert. Ohne Pause wird ein Bassist nach dem anderen getestet, aber Roscoe kann in der Kürze der Zeit nicht ersetzt werden. In allerletzter Minute gelingt es, Roscoe davon zu überzeugen wieder einzusteigen.

Ich sitze in der Mitte eines leeren kinoähnlichen Zuschauerraums und verfolge ein Rehearsal. In einer Pause kommt Roscoe durch die Stuhlreihen auf mich zu und setzt sich neben mich. Er hat von Klaus gehört, dass ich Schlagzeuger bin. Er beschwert sich über das »Fucking Music Business« und hat ein großes Faible für die Kölner Krautrock-Band Can. Mit denen würde er gern spielen und wird deshalb bald nach Deutschland kommen. Zusammen mit dem weltberühmten afrikanischen Perkussionisten Reebop Kwaku Baah spielt Roscoe von 1977 bis

1978 den Bass bei Can. Seither lebt er in der Nähe von Bonn und ist neben meinem Freund und Kollegen Axel Manrico Heilhecker (Gitarre) über einen Zeitraum von mehr als zehn Jahren festes Mitglied in der TV-Band der *Harald Schmidt Show*.

Phil Manzanera ist ein bescheidener Mensch, der sich mit seinem gefühlvollen Spiel perfekt in die Band einfügt. Al di Meola spielt, als nehme er permanent an einem Gitarren-Speed-Contest teil. Sein Spiel ist technisch atemberaubend, aber für mein Empfinden ziemlich intellektuell. Bei einer Tasse Kaffee sitze ich mit ihm und Klaus zusammen. Da wirkt er auf mich distanziert und abgehoben.

Am Tag vor dem Konzert gibt es am Abend ein sogenanntes Open Rehearsal. Ein letztes Testkonzert. Dazu werden Prominenz und Medienvertreter eingeladen.

Als die Gäste eintrudeln, komme ich aus dem Staunen nicht mehr heraus. Pete Townshend, sämtliche Mitglieder von Pink Floyd, Queen und Roxy Music sind gekommen, um das Spektakel zu verfolgen. Ich bin erschrocken, als die All Stars dann loslegen. Der Sound ist kaum besser als bei einer deutschen Provinz-Rockband. Fehler unterbrechen immer wieder die laue Performance. Die vielbewunderten Stars kochen auch nur mit Wasser, denke ich. Vielleicht steckt auch Absicht dahinter, um Erwartungen zu dämpfen! Ich kann mir im Moment nicht vorstellen, dass das Konzert am nächsten Tag besser werden wird.

Nach dem Soundcheck von Klaus ist Mike Shrieve dran. Er hat mitbekommen, dass ich Drummer bin und bittet mich, auf der Bühne sein Schlagzeug zu bearbeiten, während er an verschieden Stellen der Halle den Sound checken will. Klaus schaltet den Sequenzer an und ich lege los.

In einem YouTube-Interview vor ein paar Jahren erwähnt Mike, dass ihn die Musik von Klaus und meine Trommelei auf den vier Alben, auf denen ich zu hören bin, schwer beeindruckt hat und er gründet die von Fusion Jazz und Krautrock inspirierte Band Automatic Man. Dann nimmt er Kontakt zu Klaus auf und die beiden veröffentlichen Alben unter dem Projektnamen Richard Wahnfried. Als ich das zum ersten Mal höre, glaube ich mich selber auf den Aufnahmen zu hören.

Die musikalische Qualität des ausverkauften *Go*-Konzertes ist unvergleichlich viel besser als beim Open Rehearsal am Abend zuvor. Nicht nur viel besser, sondern absolute Weltspitze. Emotional und technisch. Ich bin überzeugt, dass alle Beteiligten im Vorfeld geblufft haben. Während eines Gitarren-Solo-Parts rangeln sich die Gitarristen halb im Scherz um die beste Position im Scheinwerferkegel. Die Zuschauer reagieren enthusiastisch und fordern eine Zugabe nach der anderen. Am nächsten Tag überschlägt sich die Presse mit positiven Statements.

SYBILLE

Seit Wochen sitze ich allein im Schulze-Domizil. Klaus absolviert eine Frankreich-Tour und KDM begleitet ihn. Es klingelt an der Haustür. Eine attraktive junge Frau mit Koffer begrüßt mich freundlich: »Hallo, du bist Harald. Ich bin Sybille. Habe gestern Klaus in Paris getroffen. Er sagte mir, dass ich bis zu seiner Rückkehr hier wohnen kann!« Das klingt glaubwürdig. Ich bin überzeugt, es mit einer guten Freundin von Klaus zu tun zu haben und bitte sie herein.

Sie belegt das Zimmer von Klaus und benimmt sich, als sei sie hier schon immer zu Hause. Eine Stunde später qualmen überall im Haus Räucherstäbchen. Sybille ist ein wandelndes Esoterik-Buch. Jedes unserer Gespräche lenkt sie auf das Thema Übersinnlichkeit. Das Esoterik-Geschwafel geht mir auf den Sender und ich versuche, ihr so gut es in dem kleinen Haus möglich ist aus dem Weg zu gehen. Als ich aber bemerke, dass sie sich in KDMs Zimmer zu schaffen macht, eile ich wütend die Treppe hoch, bereit, sie in die Schranken zu weisen. Ich will meinen Augen nicht trauen. Das Zimmer sieht aus wie nach einem Einbruch oder einer Polizei-Razzia. Sybille sitzt in der Mitte des Raums auf dem Boden, von Papierschnipseln umgeben. Sie hat sich über KDMs Schallplattensammlung hergemacht. Eine wohlgehütete große LP-Kollektion. Viele Cover sind mit einer Schere zerschnitten und deren Fragmente collagenartig umlaufend an die Wände gepinnt. Wie ein Kind, das für seine Aktion gelobt werden will, grinst sie mich an und setzt an, mir den tieferen Sinn dieser Kollagen zu erläutern. Ich falle ihr wütend ins Wort: »Auf der Stelle räumst du alles auf, packst deine Klamotten und verschwindest! SOFORT!«

Sie schaut mich verwirrt und verständnislos an. Als wolle sie sagen, wie unspirituell und ignorant ich doch sei. Scheint aber zu begreifen, dass ich es ernst meine. Ich will ganz sicher gehen, dass sie auch verschwindet und biete an, sie zum Bahnhof zu bringen. Es dauert Stunden, bis sie ihren Koffer gepackt hat und wir endlich im Auto sitzen. Hier droht sie: »Du wirst sehr großen Ärger mit Klaus bekommen! Er hat mich eingeladen. Außerdem hat er das Haus gemietet! Nicht du!«

Erleichtert blicke ich dem Zug nach, der langsam dem Bahnhof entschwindet. Sybille entstammt einer wohlhabenden Münchener Familie. Im Alter von dreißig wohnt sie immer noch bei ihrer Mutter. Das Zimmer von KDM ist natürlich nicht aufgeräumt. Ich mache mich daran, alles wieder herzurichten, so gut es geht. Mindestens vierzig bis fünfzig LP-Cover sind unwiederbringlich ruiniert.

Als Klaus und KDM von der Tour zurück sind, flippt KDM aus. Er hatte in Paris schon ein ungutes Gefühl, was die Einladung von Sybille betrifft und macht Klaus schwere Vorwürfe. Der vermisst zehntausend Franc Bargeld aus einer Gage. Die hatte er auf der Rückfahrt achtlos in seine Umhängetasche gesteckt und wahrscheinlich irgendwo verloren. Das Geld tauchte nie wieder auf. Angesicht meiner finanziellen Situation ärgere ich mich über solche Achtlosigkeit.

SCHEESSEL

52.000 Besucher sind auf dem Festivalgelände der niedersächsischen Kleinstadt Scheeßel. Klaus Schulze neben Camel, Nektar, Steppenwolf, Iron Butterfly, Graham Parker, Eddie & The Hot Rods und Franz K.

Wie schon so oft fahre ich nur als Begleitung mit. Am hinteren Bühnenzugang werden wir von böse blickenden Hells Angels empfangen, die als Ordner angestellt sind. Klaus hat eine bewundernswerte Begabung, mit ihnen auf Augenhöhe zu kommunizieren. Sie winken uns durch. Hinter der Bühne sind sechs oder sieben Wohnwagen für die Bands aufgestellt. Der Bühnensound der Bands ist auch hier drinnen gut zu hören. KDM wartet mit dem Aufbau, weil es Gerüchte gibt, der Veranstalter sei mit der Kasse durchgebrannt. Die Hells Angels sind zunehmend unruhiger geworden und drohen alles auseinanderzunehmen, wenn sie ihre Bezahlung nicht bekommen. Die Stimmung hinter der Bühne wird immer angespannter. Einige Bands sind unverrichteter Dinge wieder abgereist, was sich auf die Stimmung des Publikums negativ auswirkt. Ein Regen aus Glasflaschen fliegt Richtung Bühne. Wir wollen uns keiner Gefahr aussetzen und reisen auch ab.

In der Tagesschau am Abend sehen wir Bilder von den Ereignissen, nachdem wir weg waren. Bühne und alle Wohnwagen sind abgebrannt. Es stehen nur noch rauchende Trümmer. Besucher haben große Teile des technischen Equipments geklaut. Es gehört dem einzigen Veranstaltungstechniker Hans »Riebe« Riebesehl aus Hamburg. Der erste professionelle Roadie in Deutschland (Die Rattles) und Herausgeber der ersten Musikzeitschrift Deutschlands: *Riebe's Fachblatt,* das er mir einst in Hamburg persönlich in die Hand drückte. Die in Handarbeit vervielfältigten Ausgaben waren zur kostenlosen Verteilung gedacht. Riebe verkauft die Rechte und es entsteht die Hochglanzausgabe *Fachblatt Musikmagazin.*

Hans geht pleite, weil sich die Versicherung auf »Höhere Gewalt« beruft, und arbeitet als Roadie für Udo Lindenberg, Boney M. und Rory Gallagher.

Meine Erwartungen an eine verbindliche Zusammenarbeit mit Klaus sind gescheitert. Ich erlebe ihn immer als einen humorvoll-charmanten und gebildeten Menschen. Habe aber das Gefühl, dass ihm meine Gegenwart im Haus zunehmend lästig wird. Er empfiehlt mir: »Geh doch nach Berlin! Für den Fall, wenn ich mal in der Stadt bin, habe ich dort ein Zimmer gemietet. Da kannst du erst mal einziehen, bis du was eigenes findest.«

Ich werde von Existenzängsten und starken Gefühlen der Enttäuschung geplagt. An die Idee, nach Berlin zu gehen, muss ich mich gewöhnen. Als Entlohnung für mein Mitwirken an vier Alben bekomme ich ein gebrauchtes Schlagzeug, eine ausrangierte 8-Spur-ITAM-Tonbandmaschine, einen Micromoog und muss unterschreiben, dass ich damit keine weiteren Ansprüche geltend mache.

Auch KDM entscheidet sich, wieder nach Berlin zurückzukehren. Zähneknirschend bietet er mir an, mich mitzunehmen. Während der Fahrt nach Berlin wechseln KDM und ich kein einziges Wort.

NICO

1975 lerne ich Lutz »Lüül« Ulbrich durch Klaus kennen. Klaus hat einen Gig in Brüssel. Ich begleite ihn wieder einmal ohne mit ihm auf der Bühne zu stehen. Am gleichen Wochenende spielt Nico in der belgischen Metropole. Sie wird auf der Gitarre von Lüül begleitet. Lüül ist einundzwanzig, als er die fünfzehn Jahre ältere Nico in Paris kennenlernt und sich unsterblich in sie verliebt. Mit dem Avantgarde-Filmemacher Philippe Garrell leben sie eine Zeit lang in einer »Ménage à Trois« in dessen Pariser Wohnung. Garell ist eifersüchtig und flippt regelmäßig aus. Nico ist heroinsüchtig. Um ihr nahe zu sein, verfällt auch Lüül der heimtückischen Droge. Nach ihrer Zeit in Paris leben sie ein halbes Jahr im legendären New Yorker Künstlerdomizil Chelsea Hotel. Dem Ort, an dem Sid Vicious von den Sex Pistols seine Freundin ersticht und an einer Überdosis Heroin stirbt.

Nico und Lüül touren durch New Yorker Musikclubs. Bei einem dieser Auftritte stehen plötzlich David Bowie und John Cale auf der Bühne und steigen in das Konzert ein. Lüül ist perplex.

Nach ihrer Zeit in New York leben sie in der Wohnung von Lüül in Berlin-Moabit. Er fährt nachts Taxi, um Geld für die Droge und den Lebensunterhalt zu beschaffen. Sie spritzt sich das Heroin in die Venen, während Lüül »den Drachen jagt«. Der Szenejargon steht dafür, Heroin auf Aluminiumfolie zu erhitzen und zu inhalieren.

Nico wird als Christa Päffgen geboren und ist die deutschstämmige Sängerin von Velvet Underground, der Band von Lou Reed und dem Keyboarder John Cale. Andy Warhol bringt die Band 1967 mit der Produktion ihres ersten Albums *The Velvet Underground & Nico* (1967, Verve Records) quasi über Nacht zum Weltruhm.

Nach ihrer Zeit bei Velvet Underground beginnt sie eine Solokarriere. Ihren von Todessehnsüchten geprägten, melancholischen Gesang begleitet sie auf einem kleinen indischen Harmonium. Dessen Töne werden von einem Blasebalg erzeugt, den sie mit den Füßen bedient.

Nico ist in den späten fünfziger Jahren ein Supermodel. 1960 wirkt sie in einer kleinen Nebenrolle in Federico Fellinis *La Dolce Vita* mit. In New

York nimmt sie Schauspielunterricht in Method Acting bei Lee Strasberg. Sie ist mit Bob Dylan, Mick Jagger und David Bowie befreundet. In Kalifornien und Paris lebt sie mit Jim Morrison.

Zurück nach Brüssel. Klaus und ich wohnen im gleichen Hotel wie Nico und Lüül. Wenn Lüül nicht gerade Taxi in Berlin fährt oder mit Manuel auf Ashra-Tour ist, begleitet er Nicos düster-depressive Auftritte mit einer 12-saitigen Gitarre. Nico lädt uns zu ihrem Konzert ein. Wir verfolgen das Geschehen von der Bühnenseite. Sie hat eine unverwechselbare Alt-Stimme. Ergreifend traurig und brüchig. Mit einem Ausdruck, der unter die Haut geht. Manchmal unterbricht sie ihren Vortrag mitten im Stück und langt langsam nach einer neben dem Harmonium am Boden stehenden Whisky-Flasche. Unbeeindruckt nimmt sie ein paar tiefe Züge vor aller Augen. Dann stellt sie die Flasche in aller Ruhe zurück und setzt ihren Vortrag fort. Im voll besetzten Auditorium kann man eine Nadel fallen hören.

Nico hat es satt, ausschließlich über ihre Schönheit definiert zu werden und kehrt der Modebranche den Rücken. Sie färbt die blonden Haare schwarz, trägt nur noch schwarze Kleidung, beginnt sich bleich zu schminken und wird eine Ikone der Gothic-Szene.

METAMUSIK-FESTIVAL

Der Elektronik-Komponist und *Rock Over RIAS*-Radio-Moderator Walter Bachauer und Elektronik-Musikpionier Michael Hoenig (Ex-Tangerine Dream, Ex-Agitation Free) organisieren im Sommer 1976 zum zweiten Mal das dreitägige Metamusik-Festival in der Berliner Nationalgalerie. In einer Reihe mit den berühmten Vertretern der amerikanischen Minimal Music Steve Reich und Terry Riley sind Klaus und ich eingeladen. Dazu ein authentisches Gamelan-Dorf-Orchester der Insel Bali.

Wir nehmen im Vorfeld die Gelegenheit wahr, einer Nacht-Probe von Steve Reich und seines Orchesters beizuwohnen. Steve Reich benutzt ausschließlich akustische Instrumente. Vier große Konzertflügel, Marimbas, Xylophone, Klarinetten und einen vierköpfigen Chor. Der Sound klingt, als sei er mit elektronischen Instrumenten erzeugt. Lange monotone Marimba-Sequenzen sorgen für einen Groove, dass es uns von den Sitzen reißt. Unerwartete Harmoniewechsel lösen die monotone Spannung explosionsartig auf. Vier Flügel erzeugen bei durchgetretenem Hallpedal einen breiten Harmonie-Teppich, in dem keine rhythmischen Strukturen mehr zu erkennen sind. Mit einigen Metern Abstand zu ihren Mikrofonen starten die Sänger und nähern sich ihnen ganz langsam. Alles ist bis ins Detail durchkomponiert. Begeistert schauen wir uns immer wieder an, während wir der Komposition *Music For 18 Musicians* lauschen.

Als Klaus und ich auf die Bühne gehen, ist die Nationalgalerie mit zweitausend Besuchern bis auf den letzten Stehplatz gefüllt. Unter den Zuschauern David Bowie. Das Monitoring ist leider ein Desaster, weil ich Klaus kaum hören kann. Die Qualität dieser Performance ist weit entfernt, die Intensität und Gefühlsebene von *Floating* zu erreichen.

Terry Riley lehrt klassisch indische Raga Music an der Universität von San Francisco. In der Nationalgalerie sitzt er hinter einer elektronischen Orgel, die er nach indischen Skalenwerten gestimmt hat. Auch sein Konzert ist ein außergewöhnliches Hörerlebnis. In unverwechselbarer Weise erzeugt Riley eine Magie, die sich aus langanhaltenden Sequenzen und Tonverschiebungen zusammensetzt. Mitte der achtziger Jahre habe ich in Berlin zwei Mal das großartige Vergnügen, diesem warmherzigen Mann persönlich zu begegnen. Bei einer dieser Gelegenheiten besuchen wir einen Freund in Ost-Berlin. Der fällt aus allen Wolken, als ich mit Terry unangekündigt vor seiner Wohnung stehe.

Als Walter Bachauer den Auftritt des Gamelan-Orchester ankündigt, ist die Bühne überraschenderweise vollkommen leer. Auf ein Zeichen stürzen zwei Dutzend kleine Männer mit freiem Oberkörper, roten Wickelhosen und Kopfbinden auf die Bühne und verteilen blitzartig ihr umfangreiches Instrumentarium. In der Mehrzahl verschiedenartige Xylophone und Gongs. Mich verzaubert diese interessante exotische Musik mit ihren verschachtelten, sich wiederholenden Sequenzen. Ganz ähnlich, wie wir sie mit Synthesizer und Sequenzer erzeugen.

CHARLOTTENBURG

Heinz Schulze ist ein Fan von Klaus Schulze und hat ihm eines der Zimmer seiner großen Wohnung im vierten Stock eines Eckhauses in Berlin-Charlottenburg vermietet. Meine zukünftige Bleibe für Tage? Wochen? Monate oder Jahre? Heinz ist Möbelverkäufer und arbeitet an Wochenenden als Diskjockey. Er stottert und rechnet damit, Klaus maximal ein- bis zweimal im Jahr zu beherbergen. Dafür kassiert er von ihm 100 DM im Monat.

Jetzt bin ich Dauergast in der düsteren Wohnung. Bis auf die drei Fenster in meinem dreieckigen Zimmer hat Heinz alle anderen Fenster zugehängt. An den Wänden und am Boden weiße Flokati-Teppiche. An den wenigen freien Stellen der Wände hängen Filmplakate und Poster von Rockbands. Von Beginn an ist Heinz nicht begeistert von meiner dauerhaften Anwesenheit, verhält sich aber unverbindlich freundlich. Auf die monatliche Miete will er nicht verzichten. Ich versuche mich so unauffällig wie möglich zu verhalten. Wenn wir uns gelegentlich über den Weg laufen, fragt er mich regelmäßig, wann ich denn wieder ausziehe.

ICH STEH AUF BERLIN

Michael »Fame« Günther ist der ehemalige Bassist der Krautrock-Kultband Agitation Free, der auch Lüül und Michael Hoenig angehörten. Fame lebt in einer WG in Berlin-Westend, in der auch Udo Arndt lebt, ein Gitarrist und Tonmeister. Udo verdient seine Brötchen im Tonstudio des Evangelischen Rundfunkdienstes. Er nimmt hier Predigten und Rundfunkbeiträge der Kirche auf, bevor er einer der erfolgreichsten Tonmeister der Achtziger in Berlin wird – Rio Reiser, die Nina Hagen Band, Nena, Ashra, Spliff, Ulla Meinecke ...

Ich habe Fame viel zu verdanken. Er installiert Audioanlagen in Kneipen und Kirchen und ich kann ihm manchmal dabei zur Hand gehen. Fame kennt sämtliche Konzert-Veranstalter in Berlin. Zu meiner existenziellen Rettung verschafft er mir immer wieder die Möglichkeit, auf den großen Musikveranstaltungen als Stagehand oder Humper (Buckelnder) zu arbeiten, der untersten Kategorie Bühnenhelfer im Pop- und Rockbusiness.

Bei Großveranstaltungen arbeite ich im Schnitt in zwei Schichten insgesamt zwölf Stunden bei einem Lohn von 150 DM. Das reicht mir für eine gute Woche.

Queen in der Berliner Deutschlandhalle, Besucher 16.000. Arbeitsbeginn sechs Uhr. Mit fünfundzwanzig Humpern im Laufschritt fünfzehn bis unter die Decke vollgestopfte Sattelschlepper ausladen. Im Sekundentakt gehen rollbare Flightcases über lange Metallrampen aus den Lkw auf die Bühne. Dort werden sie nach Plan auf der riesigen Bühnenfläche verteilt. Dann wird in der Bühnenmitte eine Trägerkonstruktion aus Aluminiumtraversen zusammengeschraubt, mit hunderten Scheinwerfern behängt und verkabelt und mit Flaschenzügen zehn Meter hoch an die Decke der Halle gezogen. Dann erfolgt Aufbau der Backline und des PA-Systems (Lautsprecheranlage Richtung Publikum). Das Englisch der Crew lernt man auf keiner Schule dieser Welt. In jedem zweiten Satz ertönt das englische Pendant zu Fotze, Ficken, Koksen, Kiffen und Saufen. Man erwartet von mir, dass ich dieses Englisch verstehe. Sonst kann es beim Ausladen und Bewegen der schweren Gegenstände durch Missverständnisse zu schweren Verletzungen kommen. Ich habe keine Krankenversicherung.

Es gibt zwölf PA-Lautsprecherboxen für das Queen-Konzert. Die Kisten sind tonnenschwer. Mehr als zwei Meter hoch und breit. Achtzig Zentimeter tief. Es braucht acht Männer, um nur eine davon ein paar Zentimeter zu bewegen. Mit Gabelstaplern werden sie auf die Bühne gehoben. Sechs davon auf jeder Seite werden rechts und links auf der Bühne untereinander verkettet und mit Flaschenzügen unter die Hallendecke gezogen. Ich schiebe mit ein paar anderen Freddy Mercurys großen Konzertflügel auf die Bühne. Über mir schwebt eine achtzig Tonnen schwere Lichtanlage. Bei einer bautechnischen Routine-Untersuchung stellt sich zwei Wochen nach dem Konzert heraus, dass die Hallendecke der Deutschlandhalle solchen Lasten gar nicht gewachsen ist. Sie wird bis zur Instandsetzung einige Monate lang gesperrt.

Irgendjemand hat bei diesen Jobs immer ein Stück Haschisch oder

Gras dabei. Das macht den anstrengenden Job erträglicher. Nach der ersten Schicht können wir dem Soundcheck der Bands zuhören. Neil Diamond ist der einzige, der uns rauswerfen lässt. Für mich kein Problem. Seine Schnulzen finde ich unerträglich.

Mit einem Backstage-Pass kann ich mich während der gesamten Veranstaltung hinter der Bühne und im gesamten Zuschauerraum frei bewegen. Manchmal auch im Backstage-VIP-Bereich. Dort gibt es reichhaltige Catering Arrangements für die feste Road-Crew. Wenn man uns lässt, machen wir uns auch darüber her.

Ich gehöre zu denen, die dem rüden englischen Umgangston gut folgen können und werde während der Konzerte auch als Scheinwerferoperator hinter einem der kleinen oder größeren Solo-Spots (Super Trouper) eingesetzt.

Aber während der Queen-Show stehe ich hinter einem schwarzen Vorhang auf der Bühnenrückseite. Fünf Meter hinter Freddy Mercury. Vor mir ein Korb mit Trockeneis über einer Wanne mit heißem Wasser, acht Mann ebenso neben mir. Auf ein Zeichen sorgen wir dafür, dass jeder seinen Korb in seine Wanne senkt. Dabei entsteht extrem dichter kalter Dampf, der mit Ventilatoren durch große flexible Röhren auf die Bühne gedrückt wird. Schon nach einer halben Minute sitzt Freddy Mercury hinter seinem Flügel bis zur Hüfte in einem Wolkenteppich, der sich langsam in die vorderen Reihen der Konzertbesucher ergießt.

Bis hin zu den Lkw-Fahrern konsumiert in der Regel auch ein großer Teil der technisch Beteiligten Koks. Es unterdrückt das Schlafbedürfnis der Fahrer, die oft nachts fahren müssen, um rechtzeitig am nächsten Spielort anzukommen. Ich beobachte, wie lokale Dealer das Zeugs hinter die Bühne bringen und Stage-Manager mangels Kenntnis der lokalen Infrastruktur uns lokale Humper nach Beschaffungsquellen ausfragen. Ich habe mit Koks keine Erfahrungen und daher keinen Schimmer, wo man es in der Stadt auftreiben kann. Manchmal wird der Anfang eines Konzerts hinausgezögert, weil das Koks für die Protagonisten noch nicht eingetroffen ist.

Manche Rocklegende legt hier mittelmäßige Auftritte hin. Als junger Mensch habe ich Jethro Tull bewundert. Hier eine große Enttäuschung. Der Sound miserabel. Die kasperhaft alberne Bühnenshow des flötenden

Frontmannes Ian Anderson unerträglich. Im Gegensatz dazu hat David Bowie eine faszinierende Bühnenpräsenz. Trotz schief sitzender Zähne und einer von Akne-Narben gezeichneten Gesichtshaut. Vielleicht der Grund, warum man ihn in der Berliner Öffentlichkeit kaum erkennt, wenn er ungeschminkt und unauffällig gekleidet durch Berlin läuft oder Diskotheken besucht. Wer glaubte auch, dass David Bowie neben einem in der Disko steht. Auf seinen Glamour-Pressefotos und auf der Bühne ist von diesen Makeln nichts zu sehen. Bowie zeigt auch menschliche Größe. Während seines Konzerts in der Deutschlandhalle prügelt ein Ordner auf einen jungen Mann ein, der sich hinter die Absperrung vor der Bühne gewagt hat. Bowie schreit: »STOP!«, und bricht die Musik hart ab. In gebrochenem Deutsch fordert er von einem Ordner: »Hol ihm her! Bring ihm hier!« Er schüttelt dem strahlenden Opfer die Hand und setzt mit dem abgebrochenen Titel neu an. Die Aktion hat seine Band offensichtlich aus dem Konzept gebracht. Der Sound hört sich mehr als mittelmäßig an. Bowie unterbricht noch einmal und lässt neu ansetzten. Dann ist die Magie wiederhergestellt. Ich beobachte das Ganze innerhalb der Absperrung. Keine fünf Meter vom Geschehen entfernt.

Ich schleppe Koffer für Kris Kristofferson, arbeite für Yes und Bob Dylan, dessen Buster Keaton-Blick trifft mich in den Gängen des VIP-Bereichs aus nächster Nähe. Gegen Ende seines Konzerts trifft ihn ein Plastikbeutel mit weißer Farbe mitten ins Gesicht. Einen konservativen Fan hat die Performance genervt. Wahrscheinlich weil sie nur wenig an Dylans ursprüngliche Ein-Mann-Show aus den Anfängen seiner Karriere erinnert. Notdürftig gereinigt zieht der stoische Dylan seine Show bis zum Ende durch.

Ich schleppe für Frank Zappa, der in der Deutschlandhalle einen faszinierenden Gig hinlegt. Auch für Elton John in der alten Berliner Kongresshalle. Elton John sitzt am Piano und wird nur von dem extraordinären Perkussionisten Ray Cooper begleitet.

Im Theater des Westens, wo mich als Schüler einst Zarah Leander langweilte, bediene ich das Spotlight für den unvergleichlichen Sammy Davis Jr. und die quirlig charmanten Surpremes ohne deren ehemalige Frontfrau Diana Ross. Die Motown-Superstars der sechziger und siebziger Jahre.

Ich beleuchte in der Berliner Philharmonie Weather Report, Jazz-Rock-Formation um den Wiener Keyboarder Joe Zawinul, der Bassistenlegende Jaco Pastorius und dem Saxophonisten Wayne Shorter. Auch in der Philharmonie mache ich den Hauptlichtspot für Ella Fitzgerald, großartigste Jazzsängerin des 20. Jahrhunderts. Die alte Dame ist fast erblindet und muss auf die Bühne geleitet werden. Ihre Stimme hat immer noch das betörende Timbre einer Zwanzigjährigen.

Nach einem Konzert der unerträglichen englischen Teeny-Gruppe Bay City Rollers in der Deutschlandhalle müssen wir tausende Stofftiere und hunderte weibliche Unterhosen einsammeln. Von Fans auf und unter die Bühne geworfen. Beim Konzert von ABBA bediene ich in einem abgesperrten Areal auf dem obersten Rang des gegenüberliegenden Endes der Deutschlandhalle einen Super Trouper. Der Groß-Scheinwerfer, den sie mit einem ihrer Hits zu Ehren kommen lassen. Der Scheinwerfer hat eine Reichweite von mehreren hundert Metern. Das Gerät muss von vier Männern getragen werden.

Boney M. gehören zum Schlechtesten, was ich in der Philharmonie ertragen muss. Die Fake-Truppe wirkt wie eine zufällige Ansammlung von Marionetten. Der albern herumhüpfende Frontmann Bobby Farrell ist besonders unerträglich. Seine weiblichen Mitstreiter nennt er frauenverachtend laut »Meine Puppen! Mit denen ich jetzt die Sau rauslasse!«.

Wenn das Saallicht eingeschaltet ist, geht der Knochenjob weiter. Der Abbau läuft schneller als der Aufbau. Nach drei bis vier Stunden ist alles entkabelt, verpackt und eingeladen. Ich fahre mit der U-Bahn nach Hause und brauche ein bis zwei Tage, um physisch wieder in Form zu kommen.

Ich erlebe die Größen des Rock und Pop der siebziger Jahre aus nächster Nähe und bekomme Geld dafür. Wenn auch lächerlich wenig. Die Erfahrungen bei den Konzerten haben meine Sehnsucht nach Musik-Machen verstärkt.

Heinz Schulze stellt mir ein Ultimatum: »Bis zum Monatsende in zwei Wochen ziehst du aus!« In der Zeitspanne ist es unmöglich, in Berlin eine Bleibe zu finden. Wieder rettet mich Fame. Durch ihn lerne ich den Keyboarder Manfred »Manne« Opitz kennen. Als der hört, dass ich in einigen Tagen kein Dach mehr über dem Kopf haben werde, bietet er mir an, vorübergehend in die Wohnung einzuziehen, die er mit seiner Freundin Uschi teilt. Eine andere Wahl habe ich nicht. Nach dem Rauswurf bei Heinz Schulze bin ich froh, nicht auf der Straße zu stehen.

Der Umzug von Charlottenburg nach Moabit ist keine große Nummer. Ich besitze nicht viel. Mein Schlagzeug, die 8-Spur-Maschine und den Micromoog stelle ich in den Proberaum von Fame. Die Altbauwohnung von Manne und Uschi befindet sich im dritten Stock eines Hinterhauses. In der Küche türmen sich Berge von schmutzigem Geschirr. Im Bad Berge schmutziger Wäsche.

AGITATION FREE

Zusammen mit Lüül, Fame, Manne und dem Saxophonisten Klaus Henrichs wollen wir Agitation Free wieder auf die Beine stellen. In Fames Neuköllner Proberaum in dem alten Hinterhof-Industriekomplex am Paul-Lincke-Ufer wollen wir uns zwei Mal in der Woche treffen. Schon nach kurzer Zeit habe ich den Eindruck, dass niemand die nötige Energie aufbringt, um das Projekt nach vorne zu bringen. Ständig sagt einer der Beteiligten kurzfristig ab oder ich sitze mit Manne im Keller und warte vergeblich auf die anderen.

Lüül wirkt fast immer müde und uninspiriert. Entweder kommt er unpünktlich oder gar nicht. Nico und er verschlafen in der Regel einen großen Teil des Tages. Manchmal fahre ich nachmittags nach Moabit, um ihn zu unserer Verabredung abzuholen. Dann öffnet er erst nach minutenlangem Klingeln schlaftrunken und mürrisch. Nico, die in der stets abgedunkelten Wohnung noch im Bett liegt, brummt fragend aus dem Hintergrund, wer da geklingelt hat.

Es ist der beginnende Sommer 1977. Strahlend blauer Himmel und die Frauen zeigen wieder mehr Haut. Die depressive Atmosphäre der dunklen Jahreszeit in Berlin ist wie weggeblasen. Straßencafés füllen sich und die gute Berliner Luft entspricht wieder ihrem Mythos. Die traditionell motzigen Berliner werden wieder freundlich.

MINIPLI / IBIZA / LONDON

Udo Arndt, Fame, Manne und Ralph planen einen fünfwöchigen Urlaub auf Ibiza. Ralph ist ein Freund der Westend-WG. Diskothekenbesitzer und Karatekämpfer. Ich werde gefragt, ob ich Lust habe mitzukommen. Ralph hat eine Freundin im Reisebüro, die preisgünstige Flugtickets besorgen kann. Udo hat eine Bekannte, die uns ihr kleines Ferienhäuschen auf der Insel für wenig Geld vermietet.

Der aktuell große Modetrend sind Minipli-Dauerwellen für Männer. Eine Lockenfrisur, mit der Schlagersänger Wolfgang Petri, Fußballweltmeister Rudi Völler und später in Perückenform auch Comedian Atze Schröder großen Ruhm erlangen. Auch bei Zuhältern sehr beliebt. Monate vor der Reise haben sich Udo, Ralph und ich bei einem teuren Szenefriseur diese Dauerwellen legen lassen. Sind aber inzwischen bei mir wieder herausgewachsen und hängen schlapp zur Seite. Ich möchte im Urlaub gut aussehen. Will das Geld für eine professionelle Auffrischung sparen, greife mit entsprechender Chemie und Lockenwickler entschlossen zur Selbsthilfe. Jetzt sehe ich noch bescheuerter aus als schon vorher mit den Profi-Locken.

Am Abend vor unserem Abflug nach Ibiza klingelt das Telefon von Manne und Uschi. Manuel ist am Apparat und fragt, ob ich Lust habe, bei einem Ashra-Konzert in London mitzuwirken. Sein französischer Manager Gabriel Ibos hat ein von Virgin Records gesponsertes Open-Air-Konzert im Londoner Regent's Park organisiert.

»Wann?«, fragte ich.

»In zweieinhalb Wochen! Lüül ist dabei. Wir werden zwei Tage vorher in London proben. Virgin hat einen Rehearsal Room gemietet.«

Ich: »Scheiße! Wäre sehr gern dabei, fliege aber morgen für fünf Wochen nach Ibiza. Vielleicht spendiert Virgin ein Flugticket von Ibiza nach London? Was meinst du?«

Er verspricht, sich darum zu kümmern. In acht Tagen soll ich nachfragen. Ich bin skeptisch.

Am nächsten Morgen bringt Manne und mich ein Taxi zum Flughafen Tegel. Die Jungs warten bereits. Alle sind in bester Urlaubsstimmung.

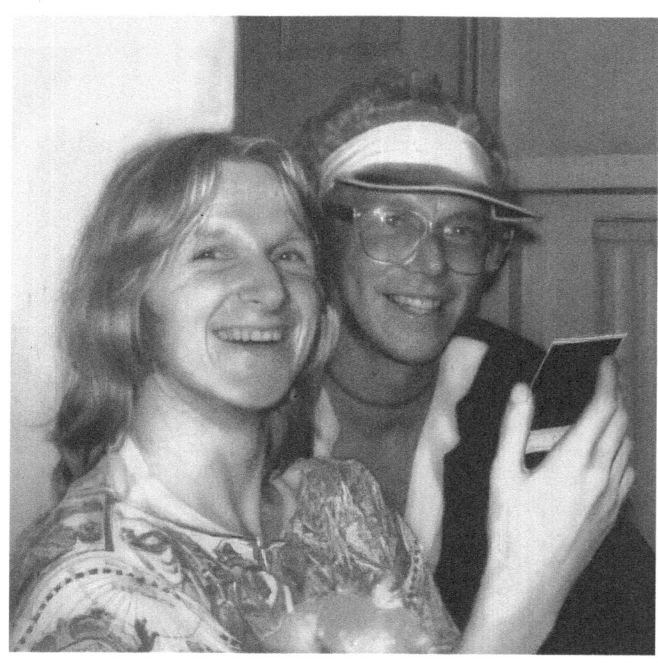

Mit Lutz Ulbrich (links), 1977 in London

Wir sind die Ersten, die im Tunnel der Fluggastbrücke auf das Flugzeug zusteuern. Im Türrahmen der Maschine lächeln uns zwei Flugbegleiterinnen an.

Ralph ist unmittelbar vor mir, als er die Maschine betreten will. Im selben Moment verschwindet er plötzlich nach unten aus meinem Sichtfeld. Erschrocken blicke ich dorthin, wo er gerade noch gestanden hat. Er klemmt in einem Spalt zwischen Fluggastbrücke und Flugzeugeingang. Im Fallen hat er instinktiv seine Ellenbogen abgespreizt. Damit hat er einen Sturz auf den Betonboden neben der Maschine aus fünf Metern Höhe verhindert. Er stöhnt mit schmerzverzerrtem Gesicht, als wir ihn nach oben ziehen. Unter dem zerrissenen Hosenbein eine stark blutende Fleischwunde. Dem Flugpersonal ist die Angelegenheit sichtbar peinlich. Sie bemühen sich auf dem ganzen Flug um Ralph, der den ganzen Urlaub über humpelt.

Das flache Ferienhäuschen liegt oberhalb von Cap Martinet, gegenüber der Bucht von Ibiza Stadt. Es hat ein großes und ein kleines Zimmer, Küche und Bad. Strom gibt es nicht. Kühlschrank und Kochstelle werden mit Gas betrieben. Der kleinere Raum ist mit zwei Betten ausgefüllt. Vor und hinter dem Haus gibt es eine Terrasse, deren Boden mit Kieselsteinen gepflastert ist. Ein prachtvoller Bougainvillea-Busch mit hunderten violett leuchtenden Blüten ziert die Terrasse auf der Hinterseite des Hauses und spendet den ganzen Tag Schatten. Dort liefert ein Brunnen Wasser für Dusche, Bad und Küche. Das kühle Nass muss mit einer Handpumpe in einen 100 Liter großen Behälter auf dem Dach gepumpt werden. Eine schweißtreibende Angelegenheit, die mehrfach am Tag zehnminütige Gymnastik ersetzte. Die Sonne heizt das Gefäß tagsüber auf und liefert ab Nachmittag warmes Duschwasser. Die trockene Umgebung ist hügelig und nur spärlich bewachsen. Der nächste Nachbar ist hundert Meter entfernt. Auf dem großen Grundstück stehen ein paar ungepflegte Oliven- und Mandelbäume.

Um die entfernt liegenden Strände besuchen zu können, mieten wir zwei Seat 600, kaum größer als die 500er Version. An den Stränden liegen wir stundenlang in der prallen Sonne und holen Schlafdefizite nach, unterbrochen von kurzen Abkühlungen im Wasser.

Nacktbaden ist für Berliner obligatorisch. An schönen Sommertagen tummeln sich Zehntausende hüllenlos an den zahlreichen Berliner Badeseen. Wir haben auf Ibiza nicht in Betracht gezogen, dass es noch keine zwei Jahre her ist, dass der spanische Diktator Francisco Franco starb, der nur durch massive Militärhilfe von Adolf Hitler 1936 an die Macht gelangte. Seinem Nachfolger Juan Carlos de Borbón, König von Spanien, gelingt es, das politisch tief gespaltene Land friedlich in eine Demokratie zu überführen. Im erzkatholisch geprägten Spanien gelten immer noch strenge moralische Sitten. Deren Einhaltung die sektenähnlich organisierte Polizeitruppe Guardia Civil scharf kontrolliert. Die Polizeitruppe erkennt man an ihren aus Pappe gefertigten, schwarzlackierten eigentümlichen Kopfbedeckungen.

Nacktbaden ist aufs Strengste verboten. Bei Missachtung werden Touristen des Landes verwiesen und unmittelbar ins Flugzeug gesetzt. Diese Bestimmung ist uns nicht nur fremd. Wir kennen sie auch nicht, als wir uns nackt an den Playa d'en Bossa legen. Während ich mir weit draußen im Meer das Gemächt kühle, werden Manne, Fame und Ralph verhaftet und eingelocht. Udo hatte seine Badehose an und darf weiter sonnen.

Der schon während der Diktatur boomende Tourismus hat sich zu einer sprudelnden Einnahmequelle entwickelt. Geld stinkt nicht, sagen sich auch die frisch demokratisierten Spanier. Dieser neuen Realität verdanken die drei Eingelochten, dass man sie nach ein paar Stunden des Schmachtens hinter Gittern wieder auf freien Fuß setzt. Nicht ohne ihnen ein viersprachiges Merkblatt in die Hand zu drücken, dass freundlich an ihr Verständnis appelliert und darum bittet, in Zukunft am Strand eine Badehose anzulegen. Im Wiederholungsfalle allerdings sieht man sich gezwungen, sofortige Ausweisung anzuordnen.

Wir verstehen uns prächtig. Auch lästige Einkaufs- und Reinigungs-Routinen klappen bestens und abends trinken wir im Ferienhäuschen bei Kerzenlicht Rotwein, lesen Bücher, machen Musik oder fallen in einer der großen Insel-Diskotheken ein. In den Diskos läuft ständig *Year Of The Cat* von Al Stewart und *Hotel California* von den Eagles. Trotz meiner Frisur lerne ich eine Belgierin mit ihrer amerikanischen Freundin kennen, die uns am folgenden Tag einen Besuch abstatten.

Telefonieren ist eine echte Aufgabe. Ich will Manuel wie verabredet in Berlin erreichen, um zu erfahren, wie es um mein Flugticket nach London bestellt ist. Dafür muss ich jedes Mal einen halbstündigen Fußmarsch nach Ibiza Stadt machen. Nur hier stehen öffentliche Telefonzellen. Meist von einer Schlange nerviger deutscher Touristen blockiert. Es gibt noch keine Euros und ich benötige jede Menge Peseten-Münzen. Die rutschen bei Auslandsgesprächen durch wie Wasser. Jeder Anruf kostet mich einen halben Urlaubstag. Erst beim vierten Anlauf bestätigt mir Manuel, dass Virgin Records ein Flugticket für mich hinterlegt hat.

LONDON

Udo bringt mich mit dem Seat zum Flughafen von Ibiza. Das stundenlange Pennen am Strand hat meine Haut dunkelbraun gefärbt. Auf dem Kopf ein weißes Golf-Cap, unter dem meine selbstgefertigten Kunstlocken herausragen. Meine Beine stecken in einer aus weißem Bettlaken genähten weiten Hose. Auf eines der Hosenbeine habe ich einen bunten chinesischen Drachen gestickt. Meine Füße stecken in durchsichtigen Plastiksandalen. Als Jacke eine dunkelblaue Karate-Kampfjacke.

Über Barcelona und Paris geht es nach London. Auch hier ist es sommerlich warm. Ich habe Manuel eine Weile nicht gesehen und freue mich auf die beiden. Ein Taxi bringt mich zum Chelsea Hotel. Dem weniger berüchtigten Pendant zur New-York-Version.

Die beiden sind noch nicht eingetroffen, ich setze mich ins Foyer und blättere in Zeitschriften. Mit seinem starken Londoner Akzent spricht mich ein Hotelgast an: »Where you from? What are you doing in London?« Ich: »Musician from Berlin. Just flew in from Spain. Open Air gig in four days at Regent's Park with my band. Waiting here for my colleagues to arrive.«

Er hält mich offensichtlich für einen Rockstar und lädt mich auf einen Drink in seinen Lieblings-Pub ein. Ich bin gut drauf und habe bis zum Eintreffen von Manuel und Lüül Zeit. Der Mann und ich besteigen ein Taxi. Nach einer Viertelstunde stehen wir vor seinem Pub. Drinnen zwei seiner Kumpels, denen er mich vorstellt: »Harold! Rockstar from Germany. He got a gig in a few days at Regent's Park.« Die drei sprechen schnell und ebenfalls mit sehr starkem Cockney-Akzent. Nachdem sie mich oberflächlich abgecheckt haben, verlieren sie ihr Interesse an mir.

Ich schweige und habe auch keine Lust, mein Leben vor ihnen auszubreiten. Kann ihren Gesprächen aber gut folgen. Es geht um Angebereien, kleine Einbrüche und Handgreiflichkeiten. Jeder tut sich damit hervor, die größere Heldentat vollbracht zu haben. Mein Gastgeber unterstreicht seine etwas zu lautstark vorgetragenen Erzählungen durch kräftige Schläge auf meine Schulter und kumpelhafte Boxhiebe in meine Magengegend. Er berichtet, wie er einem seiner Kontrahenten während einer Schlägerei mehrfach ein Messer in den Bauch rammte. Dabei lacht er dreckig und seine Augen blitzen triumphierend. Die Situation wird langsam creepy. Unter einem vorgeschobenen Vorwand verdrücke ich mich.

Manuel und Lüül sind inzwischen eingetroffen und hören sich amüsiert meine jüngsten Erlebnisse an. Zur Begrüßung dreht Lüül einen Joint. Er hat Haschisch-Öl dabei. Ein Cannabis-Konzentrat mit hohem THC-Gehalt. Schon ein paar Tröpfchen des grün-schwarzen Saftes auf eine Zigarette geträufelt genügen, um eine gute Dröhnung auszulösen. Da ich schon eine Weile nicht gekifft habe, fällt die Wirkung heftig aus.

In dem Rehearsal Studio arbeiten wir intensiv zwei Tage lang und lachen viel. Lüül ist ungewöhnlich locker und wach im Vergleich zu den vergangenen Monaten.

Auf der Bühne des alten Open-Air-Theaters im Regent's Park finden normalerweise Shakespeare-Aufführungen statt. Wir gehören zu einer der wenigen europäischen Bands, die zu der Zeit Laserlicht einsetzen. Die französische Laser-Crew arbeitet für die Großen im Musikbusiness, unter anderem für The Who. Die englische Technik-Crew arbeitet auf höchst professionellem Niveau.

Beim Sonnenuntergang füllt sich das Theater langsam mit offenbar gut gelaunten Fans. Alle zweitausend Plätze sind besetzt, als wir loslegen und viele stehen vor und neben der Bühne. Unsere rudimentäre Synthesizer-Technik trägt dazu bei, dass Manuel vor jedem Stück Tonfolgen und Timing der Bass-Sequenzen programmieren muss. So entstehen vier bis fünf Minuten lange Pausen, während denen ich nervös hinter meinen Drums warte, bis es weitergehen kann. Ich befürchte, unser Publikum zu verärgern. Aber das Londoner Publikum reagiert vollkommen gelassen auf das unvermeidliche Ritual. Das Konzert ist eine unvergessliche Erinnerung. Das Publikum entlässt uns voller Begeisterung.

Am folgenden Tag lesen wir im englischen Musikmagazin New Musical Express mit kleinem Seitenhieb auf die deutsche Sprache, unsere Musik sei »Neverendinggermanrailroadrock«. Das Blatt ist bekannt dafür, dass es für gute Kritiken gekauft werden muss.

Nach dem gemeinsamen Frühstück verabschiede ich mich von Lüül und Manuel, stecke meine Gage ein und fliege bestens gelaunt zurück in die Sonne.

SCIENCE FICTION À LA FRANCE

Ashra bekommt eine Einladung zum 2ème Festival de Science-Fiction im französischen Metz. Als Vertreter Kosmischer Musik sind wir neben Cluster Hauptact in der französischen Industriemetropole. Manuel hat Fred engagiert, ehemals Ash Ra Tempel-Roadie. Fred besitzt einen VW Bulli.

Es ist noch warm gegen Ende September, als wir uns auf den 800 Kilometer langen Weg machen. Unterwegs erfinden wir das Tropenspiel. Ein physischer Konditions-Wettbewerb, bei dem es um Durchhaltevermögen geht. Zur Vorbereitung dieser Sportart drehen wir einen Joint. Dann verschließen wir sämtliche Fenster und drehten die Heizung auf Maximum. Bei einer Außentemperatur von 22 °C klettert die Innentemperatur schnell auf 35 bis 40 °C. Wer als Erster aufgibt, hat verloren. Das kann eine Dreiviertelstunde dauern. Wir haben viel Spaß und es wird nie langweilig. Schon weil Lüül ein großartiger Anekdoten-Erzähler ist.

VW-Busse mit langhaarigen jungen Menschen werden 1977 an allen europäischen Grenzen sehr gern wegen Verdacht auf Drogen auseinandergenommen. Wir entsprechen diesem Klischee, aber passieren die deutsch-französische Grenze, ohne kontrolliert zu werden. Davon überzeugt, das sämtliche Haschischvorräte weggeraucht sind, erlebe ich die Grenzpassage vollkommen entspannt. Kaum haben wir die Grenze passiert, zieht Fred mit der Bemerkung »Det müsste 'ne Weile reichen!« grinsend eine ca. 300 Gramm schwere Platte schwarzen Afghanen aus der Tasche. Ich denke ängstlich an die Rückreise in zwei Tagen. 300 Gramm sind bis dahin beim besten Willen nicht zu konsumieren.

In Metz begeistern wir das Publikum. Ich will zum ersten Mal auf einer Bühne ein Keyboard-Solo spielen. Als ich auf die Tasten des Farfisa Syntorchestra drücke, ist kein Ton zu hören. Manuel, Lüül und gefühlt ein paar tausend Menschen blicken mich erwartungsvoll an. Ich lasse mich nicht aus der Ruhe bringen und ziehe den Lautstärke-Fader hoch. Immer noch kein Piep! Ich blicke fragend in Richtung Manuel. Lächle professionell meine Not weg. Er hat vergessen, meinen Lautstärke-Fader an seinem Mixer hochzuziehen. Wir grinsen uns an. Ich lege befreit los.

Je näher wir auf der Rückfahrt der Grenze kommen, desto größer wird mein mulmiges Gefühl. Das Stück Dope von Fred ist immer noch fast so groß wie auf der Hinfahrt. Mir fällt ein Gebirge vom Herzen, als wir an der Grenze wieder durchgewunken werden.

Unerwartet ruft mich Klaus an und fragt, ob ich Lust habe, an einer Filmmusikproduktion mitzuwirken. Ich bin überrascht, denn ich dachte, er will nicht mehr mit mir arbeiten. Der bereits abgedrehte Film *Barracuda* ist ein Action-Thriller mit beißwütigen Barrakudas und spielt im Tauchermilieu der USA. Produziert von einem Düsseldorfer Pornoproduzenten. Die Aufnahmesessions sollen im Panne&Paulsen-Studio stattfinden.

Wie beim miesen Image von Haien wird auch hier der Mythos vom blutrünstigen Fisch beschworen. Barrakudas seien besonders im Rudel unberechenbare Monster, die sich mit scharfen Zähnen auf alles stürzen, was sich ihnen in den Weg stellt. Dabei sind die schönen, zur Gattung der Pfeilhechte zählenden Raubfische gerade im Rudel vollkommen harmlos. Bei falschem Verhalten von Tauchern können alte nachtaktive Einzelgänger schon mal ausrasten, wenn man ihnen zu nahekommt. Derartige Unfälle kommen aber extrem selten vor. Kein Mensch ist je durch Barrakudas gestorben. Der Mythos lebt und wird immer wieder aufs Neue befeuert. Der Konsument zahlt. In diesem Fall auch mich.

Klaus plant mit dem Honorar und dem Studio-Budget für den Film gleichzeitig ein neues Doppel-Album zu produzieren. Für die Aufnahmen klassischer Orchester-Musik engagiert er das Hessische Rundfunkorchester. Meine Mitwirkung am *»X«*-Album von Klaus (1978, Brain) ist unsere letzte musikalische Zusammenarbeit.

UHLANDSTRASSE 102 – WILMERSDORF

Ich kann und will die Gastfreundschaft von Manne und Uschi nicht länger strapazieren. Wie so oft kommt mir der Zufall zu Hilfe. Ich habe Peter Wirths damals nach meinem Auftritt mit Klaus auf dem 2. MetaMusik-Festival in der Berliner Nationalgalerie kennen gelernt und er fragt mich, ob ich einen Manager und Produzenten brauche. Erst zwei Jahre später treffen wir uns wieder. Er ist mit einer ehemaligen Freundin von Klaus befreundet. Die ist gerade aus der gemeinsamen Wohnung ausgezogen. Als er hört, dass ich eine Bleibe suche, bietet er mir ihr ehemaliges Zimmer an.

Peter ist Kameramann und arbeitet für diverse Berliner Filmproduktionen. Seine Wohnung auf der Uhlandstraße 102 in Wilmersdorf wird durch zwei große Kachelöfen beheizt. Ein Holzofen erhitzt das Badewasser im Bad.

Peter lebt seine Homosexualität offen und in vollen Zügen aus. Ständig wechselnde Partner aus allen Bevölkerungsschichten übernachten bei ihm. In der Mehrzahl sympathisch redselige Typen. Was Sauberkeit und Ordnung betrifft, ist er sehr pedantisch. Immer wieder Grund für Auseinandersetzungen zwischen uns. Drei Jahre später finanziert er die Studio-Produktionskosten für mein erstes Soloalbums *Synthesist* (1980, Sky). Seine sexuelle Promiskuität rächt sich bitter. Er infiziert sich mit Aids und stirbt fünfzehn Jahre später an der heimtückischen Infektion. Er ist einer der ersten Aids-Erkrankten der frühen achtziger Jahre. Einer Zeit, in der sich das Thema mit viel Unwissenheit gepaart rasant in den Medien verbreitet.

PAUL-LINCKE-UFER

Manne ist einem Bassisten begegnet, der gerade aus der DDR abgeschoben wurde. Klaus Renft heißt eigentlich Klaus Jentsch. Er ist Kopf der Klaus Renft Combo um den regimekritischen DDR-Liedermacher und Schlagzeuger Gerulf Pannach, um Christian Kunert und Drummer Thomas Bürkholz. Die Band genießt Kultstatus in der DDR und hat immer wieder Ärger mit der Staatsmacht, bevor man sie aus dem Land wirft. Klaus Renft sucht in West-Berlin Musiker für eine neue Band. Manne hat im Agitation Free-Proberaum ein Treffen mit ihm vereinbart. Ich bin neugierig auf diese Begegnung.

Renft wirkt verschlossen und distanziert auf mich. Von einem die Staatsmacht provozierenden Rebellen habe ich eine andere Vorstellung. Im Westen kennt ihn kaum jemand. Er wirkt auf mich wie aus einer vergangenen Zeit. Nach meinem ersten Eindruck schaut er auf »Westmusiker« ein wenig von oben herab. Renft hat Christiane im Schlepptau. Eine Sängerin, die in der DDR zu den Mitunterzeichnern einer Petition gegen die spektakuläre Ausbürgerung Wolf Biermanns zählt. Diese Petition hat zur Folge, dass einer Reihe prominenter DDR-Künstler über Nacht aus der DDR ausgewiesen werden. Wie ich erst Jahre später herausfinde, war das Christiane Ufholz, eine der bekanntesten Vokalistinnen der DDR. Sie begleitete den Schauspieler und Jazz- und Schlagersänger Manfred Krug auf dessen Tourneen. Christiane bewohnt eine bescheidene Wohnung in Schöneberg, lebt seit ihrer Ausbürgerung von Sozialhilfe und geht wenig später wieder ihrem Beruf als Friseuse nach.

Nachdem wir mit Renft ein wenig improvisiert haben, bin ich mir klar darüber, dass eine Band mit ihm für mich keine Perspektive ist. Ich kann seinem konservativen Musikgeschmack nichts abgewinnen. Sein Bass-Spiel ist altbacken und wenig virtuos. Mit angloamerikanischen Rock- und Blues-Klischees habe ich vor Jahren abgeschlossen und DDR-kritische Texte sind nicht mein Metier.

Nach unseren musikalischen Annäherungsversuchen fahren wir gemeinsam in eine Schöneberger Kneipe. Dort sitzen zwei Mitglieder seiner Combo. Zusammen mit einer jungen schwarzhaarigen Frau, die auch aus der DDR kommt. Sie hat die gleiche Frisur, die schon die französische Schlagersängerin Mireille Mathieu verunstaltete. Die junge Frau lässt kaum jemanden zu Wort kommen und unterhält die Runde in ständig wechselnden deutschen Dialekten mit lautstark vorgetragenem Nonsens.

Ein paar Tage später entdecke ich zufällig auf der Kulturseite des Spiegels ein kleines Foto von ihr. Darunter lese ich, dass es sich um Nina Hagen handelt, Tochter der DDR-Schauspielerin Eva Maria Hagen. Beide sind gerade aus der DDR ausgewiesen worden.

ASHRA – TOUR DE FRANCE

18.10.1977 BRUXELLES (Belgium)
22.10.1977 BREST (France)
24.10.1977 RENNES (France)
25.10.1977 NANTES (France)
26.10.1977 ORLEANS (France)
27.10.1977 ÉPINAL (France)
28.10.1977 COLMAR (France)
01.11.1977 NEUCHÂTEL (Switzerland)
02.11.1977 ANNECY (France)
03.11.1977 LAUSANNE (Switzerland)
04.11.1977 MULHOUSE (France)
05.11.1977 SAINT-ÉTIENNE (France)
07.11.1977 LYON (France)
08.11.1977 GRENOBLE (France)
10.11.1977 AIX-EN-PROVENCE (France)
15.11.1977 TOULOUSE (France)
16.11.1977 TOURS (France)
18.11.1977 ANGERS (France)

Die mehr als zehntausend Kilometer lange Tour wird fünf Wochen dauern, uns über Belgien nach Frankreich und in die Schweiz bringen. Die Vorbereitungen im Oktober 1977 sind von wildem Aktionismus geprägt. Manuel und seine Freundin Rosi haben ihre kleine Wohnung auf dem Ku'damm aufgegeben und sind ganz in die Nähe des KaDeWe in die Fuggerstraße gezogen. Ich helfe beim Tapezieren und Streichen. Gleichzeit nutze ich die alte Wohnung zur Produktion von robusten Transportkisten, einem Gestell für den ARP Sequencer und den ARP Odyssey Synthesizer. Akkuschrauber sind noch kein Massenprodukt und teuer. Ich schraube alles per Hand, bis ich Blasen habe. Ackere eine ganze Woche lang zwölf Stunden am Tag und stehe in einem Meer von Sägespänen.

Während dieser Tätigkeit kommt mir die Idee für eine originelle Bühnenbeleuchtung, für die ich Manuel und Lüül begeistern kann. Wir kaufen drei große Sonnenschirme und färben sie innen wie außen schwarz. Dann besorge ich Spiegelfolie. Im Kollektiv schneiden wir hunderte etwa zwei mal zwei Zentimeter große Quadrate. Rosi streikt ein paarmal, weil die »Sisyphusarbeit« kein Ende nehmen will. Die kleinen Quadrate klebe ich dicht an dicht in die Innenseiten der aufgeklappten Schirme, bis sie die gesamte Fläche ausfüllen.

Für jeden Schirm habe ich zwölf 100-Watt-Farb-Strahler vorgesehen. Je sechs rote und sechs blaue. Damit sie auf dem Boden stehen können, schraube ich sechsunddreißig kippbare Lampen-Fassungen auf je eine kleine Holzplatte. Sie sollen kreisförmig unter den Schirmen angeordnet werden. Dimmbare Drehschalter lassen die beiden Farbgruppen individuell pro Schirm auf- und abblenden. Die hinter uns stehenden Schirme werden schräg angestellt, um das von unten strahlende Licht auf uns zu reflektieren. Ähnlich einer Discokugel. Exakt genau so funktioniert es auf der Bühne auch. Manager Gabriel Ibos wird die Dimmer bedienen.

Teil eines Tour-Deals zwischen Gabriel und Manuels englischem Manager ist die Teilnahme der Band Steps als Support Act. Eine Jazz-Rock-Fusion-Kapelle. Der Manager erhofft sich von der Tour einen Karriereschub für seine Schützlinge. Gleichzeitig ist die Band auch unsere Roadcrew. Muss unsere und ihre Backline ausladen und auf der Bühne auf- und abbauen. Dafür müssen sie mit ihrem Lkw von London nach Berlin kommen, um unser Equipment einzuladen.

Die Jungs unterschätzen die Strecke von London nach Berlin, machen sich zu spät auf den langen Weg und erreichen am frühen Morgen des ersten Gigs im Planetarium von Brüssel übermüdet Berlin. Beim hastigen Beladen stellt sich heraus, dass der Lkw zu klein ist, um zusätzlich unser Equipment aufzunehmen. Trotzdem wird alles hineingequetscht. Um die Zeit halbwegs aufzuholen, fahren sie unmittelbar nach dem Zuladen auf die fast 800 Kilometer lange Strecke. Der Lkw ist gefährlich überladen. Trotz unserer Bedenken und Warnungen wollen die Engländer das Risiko eines Unfalls, oder von der Polizei aus dem Verkehr gezogen zu werden, auf sich nehmen. Nach einer knappen Stunde sind sie wieder unterwegs. Wir rufen Gabriel in Paris an und berichten ihm das Problem. Der kauft noch am selben Tag einen gebrauchten Kleinbus, den er nach der Tour wiederverkaufen will.

Manuel bringt selten etwas aus der Ruhe. Auch unsere etwas verspätete Abreise nicht. Wir genießen den Luxus, zu dritt mit Manuels S-Klasse-Mercedes zu reisen.

Zwei Stunden vor Konzertbeginn erreichen wir die Rushhour am Brüsseler Stadtrand, als es zweimal hintereinander heftig knallt. Die schwere Limousine schlingert und ich werfe mich seitlich auf den Rücksitz. Für den Bruchteil einer Sekunde denke ich, dass auf uns geschossen wird. Manuel hat Mühe, die Spur zu halten. Als wir auf dem Seitenstreifen zum Stehen kommen, sehen wir, dass gleich zwei unserer Reifen geplatzt sind. Unsere Ankunft können wir nicht mehr abschätzen. Wir wechseln einen Reifen. Schrauben den Zweiten ab und stoppen ein Taxi. Mit dem in die nächste Reifenwerkstatt und wieder zurück.

Als wir am Planetarium eintreffen, ist es zu spät. Das Konzert sollte bereits begonnen haben. Das Auditorium ist bis auf den letzten Platz ausverkauft. Vor der Tür stehen 300 Menschen, die keinen Einlass bekommen haben. Die Techniker eines Radiosenders warten ungeduldig darauf, unser Konzert aufzuzeichnen. Da die Jungs von Steps noch nicht auf unseren Aufbau eingespielt sind, müssen wir vor den Augen des wartenden Publikums alles selber aufbauen. Normalerweise dauert das eine Stunde. Jetzt steht alles in zwanzig Minuten und wir sind bereit. Leider merken die Engländer erst jetzt, dass der PA-Verstärker, der unseren Sound fürs Publikum verstärkt, nicht funktioniert. Irgendetwas ist defekt. Das Publikum wartet zu diesem Zeitpunkt bereits mehr als eine Stunde. Mit einem Lötkolben macht sich einer der Engländer hektisch an die Arbeit. Signalisiert nach zehn Minuten, dass jetzt alles okay sei. Als die ersten leisen Töne meiner Kollegen an mein Ohr dringen, entspanne ich mich.

Ashra-Intros beginnen üblicherweise leise und steigern sich bis zum Maximum. Das Maximum aber erreicht jetzt nur Radio-Lautstärke, obwohl Manuel den Lautstärkeregler an seinem Mischpult bis zum Anschlag hochgezogen hat. Bei diesem Lautstärke-Pegel kann ich unmöglich trommeln. Werde wieder an meine Erfahrungen mit Popol Vuh vor drei Jahren erinnert.

Es ist die Hölle! Ich blicke fragend zu Manuel und Lüül. Der PA-Verstärker scheint immer noch im Eimer zu sein. Nach einer Viertelstunde schlappem Gedudel brechen wir ab. Ich habe keinen einzigen Ton von mir gegeben. Das uns eigentlich wohlgesonnene Publikum drückt seinen verständlichen Unmut mit Pfiffen aus. Unter ihnen Klaus Schulze und KDM. Was für eine Enttäuschung ausgerechnet beim Tour-Start.

Das unprofessionelle Agieren der Steps-Jungs verärgert uns. Warum haben sie die Technik nicht vorher gecheckt?

Der nächste Gig findet erst in zwei Tagen in Brest an der nordfranzösischen Atlantikküste statt. Obwohl Anfang Oktober, ist es tagsüber noch sommerlich warm, als wir die belgisch-französische Grenze überqueren. Steps haben viel Zeit, den Verstärker auf Vordermann zu bringen. Als wir eintreffen, ist der Verstärker repariert und getestet.

In Brest höre ich Steps zum ersten Mal. Einfallslose bekannte Jazz-Rock-Phrasen, mit wenig Leidenschaft vorgetragen. Der Veranstalter hat weder Plakate aufgehängt noch die lokale Presse informiert. Wir spielen vor halbleerem Saal. Können das Publikum aber mitreißen und haken den Gig als technisch-musikalischen Test ab.

Auf den zum Teil langen Fahrten zwischen den Gigs sind Manuel und Lüül locker und kommunikativ. Lüül hat wieder Hasch-Öl dabei und die schöne französische Landschaft bekommt zusätzliche Farbtupfer. Er gibt wie immer köstliche Anekdoten zum Besten. Bandgeschichten aus frühen Tagen. Erfahrungen mit Nico in Paris und New York.

Nach den Gigs treffen wir uns immer in einem unserer Hotelzimmer. Selbst musikalisch weniger gute Gigs können unsere Verbundenheit nicht überschatten. Wir quatschen und kiffen noch meist bis zum Morgengrauen, bevor wir uns aufs Ohr legen. Ein gutes Team. Nach einem späten Frühstück fahren wir entspannt zum nächsten Gig und wechseln uns am Steuer ab. Auf dem breiten Rücksitz des Mercedes kann man bequem liegen und das permanente Schlafdefizit bestens ausgleichen. Auch nachdem Lüüls Hasch-Öl zu Ende geht, sind wir gut versorgt. Vor fast jeder Veranstaltung tauchen lokale Dealer in unserer Garderobe auf.

Die Jungs von Steps tun uns leid. Die Schlepperei, übermüdet und eingequetscht in einem untermotorisierten Lkw. Wir dagegen im fetten Daimler. Das erzeugt Neid. Die zunehmende Distanz spiegelt sich in ihren düsteren Mienen. Verraten, dass sie mit ihrer Situation nicht glücklich sind. Wir sind für ihren Frust nicht verantwortlich. Den Job haben sie sich von ihrem Management aufdrücken lassen.

Die Tour wird immer besser. Über Rennes und Nantes geht es nach Orleans. Gabriel und sein Assistent bewegen den Kleintransporter kreuz und quer durch Frankreich. Immer dicht vor oder hinter uns. Nach dem Gig in Orleans werden wir vom Veranstalter zu einem privaten Dinner in seine Wohnung eingeladen. Er fragt mich: »Did you ever had cuisses de grenouilles?« Ich habe keinen Schimmer, wovon er redet und schüttele den Kopf. Lüül grinst. Er spricht fließend Französisch.

Eine dampfende große Schale wird auf den Tisch gestellt, bis zum Rand mit Froschschenkeln gefüllt. Die sehen aus wie winzige menschliche Arme. Ich habe so etwas vorher weder gesehen noch gegessen. Auch wenn es politisch unkorrekt ist, schmeckt es ausgezeichnet. Der Geschmack erinnert an zartes Hühnerfleisch.

Eine Dreiviertelstunde später treffen drei Leute von Steps ein. Ohne zu ahnen, was auf sie zukommt, haben sie sich beim Abbau auf die Einladung gefreut. Mit einem angewiderten Blick in die Schale kommt ein: »What the fuck is that?« Ich kann meine Schadenfreude kaum verbergen. Die Jungs haben mehrfach unser gesamtes Catering vor unserer Nase verdrückt, ohne uns zu berücksichtigen.

Mitten in der Tour kommt eine Anfrage nach einer Band, die spontan für ein ausgefallenes Solo-Konzert von Ritchie Blackmore (Deep Purple) im elsässischen Mulhouse einspringen soll. Wir sagen zu.

Keine gute Entscheidung. Das Publikum ist nicht informiert, erwartet Ritchie Blackmore und muss sich nun teutonischen Berliner Space-Sound reinziehen. Entsprechend dünn fällt die Reaktion aus. Der Gig ist lau, aber der Service hinter der Bühne exzellent. Luxus-Wohnwagen und Catering vom Feinsten. Veranstalter Thierry kenne ich noch von einer Wallenstein-Frankreich-Tour. Er lädt nach dem Gig alle Beteiligten zum Essen in ein extra angemietetes Restaurant ein. Wir feiern unser Wiedersehen ausgelassen mit gutem Wein und ein paar Joints.

Gegen Mitternacht auf dem Weg zum Hotel sitzen wir bekifft und leicht betrunken im Mercedes, als uns im Zentrum von Mulhouse eine schwarze Peugeot-Limousine mit hoher Geschwindigkeit überholt. Sie setzt sich vor uns und nötigt Manuel zu einer Vollbremsung. Vier Männer stürzen aus dem Peugeot. Je einer postiert sich vor und hinter den Mercedes. Die beiden anderen stellen sich rechts und links neben die vorderen Türen und fordern uns mit gezogener Waffe auf, die Scheiben herunterzukurbeln.

Wir sind in eine zivile Polizeikontrolle geraten. Warum diese Vehemenz, frage ich mich. Es geht hier auffällig um mehr als eine schnöde Verkehrskontrolle. Die Frage nach den Ausweisen beantwortet Lüül. Auf Französisch weist er den nervös wirkenden Polizisten auf seiner Seite freundlich darauf hin, dass sich sein Ausweis in der Brusttasche seiner Jacke befindet. In einer solchen Situation dort spontan hineinzulangen, ist nicht ungefährlich. In unzähligen Hollywood-Streifen sind ähnliche Situationen tödlich ausgegangen. Mal für die eine, mal für die andere Seite.

Wir müssen ganz langsam aus dem Auto steigen. Per Funk gibt es ein zwanzigminütiges Kommunikations-Hin-und-Her mit ihrer Zentrale. Dann dürfen wir weiterfahren. Dass wir bekifft und leicht angetrunken sind, scheint nicht von Interesse. Lüül scherzt: »Der Bulle hätte keine Chance gehabt, wenn ich eine Knarre in meiner Jackentasche gehabt hätte.«

Was wir in diesem Moment nicht wissen ist, dass wir in eine Fahndung nach der deutschen Terrorgruppe RAF geraten sind. Die hat vor zwei Tagen den zuvor entführten deutschen Arbeitgeberpräsidenten Hanns Martin Schleyer in dieser Stadt erschossen und seine Leiche im Kofferraum eines Autos abgelegt. Drei langhaarige Deutsche in Tatortnähe einer Terroraktion und in einem Mercedes 280 SE sind in den siebziger Jahren mehr als verdächtig!

Wir haben ein paar Off-Tage und mieten uns im Baseler Hilton ein. Ich bin noch nie in einem Hotel derartig höflich behandelt worden. Als es an meiner Tür leise klopft, liegen wir drei bekifft auf dem Bett. Wir erwarten eine Bestellung aus der Küche. Zwei Hotelangestellte schieben einen Servierwagen herein. Darauf drei große silberne Wärmehauben. Mit ausgesuchter Höflichkeit servieren sie uns die darunter befindlichen Hamburger mit Fritten und Cola.

Drei Stunden vor dem Gig in einem Theater von Saint-Étienne sitze ich bekifft im Hotelzimmer von Manuel. Wie immer unterhalten wir uns angeregt. Gabriel hat bereits zwei Mal angerufen und informiert, dass das Equipment aufgebaut ist, man uns zum Soundcheck erwartet.

Durch unser intensives Schwätzchen haben wir das Konzert vollkommen ausgeblendet. Gabriel wird ungeduldig und ruft erneut an. Als wir wieder nicht reagieren schickt er seinen Assistenten. Der stürzt aufgeregt ins Zimmer: »Concert is sold out! People already waiting! You should have started five minutes ago! Please let's go! NOW!«

Wie von der Tarantel gestochen rauschen wir los. Als ich die mit einem dicken Vorhang zum Publikum abgetrennte Bühne betrete, brüllt der aufgebrachte Theaterdirektor auf mich ein. Ich verstehe kein Wort. Weiß aber genau, was er sagen will. Um meinen Adrenalinspiegel in den Griff zu bekommen und um mich aufzuwärmen, springe ich wie ein Massai-Krieger vor ihm auf und ab. Hinter dem Vorhang tönen gellende Pfiffe und einzelne Unmutsäußerungen aus dem Zuschauerraum. Mein Körper steht unter Starkstrom. Das Publikum wartet bereits eine Dreiviertelstunde und wird von Minute zu Minute unruhiger.

Steps bauen in der Regel unsere Backline nur behelfsmäßig auf. Das bedeutet, wir müssen jetzt alles richtig hinrücken und verkabeln, bevor wir loslegen können. Das gelingt in Rekordzeit. Der Vorhang ist noch geschlossen, als Manuel eine fetzige Bass-Sequenz startet. Der Vorhang öffnet sich. Gleichzeitig empfangen uns ein frenetisches Pfeifkonzert und wütende Buh-Rufe. Der fast geöffnete Vorhang streift mein Schlagzeug und droht Beckenständer und Mikrofone umzureißen. Mein blitzschnelles Eingreifen verhinderte das.

Die Mischung aus Tetrahydrocannabinol und Adrenalin lassen uns zur Hochform auflaufen. Nach wenigen Minuten ebbt der Unmut des Publikums ab und springt ins Gegenteil um. Nach vier Zugaben haben wir zweieinhalb Stunden auf der Bühne gestanden. Ich bin schweißgebadet. Der Theaterdirektor lächelt zufrieden. Saalordner müssen ein paar Fans, die nicht gehen wollen, mit Nachdruck aus dem Saal befördern.

Im ausverkauften Audimax der Universität von Lyon spielen Lüül und Manuel derart laut Gitarre, dass sie mich zur Verzweiflung treiben. Immer wieder versuche ich den beiden mein Problem zu signalisieren. Sie reagieren nicht und ich werde immer wütender. Dresche stinksauer auf meine Trommeln ein. Manchmal dreht sich einer von ihnen um und lacht mich an. Ich fühle mich verarscht, werde noch wütender und dresche noch aggressiver auf mein Drum-Kit ein. Das Publikum tobt vor

Begeisterung. Niemand scheint meine Qualen wahrzunehmen und ich bin nahe dran, meine beiden Kollegen auf offener Bühne zu verprügeln.

Vor der ersten Zugabe hinter der Bühne beschwere ich mich bitter. Was die beiden vollkommen überrascht. Meine aggressive Mimik haben sie als Ausdruck ekstatischer Verzückung interpretiert und sich darüber gefreut.

In Toulouse programmiert Manuel versehentlich den Sequenzer an Stelle eines 4/4-Taktes als 3/4-Takt. Es entsteht eine verwirrend interessante Version eines unserer Musiktitel. Leider nicht aufgezeichnet!

Unterwegs auf dem Weg nach Tour entdecken wir einen Laden, der alles anbietet, was ein Theater braucht. Dort erwerben wir in Pulverform ein paar hundert Gramm Theaternebel. Lüül lässt sich erklären, wie man das Zeugs handhabt.

Die Veranstaltung findet in einer entweihten Kirche statt. Sie wird nur für diese Veranstaltung kirchenamtlich entweiht. Vermutlich wegen unserer gotteslästerlichen Musik. Vor dem Gig stellt Lüül je ein kleines Schälchen mit dem Nebel-Pulver auf den Boden unter unsere Glitzerschirme. Der natürliche Raumhall der Kirche kommt unserem Sound sehr entgegen. Die Kirche ist gut besucht. Wir sind gut drauf. Alles läuft wie geschmiert.

Nach einer Stunde entzündet Lüül das Rauchpulver. Unmittelbar unter meinem Stuhl. Es zündet so schnell, dass Lüül sich schmerzhaft die Hand verbrennt. Er hatte das funkensprühende Schälchen nicht früh genug losgelassen, weil er befürchtete, es könne den Holzboden der Kirche in Brand setzen. Innerhalb von Sekunden verschwinde ich in dichtem weißem Nebel. Das blau-rote Licht der Lampen dringt nur noch diffus durch. Ich kann keine dreißig Zentimeter weit sehen und habe das Gefühl, gleich zu ersticken. Angeblich ist das Zeug nicht gesundheitsschädlich.

Lüül hat sich in der Menge vergriffen. Im dem dichten Nebel ist Ashra bis zum Ende des Konzerts kaum auszumachen. Kurz vor Schluss lassen wir den Sequenzer laufen und verlassen die Bühne, ohne dass es das Publikum mitbekommt. Als sich der Nebel etwas verzogen hat, sind wir verschwunden, aber der Sequenzer rattert weiter. Das Publikum ist begeistert. Als alles abgebaut ist, stehen immer noch Nebelschwaden im

Raum. Lüül kämpft tapfer bis zum Ende der Tour mit der schmerzhaften Brandverletzung.

In Aix-en-Provence frühstücken wir bei sommerlichen Temperaturen im Freien. Als wir Ende November wieder in Berlin sind, ist es kalt und regnerisch grau. Nach sechs Wochen Spätsommerfeeling habe ich ein paar Tage Probleme mit dem ungewohnten Alleinsein und dem Lichtmangel.

CORRELATIONS

Wir wollen im Panne&Paulsen-Studio an einem neuen Ashra-Album arbeiten. Eine neue Veröffentlichung macht Virgin Records von der Bedingung abhängig, dass wir einen von ihnen bestimmten Produzenten akzeptieren. Wir sind sehr empfindlich, was musikalische Bevormundungen der Musikindustrie anbelangt, akzeptieren mit großer Skepsis und beschließen, uns musikalisch auf keinen Fall reinreden zu lassen.

»I am Mick and very happy meeting you guys. I'll be your producer during next three weeks«, stellt sich uns der junge freundliche Engländer in Frankfurt vor. Mick Glossop hat Van Morrison und Frank Zappa aufgenommen. Er wird einer der wichtigsten New Wave- und Punk-Produzenten Englands. Unter anderem arbeitet er mit Mike Oldfield, Ian Gillan (Deep Purple), Camel und John Lee Hooker. Um nur einige zu nennen.

Zu unserer großen Überraschung hält sich Mick während der Aufnahmen vollkommen im Hintergrund. Er hört konzentriert zu und sitzt die meiste Zeit auf einem alten Sofa hinter dem Mischpult von Eberhard Panne.

Traditionell improvisieren und experimentieren wir viel und haben nur rudimentäre musikalische Ideen im Gepäck. Wenn Mick etwas Originelles hört, springt er vom Sofa auf und ermuntert uns, diese Richtung unbedingt weiterzuverfolgen. Wir stellen sehr schnell fest, dass der sympathische Mick ein musikalisch und technisch hochversierter Fachmann ist. Er entspricht meinen negativen Vorurteilen bezüglich Musikproduzenten in keiner Weise. Mick ist ausschließlich da, um unsere Authentizität zu fördern. Das Beste aus uns herauszukitzeln. Wie es beispielsweise ein Conny Plank gemacht hat.

Nachdem alle Tracks fertig aufgenommen sind, fordert Mick Eberhard freundlich auf, ihm jetzt die Technik zu überlassen. Mit großer Empathie mischt er einen nach dem anderen Track auf eine Stereospur ab. So etwas habe ich noch nie erlebt. Eine musikalische Offenbarung. Mick mischt abschnittsweise und hat alle zehn Finger an den Fadern. Am Ende klebt er die Bänder mit diesen Abschnitten zusammen. Mick ist ein großer Gewinn für uns. Auch seiner Arbeit ist es zu verdanken, dass *Correlations* (1979, Virgin) das bis dahin kommerziell erfolgreichste Ashra-Album wird.

Auf dem Cover sieht man das Gesicht einer jungen japanischen Frau. Ihr Mund ist halb geöffnet, um einen von unten strömenden Wasserstrahl aufzunehmen. Ein sehr gelungenes LP-Cover der damals sehr populären englischen Design-Company Hipgnosis. Es gibt auch Pressestimmen, die uns Sexismus vorwerfen.

Meine neue Freundin Petra und ich suchen eine gemeinsame Wohnung, nachdem ich bei meinem Manager Peter ausgezogen bin. Wir entscheiden uns für eine Zweiraum-Wohnung ohne Bad im dritten Stock eines alten Hauses auf der Obentrautstraße in Kreuzberg. Das Haus stammt aus den achtziger Jahren des 19. Jahrhunderts. An der Fassade sieht man Einschusslöcher und einen Mauerriss aus dem Zweiten Weltkrieg. Die Wohnung kostet 240 DM Miete und wird mit zwei großen Kachelöfen beheizt. In einer Ecke der Küche steht eine »Kochmaschine«, ein fest eingemauerter kohlenbetriebener Küchenofen. Am Ende des Flurs befindet sich die Toilette. Eher ein Verschlag. Darüber ein Hängeboden.

Eine der Türen ist zugenagelt. Im schwarz verschmierten Türrahmen hat der Vormieter Briketts gelagert, auf der Türschwelle liegen noch ein paar. Eine gründliche Renovierung ist nötig. Wir legen sofort los. Die beiden gleich großen Räume sind mit einer Tür verbunden. Ich baue ein halbhohes Hochbett. Darunter Schränke und Ablagen. Die Materialien dafür transportiere ich mit meinem Holland-Fahrrad und der U-Bahn. In der Küche steht neben der alten »Kochmaschine« auch ein vierflammiger Elektroherd. Da wir die »Kochmaschine« nicht nutzen, will ich die die unbenötigte Fläche als Bad nutzen. Stelle neben einer Sitzbadewanne einen holzbetriebenen Badeofen darauf, der innerhalb einer knappen halben Stunde genügend heißes Wasser liefert. Um in die Wanne zu gelangen, ist eine Leiter nötig. Das Ganze lasse ich hinter einem bis zum Boden reichenden Duschvorhang verschwinden.

Im Winter muss ich zwei- bis dreimal in der Woche 25 Kilo schwere Brikettbündel in den 3. Stock schleppen. In 300 Metern Entfernung gibt es eine Kohlenhandlung im Souterrain eines Wohnhauses.

Schöne Hochsommertage verbringe ich am Halen- oder Teufelssee und lese Henry Miller, Anaïs Nin und Simone de Beauvoir.

Ich besitze zwar eine 8-Spur-Tonbandmaschine, einen monophonen Synthesizer und ein Schlagzeug. Aber um unabhängig Musik aufnehmen zu können, braucht es viel mehr. Mikrofone, Mischpult, Monitore und Verstärker. Und nicht zuletzt Platz in der Wohnung. Weder habe ich die Mittel, mir das zuzulegen noch mich in ein professionelles Studio einzumieten. Zwischen sporadischen Gigs und den seltenen Ashra-Studioproduktionen passiert gerade nichts. Mir bleibt nur der Traum von intensiver Studioarbeit und ausgedehnten Tourneen.

Als ich ziemlich gefrustet bin, klingelt mein Telefon. Am Apparat ist ein Fan elektronischer Musik. Er kennt meine Arbeit mit Klaus Schulze und Ashra und macht selber elektronische Musik. Er sei gerade in Berlin und will sich mit mir treffen. Am besten noch heute.

Udo Hanten ist ein paar Jahre jünger als ich. Ein dünner Mann mit einer blau gerandeten Brille. Er hat den Gitarristen Ulrich Weber dabei. Die beiden sind Teil einer Drei-Mann-Elektronik-Formation mit dem Namen You und wollen mir ihre Musik vorspielen. Ich setzte mich zu den beiden ins Auto und wir hören Audio-Kassetten ab. Es gefällt mir und hat Ähnlichkeiten mit Klaus Schulze. Udo fragt, ob ich schon einmal daran gedacht habe, ein Solo-Album aufzunehmen. Diese Idee erscheint mir ziemlich absurd, denn ich kann mir kaum vorstellen, dass sich jemand für ein Album mit Trommelmusik interessiert. Er denkt eher an ein Album mit Synthesizern. »Du hast doch mit Klaus Schulze und Ashra gearbeitet«, sagt er. »Ich bin Schlagzeuger. Von Synthesizern und Keyboards habe ich so gut wie keinen Schimmer«, bemerke ich.

Aber in diesem Moment macht es bei mir Klick und ich beginne mit dem Gedanken zu spielen. Als ich meine 8-Spur-Tonbandmaschine erwähne, macht er den Vorschlag, ich könne bei ihm zu Hause produzieren. Er besitzt ein Mischpult, einen Minimoog-Synthesizer, ein paar

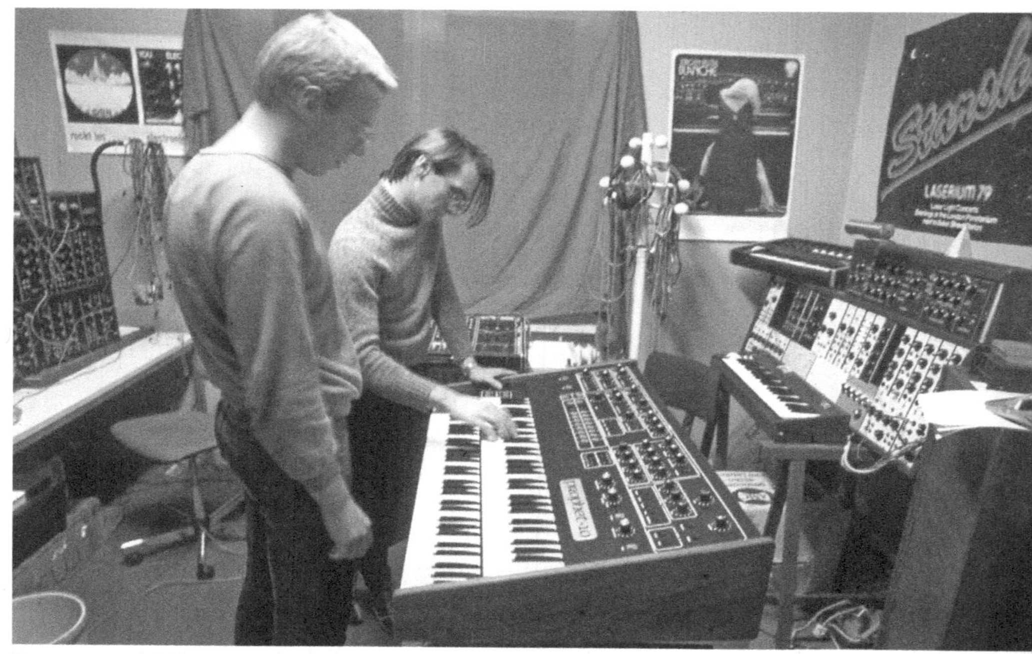

Zusammen mit Udo Hanten (rechts), 1980

Effektgeräte und Monitore. In seiner Wohnung könne man ungestört und ohne zeitliches Limit arbeiten. Im Gegenzug möchte er meine 8-Spur-Maschine für sein You-Projekt ausleihen.

Ich werde es versuchen. Einen Monat nach diesem Treffen mache ich mich auf den Weg nach Krefeld. Udo wohnt in einer zweigeschossigen Wohnung über einer Nordsee-Fischfiliale in einer Fußgängerzone im Stadtzentrum.

Auch wenn ich schon viel Zeit in Tonstudios verbracht habe, ist mir die Aufnahmetechnik total fremd. Mit Synthesizern habe ich mich auch nur rudimentär befasst. Das alles interessierte mich früher nicht und ich erwarte, dass Udo das Aufnehmen übernimmt. Ich will mich vollkommen auf die Musik konzentrieren können. Die 8-Spur-Maschine muss erst eingemessen und justiert werden. Dazu bringen wir sie nach Frankfurt zu Wolfgang Paulsen. Einen zweiten Synthesizer (KORG PS-3300) leihe ich von einem Freund aus.

Nach der Einmessaktion sagt Udo, dass er jetzt vorübergehend zu seiner Freundin zieht und ich die Wohnung zur freien Verfügung habe.

Ein großzügiges Angebot. Aber ich bin enttäuscht und fühle mich allein gelassen, auch wenn er zwischenzeitlich immer wieder vorbeischaut. Obwohl die Perspektive, die ganze Technik allein bewältigen zu müssen, mich anfänglich sehr verunsichert, gelingt mir nach einigen Anlaufschwierigkeiten der Einstieg. Letztlich bin ich Udo dankbar, dass er mich ins kalte Wasser geschubst hat. Es ist eine späte Befreiung und Erfüllung eines alten Traumes. Auch wenn es nicht unter idealen Bedingungen geschieht, ist es ein erster Schritt zur Unabhängigkeit. Mich packt eine große Begeisterung und obwohl ich kein Nachtmensch bin, arbeitete ich mit kleinen Pausen jeden Tag bis spät in die Nacht. Trinke dabei literweise Kaffee und rauche illegale Substanzen. Manchmal schlafe ich im Morgengrauen neben dem Mischpult ein.

Trotz aller Euphorie gibt es ein technisches Problem, was mich immer wieder an den Rand der Verzweiflung treibt. Udos Minimoog ist einer der ersten seiner Generation. Diese Geräte haben große Probleme, die Stimmung zu halten. Die Ursache liegt in der analogen Technik und schwankenden Raumtemperaturen. Das erlebe ich auch bei Klaus Schulze. Manche seiner Live-Konzerte werden zunehmend kakophon, wenn jemand während der Performance eine Tür zur Bühne aufmacht und kalte Luft hereinströmt. Die Stimmungsänderungen passieren fast unmerklich. Es fällt mir erst auf, wenn ich eine zweite Sequenz aufnehme und deren Stimmung zur ersten Spur zunehmend erheblich abweicht. Dann muss ich wieder ganz von vorne beginnen. Manchmal bis zu zehnmal. Nicht nur die Tonhöhe verändert sich. Auch die Oktavspreizung leidet. Das bedeutet, die zwölf Tonschritte zwischen einer Oktave zur anderen können bis zu einem halben Ton daneben liegen. Um die Temperatur zu stabilisieren, platziere ich eine 60-Watt-Glühbirne in der Nähe des Netzteils auf der Rückseite des Minimoog. Das funktioniert halbwegs.

Für die Basic-Tracks brauche ich sechs Wochen. Als Nächstes nehme ich im Panne&Paulsen-Studio Schlagzeug und Solostimmen auf. Dann mische ich ab. Mein Manager Peter sucht nach einer Plattenfirma und findet Sky Records. Ein Hamburger Label, auf dem Michael Rother einen Hit mit seinem Album *Flammende Herzen* (1977) feiern konnte.

EUROVISION SONG CONTEST 1980

Im Berliner Studio des evangelischen Rundfunkdienstes, in dem Udo Arndt normalerweise Pfarrer aufnimmt, treffen sich auch gelegentlich ein paar Musiker und produzierten Musik für die deutsche Version der *Sesamstraße*. In diesem Studio hat Udo das Ashra-Album *Blackouts* (1977, Virgin) abgemischt und gemastert. Manchmal entsteht hier auch spontan Musik ohne Auftrag.

Als es um vierstimmigen Gesang nach dem Vorbild der Eagles geht, lerne ich den Sänger Stefan Waggershausen kennen. Stefan studiert Psychologie. Seine Brötchen verdient er als Bedienung in einer Szenekneipe und als Moderator beim RIAS. Er hat eine wenig erfolgreiche LP mit dem Titel *Traumtanzzeit* (1974, Epic) veröffentlicht.

Manne Opitz ruft mich an und fragt, ob ich Zeit habe für eine Studiosession. Stefan Waggershausen braucht einen Perkussionisten für ein paar Demoaufnahmen. Für jeden aufgenommen Track gibt es 80 DM. Ich soll mich im Tonstudio des Budde Musikverlags auf den Hohenzollerndamm einfinden. Ich bin wie immer knapp bei Kasse und mache mich auf die Socken. Stefan will sich mit zwei Demotiteln für die nationale Ausscheidung des *Grand Prix Eurovision de la Chanson* bewerben, der jetzt *Eurovision Song Contest* heißt. Nach drei Stunden bin ich wieder zu Hause und habe 320 DM in der Tasche. Leicht verdientes Geld.

Ich habe das Ganze bereits vergessen, als mich Stefan anruft: »Einer der beiden Titel ist in die Endausscheidung gekommen! Ich möchte nicht alleine auf der Bühne stehen! Hast du Lust und Zeit mitzumachen?«

Die Chance, den traditionellen TV-Schlagermusikzirkus mal als Insider aus der zweiten Reihe zu erleben, will ich mir nicht entgehen lassen. Die Waggershausen-Fernseh-Band besteht aus Udo Arndt (Git/Keyb), Manfred »Manne« Opitz (Keyb), Michael Westphal (Bass), Michael Sauber (Sax) und mir an den Drums.

Im Flughafenrestaurant des Flughafens Tegel begrüßen die Jungs einen früh ergrauten jungen Mann. Der sitzt Pfeife rauchend an einem der Tische und ist in eine Zeitung vertieft.

Die Jungs begrüßen ihn: »Hallo Jim! Was machst'n du hier?« Da sitzt Jim Rakete. Erfolgreicher Fotograf und aktuell Manager von Nina Hagen. »Du bist Jim Rakete?«, frage ich ungläubig. »Dich habe ich mir anders vorgestellt. Eher als Freak mit langen Haaren.« Er grinst.

Nach Nina Hagens Erfolg ist Jim schlagartig in der deutschen Musikindustrie eine Größe. In den Achtzigern wird alles, was er anfasst, Gold: Spliff, Nena und Die Ärzte. Jim macht einen fast schüchternen Eindruck auf mich. »Heißt du tatsächlich Rakete?«, fragte ich. Er zeigt mir lächelnd seinen Ausweis. Tatsächlich Rakete! Nur Jim ist erfunden.

Jim ist auf dem Weg zu einem Meeting mit einer Münchner Plattenfirma. »Was macht ihr?«, fragt er Stefan. »Wir fliegen nach München zum Grand Prix Eurovision.« Halb im Scherz bemerkt Udo: »Hast du Lust, mit uns auf die Bühne zu steigen?« Jim überlegt einen Moment und antwortet: »Ich kann nicht Gitarre spielen.« Udo antwortet: »Ist Playback. Niemand wird das merken!« Jim, der sich bestens mit Gesten von Rock-Gitarristen auskennt, sagt zu.

Den ganzen Tag über werden in dem TV-Studio des Bayerischen Rundfunks die Abläufe der Veranstaltung eingeübt und aufgezeichnet. Falls live etwas schiefgeht, kommt diese Konserve zum Einsatz. Teilnehmer am Grand Prix sind Marianne Rosenberg, Katja Ebstein, Roland Kaiser, Costa Cordalis und Adam & Eve. Wir setzen uns in eine der hinteren Reihen des leeren Zuschauerraums und lästern gerade über den peinlichen Auftritt von Adam & Eve. Das Gesangspaar hoppelt in rosafarbenen Ballettanzügen über die Bühne, als sich Katja Ebstein zu uns setzt. Wir sind die Exoten.

Katja gewinnt mit »Theater« den ersten Platz. Am Flügel der extrem nervöse Ralph Siegel, der steinreiche Musikverleger. Mit einfach gestrickten Kompositionen belegt er seit Jahren die vordersten Plätze dieser Veranstaltung. Angeblich bewirbt er sich dafür jährlich mit sechzig Demo-Titeln. Den erfolgreichsten Musikverlag Deutschlands hat er 1972 von seinem Vater Ralph-Maria Siegel geerbt, einem der bekanntesten Schlagerkomponisten der Nazi- und Nachkriegszeit. Der hat sich damals nicht gescheut, rassistische Reime über sogenannten »Nigger-Jazz« von sich zu geben: »Dieser ist zurecht verpönt 7 darum schleunigst abgewöhnt.« Ralf-Maria ist tatkräftig daran beteiligt, die deutsche Bevölkerung mit musikalischen Banalitäten von der düsteren Realität der Kriegsjahre abzulenken.

Stefan landet mit dem Titel »Verzeih'n Sie, Madame« auf Platz 4. Das anschließende Blitzlichtgewitter ist sensationell. Viele der fotografierenden Kollegen von Jim wundern sich über dessen Anwesenheit in unserer Fernseh-Marionetten-Kapelle. Wir fallen scheinbar völlig aus dem Schlager-Rahmen. Thomas Gottschalk, der die Sendung moderiert, begrüßt uns bei der Aftershow-Party: »Da kommen die Punk-Rocker!«

Stefan verkauft innerhalb kürzester Zeit 750.000 Alben und wird mit einer Goldenen Schallplatte geehrt. Danach treten wir mehrfach in jeder deutschen TV-Musiksendung auf. Von Ilja Richters *Disco* über *Bananas* bis zu Musikbeiträgen der ARD-Landesmagazine.

Die Gagen sind mehr als kläglich. Ich bekomme selten mehr als 120 bis 150 DM. Freue mich immer auf die obligatorische Einladung zum Essen in den edelsten Restaurants der jeweiligen Stadt durch Stefans Plattenlabel. Natürlich werden wir im VIP-Shuttle chauffiert. Als kleine Entschädigung für die miese Gage bestelle ich die teuersten Gerichte mit allem Drum und Dran. Die Flüge, Fernsehauftritte und die obligatorische Unterkunft in Luxushotel-Einzelsuiten sind willkommene Ablenkung von meiner bescheidenen Existenz in Kreuzberg.

Nach einem Fernsehauftritt in Zürich besucht die Waggershausen-Crew Udo Jürgens in seiner Villa am Zürichsee. Ich war nie Fan seiner Musik. Finde ihn aber persönlich ausgesprochen locker, sympathisch, gebildet und vollkommen frei von Überheblichkeit. Ihm ist kein Thema fremd. Wir genießen seine herzliche Gastfreundschaft für ein paar Stunden.

Stefan gründet mit dem Event-Manager Manfred Schmidt einen Musikverlag. Sie produzieren vor allem die gerade boomende Neue Deutsche Welle. Manfred Schmidt hat enormen Einfluss auf alle Medien und Musiklabel. Er bringt jeden Künstler und Politiker seiner Wahl vor die TV-Kameras und in die Talkshows. Wer von ihm gefördert wird, hat allergrößte Chancen auf kommerziellen Erfolg. Ich versuche mein Glück und drücke ihm zu einem Zeitpunkt, als ich noch kein Plattenlabel habe, eine Demo-Audiokassette mit *Synthesist* in die Hand. Auf seine Reaktion warte ich bis heute.

Ich gehöre zu den wenigen, die Jim Rakete hin und wieder privat erleben. Immer dann, wenn wir im Taxi vom Flughafen Tegel auf dem gemeinsamen Weg nach Kreuzberg sitzen. Seine Fabrik Rakete befindet sich quasi bei mir um die Ecke. Keine 500 Meter entfernt. Das Epizentrum seiner Produktivität. Trotz heftiger Business Fights mit Plattenlabels und Medien liebt er seinen Job.

Von ihm fotografiert zu werden, ist ein Erlebnis der besonderen Art. Wenn er fotografiert, erzählt er eine humorige Anekdote nach der anderen. Seine Kamera liegt dabei wie absichtslos und rein zufällig in seiner Hand. Das erzeugt Vertrauen. Er hat dieses Gefühl für den einzigartigen Moment, wenn nicht mehr posiert wird. Man merkt nicht, wann er abdrückt. Jim versucht auch nie, jemanden schöner darzustellen als er ist. Er scheut sich nicht, die unattraktiven Seiten eines Menschen einzufangen. Authentizität mit allen Falten und Eigenheiten. Deshalb haben seine stets schwarz-weiß geschossenen Fotos etwas Hartes und realistisch Schönes. Unverwechselbare Zeugnisse vieler Künstler und Menschen der Zeitgeschichte.

Jim hat immer ein offenes Ohr für junge Bands. Gibt unentgeltlich Ratschläge und macht Foto-Sessions, für die er kein Honorar verlangt.

BELLE ALLIANCE

Heißt unser neues Ashra-Album. Virgin Records will es nicht herausbringen, weil wir von *Correlations* nur 55.000 Stück verkauft haben. Heute würde man uns für wesentlich geringere Verkaufszahlen die Füße küssen.

Im Februar 1980 fahren Manuel, Lüül und ich auf die internationale Musikmesse MIDEM. Die findet jährlich in statt. Wir wollen entweder ein neues Label finden oder Virgin überzeugen, es noch einmal mit uns zu versuchen. Der Walkman von Sony ist gerade der große Renner. Ein batteriebetriebener tragbarer Kassettenplayer mit Kopfhörer und gutem Sound. Das Teil ist kaum größer als eine Audiokassette selbst. Jeder Zweite auf der Messe läuft damit herum. Eine großartige Möglichkeit, seine Musik auf kleinstem Raum mit sich herumzutragen und überall vorzuführen. Eine Sensation damals. Bei sommerlichem Wetter und einer Tasse Kaffee können wir Virgin-Chef Richard Branson davon überzeugen, das Album doch zu veröffentlichen.

Mit Klaus Schulze bin ich ihm schon einmal in London begegnet. Da erzählt er uns die haarsträubende Geschichte, wie Virgin Records die Sex Pistols einkaufte: An einem Wochenende taucht spontan deren Manager Malcolm McLaren bei Virgin auf und fragt Branson, ob er Interesse an der Band hat. Die Mutter aller Punkbands ist wegen ihres provokanten Verhaltens gerade in allen Medien vertreten. Branson will die Band haben und McLaren legt ihm einen einseitigen, handgeschriebenen Vertrag vor, auf dem nur wenige Zeilen stehen: »Virgin bringt ein Album der Sex Pistols heraus. Nicht rückzahlbarer Vorschuss 500.000 £ in bar.«

Branson erwidert: »Lass uns am Montag in die Details gehen.«

McLaren: »No, no, no! Entweder jetzt sofort oder nie!«

Branson: »Ich will die Band, aber die Banken sind geschlossen. Es ist Samstag!«

Branson ruft seine Anwälte an und die schaffen es irgendwie, den Vorschuss zu beschaffen. Einer nach dem andern fährt mit seiner Luxuslimousine am Virgin-Firmensitz vor und bringt einen Teil des Geldes. Die Sex Pistols sind bei Virgin.

THIS IS THE END MY FRIEND

Trotz ihrer tiefen rauchigen Stimme und ihres Alters wirkt Nico auf mich wie ein schüchternes, manchmal trotziges Mädchen, das sich ständig über eine noch unentdeckte Welt wundert. Gleichzeitig hat sie etwas Weises und Verklärtes. Wie nicht von dieser Welt stammend.

Im Studio von Christoph Franke (Tangerine Dream), der ein Schulfreund von Lüül ist, nehme ich 1981 sein Soloalbum *Lüül* (GeeBeeDee) auf. Nico singt darauf den Titel »Reich der Träume«. Das Studio in Spandau soll ein ehemaliges privates Vorführkino von Hitlers Propagandaminister Joseph Goebbels sein. Christoph hat es in ein großräumiges Studio umgebaut. Ich habe ein paarmal mit Hand angelegt. Der ehemalige Vorführraum ist jetzt ein Badezimmer mit einer riesigen Badewanne.

Lüül und Nico trennen sich. Er befreit sich nachhaltig von seiner Heroinsucht. Nico lebt in Manchester und auf Ibiza, tourt mit ihrer englischen Begleitband. Für ihren Heroinentzug nimmt sie die Ersatzdroge Methadon. 1988 stürzt sie auf dem Weg zum Einkauf vom Fahrrad. Ein Arzt lehnt eine Behandlung mit der menschenverachtenden Begründung ab: »Ich behandle keine Süchtigen!« Im Krankenhaus stirbt Nico an einem nicht erkannten Hirnaneurysma. Lüül überführt Nico nach Berlin und begräbt sie im Grab ihrer Mutter auf dem Friedhof Grunewald-Forst.

Das Ende ihres Lebens hat keiner ihrer prominenten Freunde begleitet. Lüül organisiert ihren musikalischen Nachlass, veröffentlicht ihre letzten musikalischen Produktionen. Eine Sammlung von Live-Tapes. Die Erlöse und Vorschüsse überträgt er ihrem Sohn Ari. Der Dokumentarfilm *Nico Icon* (1995) von Susanne Ofteringer schildert Nicos bewegtes Leben. Ari und Lüül kommen darin mehrfach zu Wort.

NEUE DEUTSCHE WELLE

Während der Aufnahmen zum *»X«*-Album von Klaus hat sich ihm eine Frau aus München angekündigt. Eine Sängerin und Schauspielerin, die von ihm produziert werden will. Er hat sie ins Panne&Paulsen-Studio eingeladen.

Sie heißt Uschi Lina und ist sehr auffällig gekleidet. Ihre langen Haare hat sie weißblond gefärbt. Auf dem Kopf trägt sie eine alte Fliegerkappe aus Leder. Die sie verkehrt herum aufsetzt. Ihre Beine stecken in bis zur Hüfte reichenden schwarzen Ledergamaschen. Die Füße in halbhohen Bundeswehrstiefeln. Klaus und ich werfen uns zustimmende Blicke zu. Sie erzählt uns, sie sei mit David Bowie befreundet und hat in Federico Fellinis Film *Casanova* mitgewirkt. Zum Beweis legt sie uns ein paar Schwarz-Weiß-Fotos der Szene vor. Leider sei die Szene der Schere zum Opfer gefallen.

Eberhard baut für sie ein Mikrofon in der Gesangskabine auf. Uschi hat augenscheinlich keine Vorstellung, wie Klaus und ich arbeiten. Sie hatte Texte dabei und erwartet, dass wir für sie Songs komponieren. Aber unsere improvisierte Musik entsteht spontan und das sollte sie auch können.

Klaus legt ein Band auf, das wir in den letzten Tagen erarbeitet haben. Gespannt, was sie daraus macht, blicken wir auf die Glasscheibe, hinter der sie steht. Schon nach den ersten Tönen zucken wir zusammen und schauen uns fragend an. Ihre Stimme ist ziemlich schräg und disharmonisch. Klaus erklärt ihr, dass er nicht geeignet ist, Songs für sie zu schreiben und schickt sie wieder nach Hause.

Uschi nennt sich Lilli, als sie mich ein paar Monate später anruft und fragt, ob ich sie produzieren kann. Ich sage, dass ich mir etwas einfallen lasse und denke in erster Linie an Demo-Aufnahmen, mit denen sie sich ein Label suchen kann. In der Wohnung von Michael Westphal, Bassist der Waggershausen-TV-Playback-Truppe, entstehen so ein paar Aufnahmen mit Lillis schräger Stimme. Ein Berliner Schlagerproduzent hört es und macht ihr leere Versprechungen. Für mich ist das Thema damit eigentlich erledigt, aber Lilli lässt nicht locker. Sie hält sich an Manne, der bei den Demo-Aufnahmen die Keyboards gespielt hat. Es gelingt ihr, Manne dazu zu bewegen, sie zu unterstützen. Zusammen gründen wir das Elektronik-Trio Lilli Berlin. Lillis Freund ist Jürgen Barz, ehemaliges Mitglied der Comedy-Truppe Insterburg & Co. Jürgen schreibt ihr Texte.

Auf der Graefestraße in Kreuzberg mieten wir im fünften Stock einer ehemaligen Hinterhof-Fabrik einen Raum und bauen daraus ein schallisoliertes Studio mit zwei Räumen. Ich habe mir eine brandneue TASCAM-8-Spur-Bandmaschine zugelegt, auf der wir die instrumentalen Basic Tracks aufnehmen. Jürgen gelingt es mit den hier entstandenen Demo-Aufnahmen, einen Vertrag mit Hansa Records auszuhandeln, das Label, bei dem Rolf-Ulrich Kaisers Ohr-Label einst beheimatet war.

Im Hansa Studio am Potsdamer Platz übertragen wir diese Aufnahmen auf zwei parallel gesteuerte 24-Spur-Bandmaschinen und nehmen Schlagzeug und Gesang auf. Hier haben noch vor kurzem David Bowie und die Rolling Stones gesessen.

Unser erstes Album nennen wir schlicht *Lilli Berlin* (1981, Hansa). Gegen mein Anraten singt Lilli Englisch und verpasst damit einen erfolgreichen Einstieg in die gerade boomende Neue Deutsche Welle. Als das zweite Album *Süss Und Erbarmungslos* (1982, Hansa) auf Deutsch gesungen herauskommt, ist die NDW bereits auf dem absteigenden Ast. Es entsteht in einem Tonstudio bei Wilster, nördlich von Hamburg. Der Berliner Rock-Gitarrist Micky »Van Wolfen« Wolf produziert es. Micky war Mitglied der Hamburger Band Duesenberg, in der auch Joachim Witt spielte. Der Schweizer Tonmeister René Tinner nimmt unser Album auf. René arbeitet im legendären Inner Space Studio von Can in Weilerswist bei Köln. Deren geniale Krautrock-Alben er aufgenommen hat..

Während der zweiwöchigen Produktion haben wir einen Gig im Hamburger Onkel Pö. Da wir erst am folgenden Tag im Studio sein müssen, macht Micky den Vorschlag, dass wir privat bei ihm und seinen Freunden übernachten können. Ich entscheide mich für Joachim Witt. Der bewohnt mit seiner Frau, einer Tochter des Theaterregisseurs Jürgen Flimm, und ihrer kleinen Tochter eine bescheidene Wohnung. Die drei leben von Sozialhilfe. Beide sind Schauspieler.

Ich spiele Joachim mein zu diesem Zeitpunkt noch nicht veröffentlichtes Material meines ersten Soloalbums *Synthesist* vor und er mir die Basic Tracks von *Silberblick*. Alles in der Wohnung auf seiner 8-Spur-Bandmaschine aufgenommen. Geprägt von trockenen Gitarren-Riffs, die mich an die Talking Heads erinnern. Joachim benutzt interessante eigenwillige Wortschöpfungen: »Ich bin euer Herbergsvater. Ich bin der goldene Reiter.«

Ein paar Monate nach diesem Meeting lädt er mich ins Inner Space Studio von Can ein. Ich soll ein paar abstrakte elektronische Sounds für *Silberblick* produzieren. Am Schlagzeug sitzt Jaki Liebezeit, der geniale Drummer von Can. Die Keyboards bedient Helmut Zerlett.

Als *Silberblick* auf den Markt kommt, floppt es zunächst. Erst nach einem Jahr geht *Silberblick* kommerziell durch die Decke. Verkauft sich mehr als 700.000. Es zählt zu den erfolgreichsten Alben der Neuen Deutschen Welle.

Jim Rakete produziert ständig ungewöhnliche Ideen, wie man einer Band Popularität verschafft. Lilli Berlin empfiehlt er: »Baut im Kreuzberger Paketamt 4 einen Boxring auf, in dem ihr spielt, und ladet die Presse ein!« Leider befolgen wir seinen Rat nicht.

Lüül organisiert seit einigen Jahren im großen Saal der Technischen Universität in Berlin-Dahlem eine Musik-Veranstaltung unter dem Titel

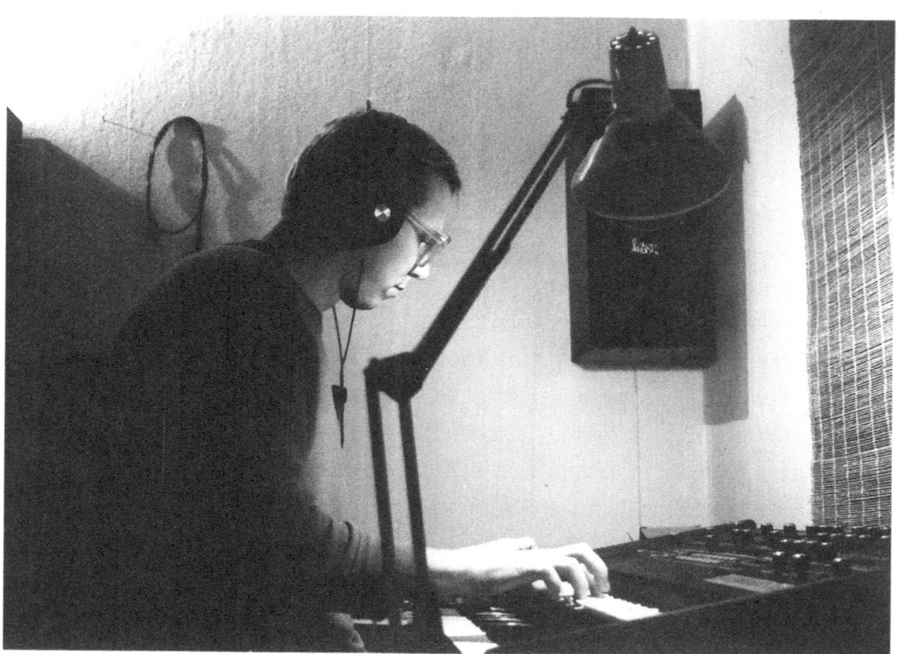

In Kreuzberg/Berlin am Prophet 10 Synthesizer, 1981

Die Nacht. Im Schnitt kommen immer dreitausend Besucher. Lilli Berlin ist eingeladen.

Manne und ich wollen uns dem schrägen Image von Lilli anpassen. Haben unsere Haare extrem kurz schneiden lassen. Uns in hautenge beigefarbene Ballettanzüge gezwängt und Sonnenbrillen mit schwarzen Gläsern, die bis zu den Ohren gehen, aufgesetzt. Lilli trägt einen mit Löchern übersäten schwarzen Body. Über oberschenkellangen Ledergamaschen sind weiße Strapse. Dazu ein weißer Petticoat. Die hellblonden Haare sind hochtoupiert. Darin steckt eine große rosafarbene Schleife wie bei Mini Mouse. Der Soundcheck am Nachmittag ist ohne technische Probleme.

Kaum betritt Lilli am Abend den vorderen Bühnenrand, wird sie von ein paar Hardcore-Emanzen mit Bier überschüttet und laut mit »Sexistische Verräterin!«-Rufen empfangen. Sie lässt sich aber nicht beeindrucken und macht weiter.

Dann wird mein Monitor plötzlich derart laut, dass ich den Klick in meinem Ohr, den ich zur Einhaltung des musikalischen Timings brauche, nicht mehr hören kann. Was dazu führt, dass ich nicht mehr exakt synchron zu der vom Band kommenden Basssequenz trommle. Vergeblich versuche ich dem Mann am Mischpult immer wieder Zeichen zu geben. Kurz vor dem Auftritt habe ich in der Garderobe einen durchgezogen. Das bereue ich bitter, denn es verstärkt meine zunehmende Unsicherheit. Auch mein Outfit wird mir von Minute zu Minute peinlicher. Es fehlt nicht viel und ich fliehe von der Bühne. Immer wieder tönen »Aufhören! Aufhören!«-Rufe. Ein großer Teil der Zuschauer steht aber hinter uns und reagiert trotz des Desasters mit Beifall. Ich bin heilfroh, als ich mich wieder hinter der Bühne befinde und spiele mit dem Gedanken auszusteigen. Ich habe nach dieser Erfahrung nie wieder auf einer Bühne gekifft.

TRUE LOVE

Lilli und Jürgen haben die Idee, die Kölner Rock-Legende Jürgen Zeltinger zu bewegen, mit Lilli ein punkiges Remake des Cole Porter-Klassikers »True Love« zu produzieren. Den Song hat 1956 Bing Crosby auf einem Boot in dem Film *High Society* Grace Kelly ins Ohr gehaucht.

Wir sind mit Zeltinger in Köln verabredet, der in seiner Wohnung mit seinem sehr jungen Lover lebt. Kaum stehen wir in der Wohnung, da wirft Zeltinger ein interessiertes Auge auf Manne und fragt mich später nach seiner Adresse. Ihm gefällt die *True Love*-Idee und wir produzieren die Nummer in einem kleinen Berliner Studio. Für Zeltinger ist die Tonlage zu hoch und er muss seine Stimme hochquetschen. Dazu Lillis schräge Stimme. Ich kann die Gesangs-Dissonanzen der beiden kaum ertragen und verlasse während der Aufnahmen immer wieder den Regieraum. *True Love* feiert in der ARD-Musiksendung *Bananas* Premiere. Die Version wirkt wie eine Persiflage auf das Original.

Die Neue Deutsche Welle geht gerade massiv den Bach herunter. Nicht zuletzt, weil die Musikindustrie alles eingekauft hat, was ein Musikinstrument tragen kann. Hansa-Records macht einen Rückzieher. Wir haben keine Firma mehr. Ich steige aus und will mich in Zukunft mehr meinen Soloprojekten widmen.

HANS WERNER OLM

Manne begleitet Hans Werner Olms Auftritte am Klavier und lädt mich zu einer Show ein. Ich habe noch nie etwas von Hans Werner gehört und habe keinen Schimmer, was mich erwartet.

Der spargeldünne Hans Werner ist urkomisch. Noch nie hat eine Live Comedy meine Bauchmuskeln derart strapaziert. Er persifliert als Dieter Thomas Heck die *Shitparade* und zieht die *Singende Wanderwarze* Peter Maffay durch den Kakao. Bei einer Playback-Zugabe als Mick Jagger zieht er sich eine billige Perücke über den Kopf. Greift manchmal zur Gitarre und nimmt die Liedermacher Franz-Josef Degenhardt und Reinhard Mey auf die Schippe, deren Stimmen er perfekt imitiert.

Ich lerne Hans Werner in der Zeit näher kennen, als ich vorübergehend bei Manne und Uschi in Moabit wohne. Er wohnt um die Ecke in einer Zweizimmer-Wohnung. Ein dunkles, chaotisches Loch mit Außenklo auf der halben Treppe im Hausflur. In seiner Küche stapelt sich der Abwasch mit darauf angesiedelten, ökologisch interessanten Klein-Biotopen. Unter den Feuerstellen des vierflammigen Gasherdes warten schwarzverbrannte Essensreste darauf, weggeschrubbt zu werden. Neben dem Herd stehen dutzende leerer Flaschen. In einer der Ecken stapeln sich Aldi-Tüten voller Müll. Sein Wohnzimmer ist mit Utensilien zugestellt, die er für seinen Komiker-Job braucht. Hans Werner stammt wie ich aus einer kleinbürgerlichen Welt und ist davon besessen, die Welt zum Lachen zu bringen. Er rebelliert so gegen diese Welt der Ordnung und Sauberkeit. In Bochum aufgewachsen, zieht er eine Lehre als Konditor durch, bevor er nach Berlin geht. Er besitzt eine umfangreiche VHS-Videokassetten-Sammlung mit Aufnahmen aller Komiker dieser Welt. Günni ist eine seiner Bühnenfiguren. Den hat es in Hans Werner Ruhrpott-Realität tatsächlich in ähnlicher Form gegeben. In leicht überhöhter Form von ihm dargestellt, biegen sich die Leute vor Lachen. Sein Repertoire ist unerschöpflich. Sein Einfallsreichtum beeindruckend. Wir sind bis heute Freunde.

BARCELONA

Michel Huygen, spanischer Elektronikmusiker (Neuronium), lädt Ashra 1981 ein, um in der spanischen TV-Musiksendung *Musical Express* in Barcelona live aufzutreten.

Barcelona hat sich so kurz nach dem Ende der Franco-Diktatur zu einer interessanten kulturellen Metropole entwickelt. Jahrzehntelang unterdrückte Kultur explodiert hier gerade. Gepaart mit gefährlichen, politisch revisionistischen Ereignissen. Nur sechs Wochen vor unserem Auftritt am 23. Februar 1981 versucht Antonio Tejero, ein Oberstleutnant der Guardia Civil, die junge spanische Demokratie zu stürzen. Mit ein paar Männern dringt er in das spanische Parlamentsgebäude ein und schlägt dem Parlamentspräsidenten die flache Hand ins Gesicht. Anschließend schießt er mit seinem Revolver einige Male in die Decke. Zum Glück scheitert der Putsch. König Juan Carlos kann die Gefahr abwenden und reformiert Streitkräfte und Guardia Civil. In der spanischen Niederlassung von Virgin Records erzählen uns junge Mitarbeiter, dass sie aus Furcht bereits die Ausweise ihrer Gewerkschaft weggeworfen hätten.

Im TV jammen wir eineinhalb Stunden lang live. Auch mit Michel und dem Gitarristen Santi Pico. Wir geben zwei der großen Musikmagazine Interviews und Michel führt uns Barcelonas Kneipenlandschaft vor. In ihrer Vielfalt und Lebendigkeit in nichts Berlin nachstehend.

FABRIK RAKETE

Meine Freundin Petra sucht neben ihrem Studium einen neuen Nebenjob. Nach einem Stefan Waggershausen-TV-Gig im Taxi von Tegel nach Kreuzberg erzähle ich Jim Rakete davon. »Sie kann bei mir arbeiten, ich brauche gerade jemanden fürs Büro.« Nena arbeitet dort, bevor sie mit »Nur Geträumt« einen Welthit landet und Nina Hagen hat sich gerade von der Nina Hagen Band getrennt. Über Nacht stehen Reinhold Heil (Keyb), Bernhard »Potsch« Potschka (Git), Manfred »Manne« Praeker (Bass) und Herwig Mitteregger (Dr) ohne ihre Galionsfigur da.

Die vier nennen sich in Spliff um und setzen alles auf eine Karte, um weitermachen zu können. Manchmal besuche ich Petra in der Fabrik. Vor der Premiere der *Spliff Radio Show* im Kant Kino helfe ich bei der Fertigstellung einer überdimensionalen Radio-Attrappe für die Bühne. Moderator der *Spliff Radio Show* ist der Amerikaner Rik De Lisle, langjähriger Moderator des US-Militärsenders AFN. Die Berliner kennen seine unverwechselbare Stimme. Spliff ist die einzige deutsche Rockband, bei deren Live-Auftritten ich eine Gänsehaut bekomme.

Auch als Petra und ich kein Paar mehr sind, bleiben wir Freunde und verabreden uns manchmal zum Kino oder zum Essen. Bei einem meiner Besuche in ihrer neuen Bleibe, einer Frauen-WG, sitzen zwei junge Punk-Musiker auf ihrem Sofa. Der eine ist Jan Vetter, spielt Gitarre und hat eine Band namens Soilent Grün. Der andere spielt Bass, Hans »Sahnie« Runge. Beide sind frische Abiturienten. Dass ich bereits Platten gemacht habe, erzeugt großen Respekt und Bewunderung bei den Jungs. Sie haben einen umwerfenden Humor. Bis zum frühen Morgen werden wir ununterbrochen aufs Beste mit Anekdoten aus ihrem Leben unterhalten. Jan erzählt, wie er mit einer Gruppe Punks einen ganzen Abend lang an einem See sitzt. Er verabscheut Alkohol und trinkt nur Milch. Als die Gruppe vollkommen besoffen herumliegt, steht er auf und bemerkt im Gehen: »Leute, ihr ernährt euch falsch!« In einer anderen Geschichte geht es um eine Wette, bei der man zehn DM verlieren oder gewinnen kann. »Wetten dass meine Katze an der Wand kleben kann?« »Wie soll das gehen?«, die ungläubige Reaktion. Nachdem die Wette abgeschlossen ist, wirft Jan die Katze vorsichtig in Richtung Wand. Die verkrallt sich in die Raufasertapete und bleibt dort »kleben«.

Jan wohnt wie ich und Potsch von Spliff auf der Obentrautstraße. Ich biete Jan an, dass er bei uns im Lilli Berlin-Studio aufnehmen kann. Nachdem er dann dort ein paar Akkorde gespielt hat, stellen wir bedauernd fest, dass seine E-Gitarre extrem unrein ist. Man kann sie beim besten Willen nicht korrekt stimmen. Beim Abschied sage ich ihm: »Wenn du eine bessere Gitarre hast, kannst du gern wieder vorbeikommen!«

Jan besorgt sich eine neue Gitarre, nennt sich Farin Urlaub und gründet Die Ärzte. Ich bin ihm nie wieder begegnet.

TV

Stefan Waggershausen bekommt für seinen kommerziellen Erfolg den Fernsehpreis »Goldene Europa« verliehen und soll ein paar seiner Stücke aufführen. Das Ganze wird in Saarbrücken vom Fernsehen aufgezeichnet.

Die weiteren Preisträger sind Udo Jürgens, Robert Palmer, Boney M., Tony Christie, Dalida, Katja Ebstein, Helen Schneider und Caterina Valente. Eine zweimotorige Propellermaschine der Air France hebt mit tiefem Knurren und träge wie ein Albatros von Tegel zum Austragungsort nach Saarbrücken ab. Die Maschine bewegt sich den ganzen Flug über an der Wolkengrenze. Es stinkt nach Kerosin und die dreißig Passagiere werden von heftigen Turbulenzen durchgeschüttelt.

Auf dem Rollfeld in Saarbrücken erwartet uns ein Fernsehteam. Hinter einer Absperrung jubeln Fans von Stefan. Es hat einen Hauch von »Beatlemania«. Jim Rakete ist wieder als Gitarrist dabei.

Er nutzt solche Veranstaltungen auch für seine eigenen Businesskontakte. Das spart Reisekosten. Die Veranstaltung ist wie üblich eine Playbackshow. Wir grinsen professionell und verbreiteten gute Laune. Ein A&R-Manager von Stefans Ariola-Label ist für unsere Betreuung zuständig. Er erkennt mich als Drummer von Klaus Schulze und Ashra.

»Was machst du bei diesem Schlagerzirkus?«, fragt er mich ungläubig. Das frage ich mich manchmal selbst. In seinem Gepäck hat er eine bunte Palette illegaler Substanzen. Vor der Afterparty kiffen wir beide in seinem VW-Bus und amüsieren uns anschließend prächtig auf der Medien-Fete. Der Mann kennt alle Beteiligten des Musikbusiness: »Der Typ da drüben am Tisch ist Manager von ***. Kriecht gerade einem Journalisten vom Stern in den Arsch.« So geht das den ganzen Abend. Nach der Nachmittagsparty ziehen die beteiligten Künstler zu einer Afterparty in eine lokale Diskothek, die vom Fernsehen exklusiv angemietet ist. Ich werde an einem Tisch platziert, an dem auch Boney M. sitzen. Das ungehobelt arrogante Benehmen des untalentierten Frontmannes Bobby Farrell geht mir schnell auf den Wecker und ich verdrücke mich.

Ich kenne Ulla Meinecke nur flüchtig. Sehe sie gelegentlich in Berliner Musikerkneipen. In dieser Zeit wirkt sie verschlossen und melancholisch auf mich. Eines Tages habe ich sie am Telefon. Sie will etwas mit mir besprechen und möchte sich mit mir treffen. Als wir uns dann begegnen, fragt sie, ob ich Zeit und Lust hätte, in ihre Band einzusteigen. Auch wenn ich Ullas sehr persönliche und engagierte Lyrik gut finde, lehne ich ihr Angebot ab. Ich will keine Rockmusik mehr machen. Ein Jahr nach dieser Begegnung hat Ulla großen Erfolg und wird mit einer goldenen Schallplatte belohnt.

ES WIRD KALT

Als meine neue Freundin Sabine zu mir auf die Obentrautstraße zieht, wird das Haus von einer Selbsthilfegruppe gekauft. Die besteht in der Mehrzahl aus Studenten und alternativen Idealisten. Sie wollen das alte Gebäude mit seinen siebzehn Wohnungen durch Eigenleistung und mit öffentlichen Mitteln modernisieren. Das klingt vielversprechend. Wir können während der Renovierung innerhalb des Hauses eine mietfreie Umsetzwohnung bekommen. Ich bin permanent knapp und Sabine macht gerade eine Lehre. Das Angebot kommt uns entgegen.

Um Fachleuten vom Senat zu ermöglichen, den Renovierungsfortschritt zu begutachten, stapft alle paar Tage ein Trupp wildfremder Menschen ohne Ankündigung mit dreckigen Schuhen durch die Wohnung, während ich manchmal noch im Bett liege.

Endlich kommt die ersehnte Ansage: »In einer Woche könnt ihr in die Umsetzwohnung eine Etage tiefer einziehen.« Die meisten Mieter des Hauses sind ausgezogen und sämtliche Wohnungen der anderen Hausflurseite stehen leer und werden nach und nach renoviert. Wir packen schon mal unsere Sachen. Im Vorbeigehen schaue ich mir die Umsetzwohnung immer wieder an und sehe jede Menge Bauschutt und gelagertes Baumaterial. Die alten Kachelöfen sind abgebaut und eine Zentralheizung noch nicht installiert. Nach der angekündigten Wochenfrist sehe ich hier aber keine Veränderung. Es verstreichen weitere Wochen, ohne dass sich an der Wohnung etwas ändert und wir müssen aus den gepackten Kisten und Koffern leben.

Dann erschrecke ich, als es um sieben morgens an der Wohnungstür Sturm klingelt. Einer der neuen Hausbesitzer, ein Soziologie-Student, kündigt an, dass in einer halben Stunde Handwerker anrücken und damit beginnen, Decke und Fußboden von Sabines leerstehendem Zimmer aufzubrechen. Tragende Balken müssen ausgetauscht werden. Die Umsetzwohnung ist aber immer noch nicht bewohnbar. Ich werde wütend: »Du studierst Soziologie? Beherrscht aber nicht einmal die Grundregeln menschlichen Zusammenlebens. Seit Wochen lasst ihr uns in dieser beschissenen Situation! Warum ist die Umsetzwohnung nicht wie angekündigt fertig? Und jetzt das hier!«

Ich habe keine Chance, die Aktion zu verhindern, und fordere, dass die beiden Zugangstüren zu diesem Zimmer vorher mit Tape verklebt werden. Es soll kein Staub in den noch bewohnten Teil eindringen.

Der plötzlich einsetzende Lärm und die Erschütterungen im ganzen Gebäude sind beängstigend. Es fühlt sich an, als würde das ganze Haus gleich einstürzen. Nach einigen Stunden setzt von einen auf den anderen Moment Ruhe ein. Ich bin neugierig. Entferne die Tapes von einer der Türen und öffne vorsichtig. Die Szene vor meinen Augen erinnert an Bilder von schweren Erdbebenschäden. Aus dem dritten Stock kann ich bis ins Erdgeschoß blicken. Nur tragende Querbalken sind noch vorhanden. Aus der Decke ragen gebrochene Dachlatten wie frisch geworfene Mikado-Stäbchen und geben den Blick in den winterlich grauen Berliner Himmel frei. Feiner Staubnebel setzt sich langsam ab.

Am gleichen Tag befreit ein Trupp der Alternativ-Freaks die Umsetzwohnung von Schutt und Baumaterial. Am Abend ziehen wir in die halbfertige Wohnung. In einem der zwei Zimmer steht ein kleiner eiserner Kohleofen. Dort stellen wir unser Bett auf. Das zweite Zimmer kann mangels Heizung gar nicht bewohnt werden. Dort lagern wir Kartons und Möbel. Die neuen Armaturen und Versorgungsrohre der unbeheizten, eiskalten Toilette liegen frei. Eine Kloschüssel steht unbefestigt und wackelig auf einer Holzpalette. Fließend Wasser gibt es nur in der Küche. Hier liegen unbefestigte Fußboden-Bohlen die bei jedem Schritt wackeln und dröhnen. Ein elektrischer Ölradiator spendet hier etwas Wärme. Kaum haben wir uns arrangiert, nimmt der ultrakalte Winter von 1983/84 Fahrt auf. Sechs Wochen lang herrschen Außentemperaturen zwischen minus fünfzehn und zwanzig Grad. Sabine und ich sind die Einzigen in diesem Flügel des Hauses. Der kleine Kohleofen zieht schlecht. Reicht kaum, um diesen Außentemperaturen etwas entgegenzusetzen. Selten klettert das Thermometer im Zimmer auf mehr als sechzehn Grad. Wir wachen oft mitten in der Nacht auf, weil der Ofen qualmt. Nachdem ich mich bei den Selbsthelfern beschwere, stellt sich heraus, dass den Kamin eine tote Taube verstopft. Der kleine Kohleofen es daher kaum schaffen kann, die kalte Luftsäule aus dem Kamin zu drücken.

Wenn ich keine Verabredungen habe, liege ich auch tagsüber wegen der unerträglichen Kälte im Bett. Verschlinge Bücher über Yoga und indische Philosophie. Das gibt mir ein wenig Hoffnung. Ich habe das Gefühl, am Tiefpunkt meines Lebens angekommen zu sein. In mir sieht es ähnlich aus wie in meiner unmittelbaren Umgebung. Mein *Synthesist*-Album hat nur knapp zehntausend Exemplare verkauft. Der Vorschuss ging für die Studioproduktion drauf. Einnahmen sind also nicht mehr zu erwarten. Enttäuscht lege ich das Album für mehr als zehn Jahre in die Ecke und höre es mir auch nicht mehr an.

Nicht nur unser Haus wird renoviert. Auch die Straße vor dem Haus. Neben uns und auf der gegenüberliegenden Straße wird ein neues Haus gebaut. Zwei Häuser daneben findet ein Dachausbau statt. Mich umgeben täglich acht Stunden Baulärm.

Aus den maximal angekündigten sechs Wochen in der Umsetzwohnung werden sieben Monate. Dann endlich ziehen wir wieder nach oben. Zentralheizung und Dusche. Welch ein Luxus!

FLYING ELEPHANTS

Trotz der Tatsache, dass ich sieben Monate keine Miete zahlen musste, bin ich knapp bei Kasse. In den Proberäumen am Paul-Lincke-Ufer lerne ich den Bassisten der Partyband Flying Elephants kennen. Ihr Drummer ist erkrankt und er fragt, ob ich aushelfen kann. Ich brauche die Knete und willige unter der Bedingung ein, vorher nicht proben zu müssen. Live fünf bis sechs Stunden lang Schlager- und aktuelle Hitparaden-Musik zu spielen, ist genug. Ich will improvisieren. Vier Samstagabenden halte ich es in verrauchten Berliner Bierkneipen aus. Wenn der Sänger einen Titel ansagt, weiß ich selten, was kommt. Achtundneunzig Prozent des Repertoires der Flying Elephants habe ich irgendwo schon mal gehört. Ich erkenne das Zeug nach den ersten zwei Takten. Mir reicht der Einzähler des Sängers, um korrekt anzufangen. Niemand im Publikum merkt, dass ich keinen Schimmer habe und improvisiere. Die meist älteren Semester der begeistert tanzenden Gäste spendieren ein Bier nach dem anderen. Seit meinem Erlebnis als Dekorateur-Lehrling trinke ich nur sehr wenig Alkohol. Im Gegensatz zu den Jungs von der Band bin ich nicht fähig, derartige Flüssigkeitsmengen aufzunehmen und die Halbliter-Gläser stapeln sich ungenutzt hinter meinem Schlagzeug. Gott sei Dank bleibt es bei diesen vier Events.

OCEANHEART

Im Lilli Berlin-Studio habe ich im Laufe von 1985 die Basic Tracks für mein zweites Solo-Album *Oceanheart* (1986, Sky) aufgenommen. Für Sequenzen und Akkorde benutze ich Mannes 6-stimmigen ROLAND Juno 106-Synthesizer, seinen Minimoog und einen 16-Step-ARP-Sequencer. Im Studio von Christoph Franke (Tangerine Dream) übertrage ich die 8-Spur-Aufnahmen auf eine 24-Spur-Bandmaschine, nehme Schlagzeugspuren auf und mastere das Ganze auf Betamax-Digital-Tape. Damals das Nonplusultra digitaler Aufnahmetechnik.

Mein Plattenlabel Sky ist unzufrieden mit den Verkäufen von *Synthesist*. Bis dato habe ich etwa fünfzehntausend Exemplare verkauft. Sky halbiert den Vorschuss und verlangt, dass ich langfristige Verträge abschließe. Ich habe keine Wahl.

ARS ELECTRONICA / SHEFFIELD

Manuel hat sich einen gebrauchten Jaguar XJ6 Serie III zugelegt. English Green, Baujahr 1979. Mit 4,2 Litern Hubraum und 205 PS braucht die Kiste locker dreizehn Liter Sprit. Aus diesem Grund sind zwei siebzig Liter fassende Tanks eingebaut. Ein sehr schönes Gefährt, mit dem Ashra Mitte August 1985 nach England reist. Vollgestopft mit unserem Equipment. Auch die Hälfte des Rücksitzes ist bis unters Dach bepackt. Es geht 1.400 Kilometer nach Sheffield zum Ars Electronica Festival. Auf der Strecke in England bewundern wir immer wieder Gruppen von englischen Fahrradtouristen, die sich auch von strömendem Regen nicht abhalten lassen, entspannt durch die Gegend zu radeln.

Das Octagon Centre an der Glossop Road ist mit etwa eintausend Besuchern brechend voll. Wir benutzen auf der Bühne inzwischen auch ein 4-spuriges Backing Tape wie einst bei Lilli Berlin. Darauf Bass- und Begleitsequenzen sowie ein Klick-Track für mein Timing, den nur ich hören kann. Der Auftritt ist okay, aber aus meiner Perspektive kein Highlight. Es ist das letzte Mal, dass ich einen Klick-Track benutze. Die sind mir zu statisch und grooven nicht die Bohne.

Auf der Rückreise machen wir in London Station und besuchen den berühmten Notting Hill Carnival der vorwiegend schwarzen, aus der Karibik stammenden Londoner Bevölkerung. Wir sind fast die einzigen Weißen hier. In den Vorgärten stehen große PA-Lautsprecheranlagen, aus denen vor allem Reggae tönt. Hier höre ich zum ersten Mal fasziniert live vorgetragene Mouth Beats.

Morgens um sieben klingelt auf dem Hotelflur eine große Feuerglocke Alarm. Ich springe wie von der Tarantel gestochen aus dem Bett und renne auf den Flur. Hinter mir springt die Tür zu. Schlüssel im Zimmer. Ich stehe in Unterhemd und Unterhose da und versuche vergeblich, Manuel zu wecken. Nur Lüül öffnet verpennt seine Zimmertür. Die beiden sind vom Alarm völlig unbeeindruckt. Lüül leiht mir seine viel zu enge Lederhose. Dann laufe ich so schnell ich kann barfuß die Treppen zur Rezeption hinunter. Der freundliche Concierge erklärt mir, dass kein Anlass für Panik besteht. Ein angebrannter Toast in der Küche hat den Alarm ausgelöst.

BERLINER SYNCHRON

Der Bassist der Flying Elephants arbeitet als Toningenieur bei Wenzel Lüdecke (Berliner Synchron). Hier werden ausländische Filme für Kino und Fernsehen synchronisiert. »Die suchen immer Leute für die Technik«, entgegnet er mir, als ich ihm erzähle, dass ich mal wieder knapp bei Kasse bin. Ich bewerbe mich erfolgreich perspektivisch als Toningenieur. Zuvor soll ich mich durch Hilfsdienste bewähren. Drei Monate Probezeit bei einem Stundenlohn von 16 DM.

Der Job beginnt in einem der Vorführräume. Die Arbeit ist monoton und langweilig. Acht Stunden lang amerikanische Fernsehserien bei künstlichem Licht. Zum Zwecke einer Endabmischung ist es meine Aufgabe, diverse markierte Magnettonbänder in mechanisch synchronisierte Ton- und Film-Abspielgeräte korrekt einzulegen. Auf den bis zu acht Tapes sind originale Nebengeräusche, Originalmusik und der deutsche Text. Die tonnenschweren gusseisernen, mannshohen Abspielgeräte stammen allem Anschein nach noch aus der Vorkriegszeit. Nachdem ich alle Tapes und den Film eingelegt habe, sitze ich vierzig bis fünfzig Minuten untätig herum, bis die Abmischung der Serienfolge fertig ist. Dann kommt die nächste Folge mit den gleichen Arbeitsschritten.

An Montagen lese ich an einem solchen Arbeitstag den gesamten Spiegel während der Pausen. Die beiden Kollegen im Raum lesen ausschließlich Bild. Einer der beiden ist Filmvorführer und arbeitet im angrenzenden, zu uns offenen Nebenraum. Seit Jahrzehnten macht er nichts anderes, als den ganzen Tag über hunderte kurzer Filmschleifen einzulegen, mit deren Hilfe die Synchronsprecher aufgenommen werden. Der glatzköpfige ehemalige Ostberliner hat bei der einzigen Filmgesellschaft der DDR, der DEFA, sein Handwerk gelernt. Sein Frühstück beginnt der übergewichtige Mann mit Dosenbier. Er raucht Kette und sondert rassistische Kommentare ab: »Türken und Asylanten sollte man einmauern und verbrennen! Bei Adolf wäre so was nicht frei rumgelaufen! Asylanten sind doch alle arbeitsscheu! Raus aus Deutschland, sage ich!« Pünktlich um fünf Uhr faltete er seine Bild zusammen und wankt betrunken aus dem Gebäude.

Ich bin inzwischen fit wie nie. Mache täglich zwei Stunden Yogaübungen, trinke kaum Alkohol und rauche nicht. Ernähre mich vegetarisch und komme bei Wind und Wetter mit meinem Rennrad zur Arbeit.

Kaum habe ich ein Fenster geöffnet, um frische Luft in die verqualmte Bude hereinzulassen, raunzt der Filmvorführer aus seiner dunklen Ecke: »Ett zieht! Mach dett sofoat wieda zu!« Der Mann macht keinen Hehl daraus, dass er mich nicht leiden kann. Der andere Vorführer ist weniger anstrengend. Aber auch er raucht eine Zigarette nach der anderen und ist allergisch gegen Frischluft.

In den Mittagspausen besuche ich für gewöhnlich die Firmenkantine. Hier sitzen Mitarbeiter und synchronsprechende Schauspieler. Viele Gesichter und Stimmen kenne ich aus Film und Fernsehen. Es ist schon schräg, wenn neben mir am Tresen »John Wayne« oder »Bruce Willis« eine Bulette bestellt.

Ich quäle mich durch die Tage und sehne mich nach dem Feierabend. Weil mich der Spiegel oder Buchlektüre mehr interessieren als die eintönige Arbeit bei künstlichem Licht und schlechter Luft, mache ich Fehler und lege wiederholt Tonbänder falsch ein. Dialoge, Nebengeräusche oder die Musik ertönen dann zeitlich an falscher Stelle. Das fällt oft erst kurz vor Ende der Mischarbeit auf. Der zuständige Mischtonmeister taucht dann bei uns auf und raunzt mich an, weil die Mischung noch einmal von vorne beginnen muss.

Neben dem Mischtonmeister sitzt der Synchronregisseur. Der schreibt die deutsche Endfassung der Synchrontexte und dirigiert die Schauspieler bei den Sprachaufnahmen. Einer dieser Synchronregisseure, dem ich hier überraschenderweise begegne, ist der deutsche Hollywoodstar Horst Buchholz.

Der dröge Job in ständiger Dunkelheit und Zigarettenqualm, dazu beknackte Fernsehserien, scheinen die Angestellten zu verschleißen. Im Winter sehen sie nie Tageslicht. Einige Tonmeister und Schauspieler sind offensichtlich Alkoholiker. Der Bassist der Flying Elephants hat ein Magengeschwür. Ich beobachte, wie sich einige der Schauspieler tagsüber in der Kantine heftig betrinken. »John Wayne« torkelt mehrfach auf den Fluren an mir vorbei.

Als die Probezeit endet, will man mich nicht weiterbeschäftigen. Ich habe zu viele Fehler gemacht und muss um mir zustehende Arbeitstage kämpfen, bin aber froh, den lästigen Job hinter mich gebracht zu haben.

Auf der Frankfurter Musikmesse begegne ich zufällig Udo Hanten. Wir sind uns einige Jahre nicht mehr begegnet. Ihm gehört inzwischen eine Event-Firma, mit der er seine Musik in Verbindung mit einer Lasershow vermarktet. Er hat u. a. für BMW und Karl Lagerfeld gearbeitet. Lasershows sind sehr angesagt und interessieren mich. Wir schmieden Pläne für gemeinsame Live-Events.

1987, zwei Jahre bevor die Berliner Mauer fällt, verlasse ich Berlin und fahre mit einem privaten Möbeltransporter Richtung Mönchengladbach. In der großen Hoffnung, mit Udo ein Live-Projekt auf die Beine zu stellen. Ich besitze etwas Bargeld, meine neue TASCAM 38-Achtspur-Bandmaschine und ein paar Möbel. Ein Freund stellt mir in einem Außenbezirk von Mönchengladbach vorübergehend seine vom Sozialamt finanzierte Souterrainwohnung zur Verfügung. Er wohnt ohnehin bei einer Freundin und braucht die Bleibe nicht. Als ich der Deutschen Bank Berlin meine Adressänderung mitteile, kündigen sie das überzogene Girokonto fristlos. Fordern massiv, dass ich umgehend meine Schulden begleiche.

Ich habe keine Einnahmen und weiß nicht, wovon ich die 3.000 DM zurückzahlen soll. Ein alter Bekannter aus meiner Zeit Anfang der siebziger Jahre in Mönchengladbach betreibt einen Laden für Glasscheiben in allen farblichen Variationen. In einer Werkstatt bietet er Tiffany-Workshops an. Grauenhaft kitschiger Kram, der zur Jahrhundertwende zum 20. Jahrhundert groß in Mode war. Jetzt bei Hausfrauen beliebt, die sich in ihrer Freizeit langweilen.

Ich kann stundenweise helfen, seinen Laden umzubauen. Das täglich ausgezahlte Schwarzgeld reicht gerade für Essen und Trinken, nicht aber, um meine Schulden bei der Deutschen Bank auszugleichen. Ich brauche ein neues Konto und gehe zur örtlichen Sparkasse. Um nachzuweisen, wovon ich lebe, habe ich einen Stapel LPs, auf denen ich mitgewirkt habe, unter dem Arm. Große Hoffnungen habe ich nicht. Banken und Vermieter lieben Künstler nicht. Allenfalls betuchte. Zufällig bedient mich der Sparkassendirektor. Als er den Stapel LPs sieht, lächelt er. Er ist ein alter Wallenstein-Fan. Ohne Probleme räumt er mir einen Überziehungskredit ein, mit dem ich mir die Deutsche Bank vom Hals halten kann.

UDO, DIE 2.

Es ist die Zeit, in der Musiker anfangen, mit ATARI 1024- und Commodore-Home-Computern Musik zu produzieren. Udo hat sich einen ATARI zugelegt und einen leeren Werkstattraum angemietet, in dem wir Musik produzieren wollen. Aber leider beherrschen weder er noch sein Mitstreiter Albin die eigentlich rudimentäre Musik-Software. Mir ist die Materie noch fremder. Es ist frustrierend. Ich stehe hilflos daneben und beobachte, wie die beiden stundenlang ohne Ergebnis im Dunkeln tappen.

Udos Leidenschaft fürs Musikmachen scheint in den vergangenen Jahren auf der Strecke geblieben zu sein und die Kifferei erhellt seine Stimmung nur für Momente.

Zu Udos Bekannten zählt der Kunsthändler Otto Schulte-Kellinghaus und der Maler Wolfgang Fischer. Die beiden werden 2011 im Zusammenhang mit dem größten Kunstfälscher-Prozess der Nachkriegszeit verurteilt. Es geht um gewerbsmäßigen Bandenbetrug in Höhe von zwanzig bis fünfzig Millionen Euro. Fischer hat unter dem Namen Wolfgang Beltracchi jede Menge Bilder moderner Klassiker gefälscht und zählt nach dem Prozess zu den größten Kunstfälschern der Gegenwart. Otto hat die Bilder vermarktet. Ich gehe mit Udo in dessen Villa ein und aus, ohne zu ahnen, was sich hinter den Kulissen abspielt.

Ich träume weiter von unabhängigem Musikmachen. Finde mich aber weit abseits des großstädtischen Kulturlebens wieder und schlage mich mit Gelegenheitsjobs durch. Trotz frustrierender Erfahrungen mit den Atari-Computern verliere ich die Hoffnung nicht. Udo und ich gründen das Projekt Central Europe Performance (CEP). Nach einigen Anläufen bringen wir eine CD mit dem bezeichnenden Titel *Breakfast In The Ruins* heraus (1989, Erdenklang). In der WDR-Sendung *Schwingungen* von Moderator Winfrid Trenkler und im großen Berliner Sendesaal des RIAS hat CEP einen Live-Auftritt.

Lange vor der Wende 1989 lerne ich in Ost-Berlin den Radio-Moderator Olaf Zimmermann kennen und wir werden Freunde. Der große Fan elektronischer Musik moderiert seit 1986 die Musiksendung *Electronics* beim Jugendsender DT64 im Rundfunk der DDR. In den Wirren der Wendezeit fragt er, ob ich Lust habe, bei einem Festival auf dem Schlosshof von Merseburg/Thüringen aufzutreten. Es soll von DT64 organisiert und finanziert werden.

Wir erweitern CEP um ein paar Musiker und ziehen den Gig vor vierhundert begeisterten Konzertbesuchern durch. Die DDR existiert noch. Ich bekomme die Gage bar in Mark der DDR ausgezahlt. Das Geld zahle ich auf ein Konto einer DDR-Sparkasse ein. Zur Währungsunion durch die offizielle staatliche Umtauschaktion kann ich den Betrag später verdoppeln. Ab 1997 heißt Zimmermanns Musiksendung *Elektro Beats* beim rbb (Rundfunk Berlin-Brandenburg) und läuft bis heute.

Ich habe die Nase gestrichen voll, von anderen technisch abhängig zu sein und kaufe meinen ersten Computer. Die Perspektive, mit einem Computer Musik zu machen, scheint mir die beste Lösung zu sein. Der ATARI 1024 ist der erste Computer, der eine sogenannte Midi-Schnittstelle im Betriebssystem implementiert hat. Vor allem ist er erschwinglich. Mit Midi kann man mehrere Synthesizer untereinander verbinden und Sequenzen parallel laufen lassen. Soweit sie auch eine Midi-Schnittstelle haben. Ich kaufe mir auch einen Synthesizer im 19-Zoll-Rack-Format.

Ich habe nicht den geringsten Schimmer, wie man einen Computer bedient und wälze Bedienungsanleitungen. Das Ding hat keine Festplatte und das Betriebssystem befindet sich auf einer 3,5-Zoll-Diskette, das vor jedem Gebrauch erst auf den Computer geladen wird. Der Arbeitsspeicher ist 1 MB groß ... Richtig! 1 MB. Ich finde schnell heraus, wie die Midi-Recording-Software funktioniert. Werde aber nicht wirklich glücklich damit. Nicht nur weil der Atari am Tag dreimal abstürzt und dann auf dem Schwarz-Weiß-Bildschirm immer eine zunehmende Zahl kleiner runder schwarzer Bomben mit Lunte erscheinen. Eher weil der Synthesizer kein Keyboard hat, ich keine Monitore besitze und der Sound meines Kopfhörers sehr unbefriedigend ist. Ohne die Möglichkeit, Hall und Echo einsetzen zu können, klingt das Ganze trocken und unmusikalisch. Fortan dient der Atari nur noch als Schreibmaschine.

Der WDR veranstaltet das Rheinische Musikfestival 1987. Live übertragen vom Roncalliplatz vor dem Kölner Dom. Ashra, Klaus Schulze und das Blue Chip Orchestra sind dazu eingeladen. Ashra hat lange nicht mehr miteinander gespielt. Während der Performance vor 6.000 Zuschauern habe ich das Gefühl, unsere Musik entwickelt nicht den gewohnten Drive. Es ist das letzte Mal, dass ich Klaus persönlich begegne.

QUETZALCOATL

Christoph, ein Keyboarder und ehemaliger Manager einer bekannten Kaufhauskette, hat das kleine Plattenlabel CMS gegründet. Er lebt mit Frau und vier Kindern auf einem Gutshof in der Nähe von Aachen und hat ein digitales Studio eingerichtet. Ein Freund hat mich auf das Label aufmerksam gemacht. Er sagt, dass Christoph mich kennt und sich freuen würde, mein nächstes Soloalbum zu produzieren. Christoph ist Anhänger einer Esoterik-Gruppe, in der von Lichtwesen und Lichtbändern geschwafelt wird, mit denen sie angeblich alle untereinander verbunden sind. Auf dem großzügigen Anwesen veranstaltet er Seminare mit dieser Gruppe. Es erinnert mich ein wenig an Rolf-Ulrich Kaiser und Sternenmädchen Gille.

Ich brenne darauf, endlich wieder etwas auf die Beine stellen zu können und nutzte erstmalig Samples, die wir auf dem Gelände und im Gutshof produzieren. Zum Beispiel den Klang von Wasser, das in einem Wasserschlauch, der zum Swimmingpool gehört, hin und her bewegt wird. Es kling wie eine Mischung aus Dinosaurier und defektem Motor. Das Knarren einer Studiotür, durch Effektgeräte geschickt, wie ein Gewirr tibetanischer Trompeten in einem Himalaya-Kloster. Ich will, dass das Album ethnisch klingt und benutze auch Naturtrommeln und Samples von Naturtrommeln (*World of Quetzal*, 1992, CMS).

TECHNO

Frits Couwenberg, ein niederländischer Fan elektronischer Musik, schreibt in seiner Freizeit für ein Fanzine, das er alle drei Monate unter dem Namen *KLEM* (Klub Liefhebbers Elektronische Muziek) herausbringt. Jährlich organisiert er in Eindhoven ein gut besuchtes Festival mit dem Namen KLEMdag, zu dem regelmäßig 1.500 bis 2.000 Fans kommen. Ich besuchte den KLEMdag gelegentlich, um mich bei den Fans elektronischer Musik blicken zu lassen.

Im Spiegel habe ich gerade einen langen Artikel über den deutschen Techno-DJ-Star Sven Väth und dessen Plattenlabels Eye Q, Harthouse und Recycle Or Die gelesen.

Auf dem KLEMdag spricht mich Chris an, ein junger Journalist, der für die Promotion der drei Labels zuständig ist. Er fragt mich, ob mir bewusst sei, wie stark unsere Musik die Entwicklung des Techno beeinflusst hat. Ich habe keinen Schimmer, denn bis zu diesem Zeitpunkt ist Techno vollkommen an mir vorübergegangen. Nicht weil ich konservativ denke. Eher weil ich nicht mehr in Clubs und Diskos zum Tanzen gehe. Ich bin Mitte vierzig und fühle mich zwischen Achtzehnjährigen einfach fehl am Platz. Musik zu sammeln, war nie mein Ding, und ich besitze daher auch kaum CDs und Vinyl-Alben.

Die Vielfalt und Qualität hinter der fröhlichen Undergroundbewegung sind mir bis dahin schlicht verborgen geblieben. Ebenso, dass sie in Berlin und Frankfurt entstanden ist und globale Beachtung bekommt. Eigenständig, originell, anarchisch, authentisch, ungezwungen und frei von angloamerikanischen Vorbildern. Ähnlich unserer Musik Anfang der Siebziger. Chris ist mit meiner Arbeit und der mit Klaus Schulze und Ashra bestens vertraut. Er lädt mich ein, die Labels in Offenbach zu besuchen.

Ich bin sehr neugierig, als ich den 4. Stock auf der Strahlenbergerstraße 125a, die Eizelle des Techno betrete. Mit einem Schlag bin ich im Epizentrum dieser Musik. Spüre die frische, positive Energie, die von den jungen Leuten ausgeht, die hier für die Labels arbeiten. Das Ganze hat etwas sehr Familiäres. Chris führt mich durch die Büroräume und stellt mich vor. DJ-Promotion, Vertrieb und Grafik aller drei Label werden hier gemacht. Mir wird viel Respekt entgegengebracht.

An beiden Enden des fast fünfzig Meter langen Etagenkorridors befinden sich jeweils zwei Musikstudios. In einem produziert Ralf Hildenbeutel die Musik für Sven Väth. Auch er ist mit Ashra, Tangerine Dream und Klaus Schulze vertraut.

Auf der entgegengesetzten Seite des Flurs arbeitet Oliver Lieb in seinem Studio. Gerade ist er von dem Techno-Magazin *Frontpage* zum Live-Act des Jahres gewählt worden. Er arbeitet mit atemberaubendem Output an seinen Projekten LSG, Spicelab und The Ambush. Oliver ist einer der gefragtesten Remixer der Szene. In zwei Regalreihen übereinander stehen hier betriebsbereite analoge Synthesizer-Raritäten. Er führt mir die Aufnahmen eines fast fertigen Ambush-Albums vor. Gänsehaut! Es reißt mich vom Sitz. Afrikanische Trommelbeats. Angetrieben von einer fetten Bassdrum und harten Synthesizer-Sequenzen. Alle musikalischen Strukturen sind am Computer editiert. Die Musik strahlt Handmade-Feeling aus.

Nur eine Woche später stehe ich wieder hier. Oliver hat mich eingeladen, an einem der letzten Titel für das Ambush-Album gemeinsam zu werkeln. Einer der Label-Manager öffnet freudestrahlend die Tür zu Olivers Studio und verkündet, dass das Eye Q-Label gerade als wichtigster Vertreter deutscher Techno-Kultur vom legendären Montreux Jazz Festival eingeladen ist, sich dort mit einem Querschnitt seiner Künstler darzustellen. Oliver fragt mich, ob ich Lust habe mitzumachen. Habe ich definitiv!

Zu Hause mache ich mir Gedanken darüber, wie man das Live-Drumming organisieren kann. Ich telefoniere mit Marlon Klein, dem Schlagzeuger der Dissidenten, die seit mehr als zehn Jahren zur Creme der europäischen World-Music-Szene gehören und in Marokko Superstars sind. Ich kenne Marlon aus meiner Berliner Zeit. Zu Beginn der Achtziger war er Trommler der experimentell-elektronischen Formation 1. Futurologischer Congress.

Wir treffen uns in Bielefeld, wo er inzwischen wieder lebt, und besprechen die verschiedenen Aufgaben, die wir uns für den Montreux-Gig vorstellen. Bas Broekhuis, Elektro-Trommler aus den Niederlanden soll sich Rasseln, Becken und den Hi-Hats widmen. Marlon übernimmt die mittelfrequenten E-Drums. Ich die tieffrequenten E-Trommeln. Markus Richter, ein Freud von Oliver, ist ausschließlich für Congas zuständig.

Eine Freundin von mir, Malerin und Bildhauerin, entwirft und baut innerhalb weniger Tage acht einen Meter hohe, urwüchsig bunte Skulpturen für das Bühnenbild im Stil von Niki de Saint Phalle. Leichtgewichtig und ineinander steckbar.

Ich engagiere den afroamerikanischen Tänzer Marvin Smith und die Tänzerin Bridget Quinn Fearn, beide aus New York. Sie leben und arbeiten in Deutschland. Großartige Profis aus der Streetdance- und Hip-Hop-Szene, die in internationalen Videoclips mitgewirkt haben. Sie entwickeln eine Choreografie zu zwei Ambush-Titeln, die ich ihnen auf CD nach New York schicke, wo sie sich gerade aufhalten.

An einem heißen Sommertag treffen wir uns in Offenbach. Dort steht ein Luxusbus bereit. Die bunte Truppe besteht aus ca. vierzig Musikern und diversen Label-Mitarbeiter. Kaum haben wir uns in Bewegung gesetzt, schwängert sich die Luft mit unverwechselbarem Cannabis-Geruch. Mit einer gewissen Unruhe erwarte ich die Schweizer Grenzkontrolle, denn es dürfte sich eine nicht unerhebliche Menge illegaler Substanzen an Bord befinden. Außer mir scheint niemand beunruhigt zu sein. Durch die getönten Scheiben des ultramodernen Busses ist den Schweizer Zöllnern der Blick auf unsere illustre Gesellschaft verstellt. Ohne Check werden wir durchgewunken.

Mein Hotelzimmer bietet einen phantastischen Ausblick auf den unmittelbar zu Füßen des Hotels gelegenen schönen Genfer See. Der legendäre Veranstalter des Montreux Jazz Festivals, Claude Nobs, hat zum Abend alle Beteiligten zu einem Empfang in sein mondänes Chalet eingeladen. Eine großzügig ausgestattete Villa ganz aus Holz auf einem weitläufigen Hanggelände hoch über dem Genfer See. Fast wie ein Museum ist es mit Kunstgegenständen und Hinterlassenschaften berühmter Jazzmusiker vollgestopft. Instrumente und Fotos. In einem Raum hängt ein überdimensionaler Bildschirm. Hier kann man Videoaufzeichnungen sämtlicher Auftritte der jemals am Festival beteiligter Musiker sehen.

In den fünfziger Jahren hat der leidenschaftliche Musikliebhaber Claude Nobs den Grundstein für das legendäre Festival gelegt. Jährlich veranstaltet, genießt es großen internationalen Ruf. Ursprünglich ein reines Jazzfestival, ist es ganz im Einklang mit Jazztraditionen auch immer ein Forum für neueste Underground-Musiktrends. In diesem Jahr der Techno-DJ-Kultur.

Im Sonnenuntergang über den Schweizer Alpen verwöhnt uns ein leckeres Büfett. Im Garten hat man Gelegenheit, sich kennenzulernen. Ich spreche mit dem Keyboarder und Produzenten Martin Haas (Rödelheim Hartreim Projekt, Glashaus, Sabrina Setlur und Söhne Mannheims, auch des vor wenigen Jahren in die Schlagzeilen geratenen, rechtslastigen Verschwörungserzählers Xavier Naidoo).

Der Ambush-Auftritt findet am nächsten Abend auf der Bühne des Forums »Igor Strawinsky« statt. Vor dem Gig geben wir dem Musiksender VIVA ein Interview. Das Set eröffnen gegen 21 Uhr die Recycle Or Die All Stars mit Ambient-Klängen. Die Band besteht aus den Keyboardern Martin Haas, Helmut Zerlett und Walter Dahn. Letztgenannter ist auch ein bekannter Maler und bildender Künstler. In den Achtzigern ist er Mitglied der Künstlergruppe Mülheimer Freiheit. Das Pendant zu den Neuen Wilden in Berlin. Er gehört zu den wenigen, welche diese temporär spektakuläre Kunstrichtung erfolgreich überlebt haben. Bobby Sattler, Produzentenpartner von Martin Haas, spielt ein elektronisches Blasinstrument. Die vier brillieren mit phantastischen Improvisationen.

Earth Nation, die Band von Ralf Hildenbeutel, präsentiert sich als zweiter Act des Abends. Gekonnt mischen die vier Musiker trancigen Techno mit sägenden Rockgitarren. Auf der Bühne eine Schlangenfrau mit atemberaubenden Körperverrenkungen.

Um Mitternacht ist es soweit. Unsere Bühnendekoration und die Beleuchtung erzeugen Ethno-Charakter. Ein Fernsehteam beginnt zu filmen. Marlon, Bas und ich spielen im Stehen. Oliver und Markus sitzen und Chris zündet pyrotechnische Effekte. Bridget und Marvin legen eine herausragende Choreografie hin. Alles läuft wie am Schnürchen.

Sogar der über siebzigjährige Claude Nobs scheint aus dem Häuschen zu sein. Ohne dass wir in Kenntnis gesetzt sind, schickt er zu unseren Zugaben ein Dutzend tanzender, federgeschmückter und trommelnder Indigener aus der Amazonasregion auf die Bühne. Die hat er im Vorfeld für seine lokale Promotion engagiert und sie auf einem Lkw musizierend durch die Straßen von Montreux geschickt. Das Publikum bricht in Begeisterungsstürme aus. Unter ihnen Sven Väth, der wie ein Derwisch zwischen ihnen tanzt.

Ich bin schweißgebadet, als es zu Ende ist. Hinter der Bühne werden wir von den anderen Label-Musikern gefeiert. Alle prophezeien uns eine große Zukunft.

Leider bleibt es bei diesem einzigen Auftritt. Aber aus der Begegnung mit der Frankfurter Techno-Szene ergeben sich neue interessante Impulse und Begegnungen mit jungen Musikern.

Über Helmut Zerlett lerne ich den Gitarristen Axel Manrico Heilhecker kennen (Wolf Maahn & Die Deserteure). Mit ihm etabliere ich das Projekt Sunya Beat. Auf unserem ersten CD-Album (*Sunya Beat*, 1998, Think Progressive) kommen von mir selbstgebaute Trommeln zum Einsatz. Hergestellt aus großen und kleinen Plastik-Blumenkübeln. In Mönchengladbach stoße ich auf eine junge Crew um den DJ Marc Romboy. Sein Label Le Petit Prince ist international gerade in aller Munde. Ich lerne den Le Petit Prince-Musiker Steve Baltes kennen, mit dem ich ein CD-Album mit dem Titel *Holo Syndrome* (1997, Artelier Music) produziere und einige Club-Gigs absolviere.

Über Steve bekomme ich tiefe Einblicke in Techno-Musik, die zu diesem Zeitpunkt allerdings bereits ihren kulturellen Zenit erreicht hat.

DAS WICHTIGSTE EINER KARRIERE SIND GUTE NEBENJOBS

Ich habe einen Job als Auslieferungsfahrer bei einer Marketing-Firma in der Nähe von Düsseldorf. Der karge Lohn ermöglicht es mir, einen gebrauchten VW Käfer zu fahren, den ich für 200 Euro erworben habe. Die Firma hat ein gutes Dutzend gebrauchte VW Bullis von der Post gekauft. Mit einem davon beliefere ich Supermärkte mit Videokassetten, Batterien und Akkus im ganzen Ruhrgebiet. Um sieben Uhr morgens belade ich in einer großen Lagerhalle den gelben VW-Transporter mit dem Material. Je nach Strecke schaffe ich es, vier bis fünf Märkte am Tag zu bestücken. Es könnte mehr beliefern, aber ich lasse es locker angehen. Während des Beladens verabrede ich mich mit anderen Fahrern zu einem Frühstückstreff in der Düsseldorfer Uni-Mensa. Die Firma darf natürlich nichts davon erfahren, aber niemand kann uns kontrollieren. Es ist inzwischen Sommer. An schönen Tagen lege ich mich oft an Waldrändern und Wiesen für ein paar Stunden in die Sonne, lese Bücher oder mache ein Nickerchen. Nach der Arbeit scheint in der Firma nie jemandem aufzufallen, dass ich eine dunklere Gesichtsfarbe als am Morgen habe.

Das Material stapelt sich in unüberschaubar großen Mengen in den Regalen der Lagerhalle. Die Mengen, die wir für die Auslieferung einladen, werden nie kontrolliert. Alle Fahrer »versorgen« sich ständig mit Batterien, Akkus und Videokassetten für ihren privaten Gebrauch.

Ich komme gerade von meiner Tour zurück, da eröffnet mir der Lagerverwalter mit düsterer Miene, dass ich am nächsten Tag nicht zu kommen brauche.

Ist meine Klauerei aufgefallen? Mein erster Gedanke. Oder ist die Firma mit meiner Leistung unzufrieden?

»Warum«, fragte ich besorgt. Seine Antwort: »Übermorgen meldet die Firma Konkurs an! Du musst zum Arbeitsamt, Konkursausfallgeld beantragen!«

Das wars! Der laue Job Vergangenheit. Ich bin sicher, dass die ungehemmte »Privatnutzung« des Materials seitens der Fahrer am Untergang der Firma beteiligt war. Das Arbeitsamt zahlt mir fast 2.000 Euro Konkursausfallgeld. Ich muss mich nach einem neuen Job umsehen.

ÜBERRASCHUNG

Ich habe ein Flugticket in der Tasche und werde in zwei Tagen eine fünfwöchige Indienreise antreten, als spät abends mein Telefon klingelt.

»Ich bin im Wachsmuseum von Tokio!«, meldet sich Manuel Göttsching. Ich überrascht: »Du bist in Japan?« Er: »Ja, im Wachsmuseum«. Ich: »Was machst Du in einem japanischen Wachsmuseum?« »Nein, nein, ich bin in Berlin, aber es gibt seit kurzer Zeit eine lebensgroße Wachsfigur von mir in einem japanischen Wachsfigurenkabinett.«

Dessen Betreiber, Herr Gen Fujita, ist seit seinem Ökonomiestudium in den USA ein großer Fan Elektronischer Musik. Im Besonderen der von Manuel und Ashra. Herr Fujita besitzt im Zentrum von Tokio den berühmten rotlackierten, ehemaligen Radio-Sendeturm, der den Pariser Eifelturm sogar um dreizehn Höhenmeter überragt. Darin sind Restaurants, Boutiquen, ein Plattenladen, Spielsalons und eben ein Wachsmuseum. Ende der fünfziger Jahre errichtet, gehört der Turm inzwischen zu einem der Wahrzeichen von Tokio, jährlich von drei Millionen Touristen besucht. Fujita San verehrt Manuel wie einen Samurai. Für tausende Yen hat er in Lebensgröße ein dreidimensionales Abbild des jugendlichen Manuel mit seiner Gibson SG Special-E-Gitarre vorm Bauch anfertigen lassen. Da steht er nun neben Queen Elizabeth, den Beatles, Frank Zappa, Peter Gabriel, Folterszenen aus dem europäischen Mittelalter und einer Szene mit Jesus beim letzten Abendmahl. Aber nicht nur Manuel steht hier. Auch der junge Lüül, der junge Klaus Schulze, der junge Michael Hoenig (Ex-Tangerine Dream) und Guru Guru-Drummer Mani Neumeier.

»Hast du Lust, in Japan aufzutreten?«, fragte Manuel. »Japan? Mit Ashra? Super!!«, antworte ich ohne Zögern. »Wann? Hoffentlich nicht nächste Woche. Ich fliege morgen für fünf Wochen nach Indien!« Er: »Nein, erst Anfang Februar für eine Woche. Vier Gigs. Zwei Festival- und zwei Club-Gigs in Tokio und Osaka.« Ich: »Passt! Ich melde mich ab und zu aus Indien bei dir.« Dann quatschen wir noch eine Weile.

Nachdem sich meine erste Euphorie gelegt hat, kommen mir Bedenken, denn ich kann mir kaum vorstellen, so zu arbeiten wie bei unserer Frankreich-Tour vor zwanzig Jahren, mit diesen ellenlangen Pausen zwischen den Titeln. Ich habe nicht vor, mich auf der Bühne zu blamieren. Nachdem wir jahrelang weder etwas aufgenommen noch aufgetreten sind, habe ich mit Ashra eigentlich abgeschlossen. Der letzte Auftritt liegt inzwischen fünf Jahre zurück und ich habe keine gute Erinnerung an unser etwas leidenschaftslos vorgetragenes WDR-Konzert vorm Kölner Dom. Freue mich aber sehr, dass Manuel wieder aktiv ist.

Inzwischen bin ich vielen jungen Musikern begegnet, die mit viel Emotionalität, Musikalität und technischem Knowhow elektronische Musik produzieren, die unter die Haut geht. Um Manuel bei der musikalisch-technischen Vorbereitung zu entlasten, kommt mir die Idee, Steve Baltes ins Boot zu holen. Für ihn ist es sicher ein Leichtes, Live-Backings in Form von Loops mit Ashra- typischen Sequenzen und Sounds herzustellen. Steve beherrscht spielerisch neueste Musik-Digitaltechnik, besitzt musikalisches Einfühlungsvermögen, hat ein außergewöhnliches Gespür für Klang und ist offen für Experimente.

Unter dem Projektnamen N-Tribe haben wir einige Vinyl-EPs und eine CD im Stil von Progressive House, Tribal, Trance und Ambient veröffentlicht. Ich habe großen Respekt für die musikalischen Fähigkeiten von Techno-Musikern.

Steve ist begeistert, als ich ihn frage, ob er sich vorstellen kann, mit Ashra nach Japan zu reisen. Ich muss aber erst Manuel von meiner Idee überzeugen. Erzähle ihm umgehend von Steve und gebe beiden die Telefonnummern voneinander.

INDIEN

Das trübe Regenwetter ist mir vollkommen schnuppe, als mich am Freitag, den 13. Dezember 1996 ein Freund zum Düsseldorfer Flughafen bringt. Ich bin nicht abergläubisch, aber etwas nervös, denn ich wollte ursprünglich nicht alleine reisen, aber alle, die mitreisen wollten, sind abgesprungen.

Meine Reiseapotheke ist gut mit Pillen gegen Malaria und Durchfall bestückt. Antibiotika kann man in jeder indischen Apotheke rezeptfrei bekommen. Indienerfahrene Freunde geben mir Tipps. Im Gepäck habe ich einen *Lonely Planet*, bester Reiseführer der Welt. Mein einziges Gepäckstück ist ein schwarzer 40-Liter-Rucksack, dessen Träger ich in einem Fach verstecken kann. So sieht er aus wie eine Tasche und ich kann ihn als Handgepäck mit mir in die Maschine nehmen. Das spart die nervige Warterei an Gepäckbändern.

Extreme Armut mit allen Sinnen hautnah zu erleben ist etwas anderes, als wenn man solche Bilder im Fernsehen sieht. Wegzappen geht jetzt für ein paar Wochen nicht.

Die Sonne brennt heiß auf meine Haut, als ich noch früh am Morgen die Maschine über eine Gangway in die feuchtwarme Tropenluft verlasse. Ein heruntergekommener Shuttle-Bus bringt mich zum Terminal. Ein schlichtes Betongebäude, ähnlich den abgewirtschafteten DDR-Bahnhöfen. Es riecht nach Desinfektionsmitteln. In abgeschabten Holzverschlägen sitzen misstrauisch blickende, schnauzbärtige Zöllner. Es dauert, bis Formulare per Hand ausgefüllt und Stempel in Reisepässe gedrückt sind.

Bei dichtestem Verkehr liegen schlafende Menschen in der Gosse am Straßenrand. Nur mit Lumpen bekleidet. Ich sehe Mopeds und Motorräder, auf denen ganze Familien sitzen und hoch mit Kisten beladene, mittelalterlich anmutende Handkarren. So schwer, dass sie von mehreren Männern geschoben werden, denen die schweißtreibende Anstrengung anzusehen ist. Fremde Menschen winken mir überschwänglich zu. Trotz schockierendem Elend und Chaos geht von den meisten Menschen hier etwas sehr Friedliches aus.

Am GATEWAY OF INDIA, dem fünfzig Meter breiten und fünfundzwanzig Meter hohen Triumphbogen direkt am Wasser des Indischen Ozeans, liegt mitten auf dem Pflaster des großen Vorplatzes ein Kind auf der Seite. Ohne Arme und Beine. Nur mit einer schmutzigen Unterhose bekleidet. Neben ihm ein Metallnapf, in dem ein paar Rupien liegen. Einen Steinwurf vom Gateway entfernt ist der Haupteingang des großen Luxushotels Taj Mahal, 1903 im protzigen Kolonialstil der Engländer errichtet. 2008 gerät das Hotel in die internationalen Schlagzeilen. Islamistische Terroristen aus Pakistan dringen mit Sturmgewehren ein und schießen um sich, bevor sie es in Brand stecken. 168 Menschen sterben.

Zwei Straßenzüge vom dem Hostel entfernt, in dem ich wohne, liegt das Leopold Café, seit ein paar Jahren Kult bei Backpackern aus der ganzen Welt. Hier frühstücke ich fast jeden Morgen. Traurige Berühmtheit erlangt es im Rahmen dieses Terroranschlags von 2008. Es ist das erste Ziel der Terroristen. Auf dem Weg zum Taj Mahal schießen sie mit Schnellfeuerwaffen wahllos auf die meist internationalen Gäste und werfen Handgranaten ins Café. Acht Menschen sterben.

Am frühen Abend, zurück auf dem Weg zum Hostel, blockiert eine große Menschenmenge eine Kreuzung. Irgendetwas ist passiert. Plötzlich schießt aus der Straßenmitte ein paar Sekunden lang lautstark donnernd eine fünf Meter hohe Feuersäule in die Höhe. Wie bei einer auf dem Kopf gestellten Rakete. Die Menschen spritzen auseinander. Ein tonnenschwerer Kanaldeckel aus Eisen ist durch die Gegend geflogen. Vielleicht zweimal einen Meter groß liegt er ein paar Meter neben der Kanalöffnung auf dem Rücken. Eine spontane Methan-Gasexplosion im Abwasserkanal hat das Ding aus seiner Verankerung gerissen. Niemand wird verletzt.

Seitlich vor dem Hoteleingang haben sich zwei Frauen mit Kindern auf einer Decke ein Plätzchen für die Nacht eingerichtet. Ich sehe viele Menschen, die auf der Straße übernachten.

GOA

Ein Sleeper-Bus wird mich nach Goa bringen, dem jüngsten Bundesstaat Indiens. Für die sechshundert Kilometer lange Strecke benötigt er zwölf Stunden. Es gibt Liegen für jeden Passagier, die nicht wirklich für meine Körpergröße geeignet sind. Sie sind zu kurz und viel zu schmal. Mit angezogenen Beinen auf der Seite liegend geht es irgendwie. Sich um die eigene Achse zu drehen, ist ein Problem.

Nach der Ankunft bei Sonnenaufgang bringt mich eine Motor-Rikscha ins fünfzehn Kilometer entfernte Dorf Benaulim. Nur einen Kilometer vom Indischen Ozean entfernt. Deren Steinhäuser im alten portugiesischen Baustil verteilen sich mit großen Abständen zueinander unter Kokospalmen. Die Mehrzahl der Inder hier ist streng katholisch und sie tragen portugiesische Namen. Erst 1966 haben indische Truppen Goa von der portugiesischen Kolonialherrschaft befreit.

Überall laufen kleine schwarze Schweine mit winzigen Frischlingen frei herum und mächtige Wasserbüffel liegen in Wasserlöchern. Weihnachten unter Palmen und in subtropischem Klima. Sehr schräg!

Am Strand von Benaulim, den man über eine schmale Asphaltstraße, die durch Reisfelder führt, erreicht, gibt es ein paar primitive Restaurants aus Bambus und Palmblättern. Mit traumhaftem Meeresblick sitzt man hier auf billigen weißen Plastik-Gartenstühlen im Schatten. Der Strand nach rechts und links schier endlos und fast menschenleer. Weit draußen springen Delphine und manchmal passiert ein zahmer Elefant mit einem Mahut auf dem Rücken. An einer weiß gestrichenen Holzhütte lese ich in handgemalten Lettern: TRAVEL AGENCY – INTERNATIONAL TELEPHONE AND FAX SERVICE. Von hier schicke ich ein Fax nach Berlin für Manuel und frage neugierig: »Fährt Steve mit nach Japan?« Schon am Nachmittag kommt seine Antwort: »Steve fährt mit! Du bleibst zu Hause ... Ha Ha Ha ...« Für meine japanisches Arbeitserlaubnis braucht er umgehend aktuelle Passfotos und eine Kopie meines Reisepasses. Passfotos hier im Dorf anfertigen zu lassen, ist nicht das Problem. Nur sie innerhalb weniger Tage nach Deutschland zu bekommen. Ein Brief von Indien nach Deutschland braucht drei bis vier Wochen. Unterbezahlte

Postangestellte entfernen auch schon mal Briefmarken, um sie auf eigene Rechnung wieder zu verkaufen. Für den Gegenwert des Portos nach Deutschland bekommt man hier acht Portionen eines einfachen Vindaloo-Gemüsecurrys. Es wird auf einem Bananenblatt serviert und mit der Hand gegessen. Der Kellner reicht mir verständnisvoll lächelnd Löffel und Gabel. Ich lasse sie liegen und versuche es wie hier üblich mit der rechten Hand. Eine ungewohnte, schwierige Kunst. Es wird heiß serviert, dass ich es kaum anfassen kann und ein großer Teil fällt mir immer wieder von den Fingern. Meine unbeholfenen Anstrengungen werden von dutzenden schwarz glänzenden Augenpaaren nachsichtig lächelnd beobachtet.

Das Vindaloo hat eine vierhundertfünfzigjährige portugiesische Tradition: »Carne em vinha de alhos« (mit Wein und Knoblauch mariniertes Schweinefleisch aus der Stadt Velha/Goa). Das Fleisch wurde im Laufe der Zeit weggelassen.

Hier das Rezept:

Vindaloo

Für die Currypaste:

1 TL Kurkumapulver, 1 TL Garam Masala, 1 EL Rosinen, 1 TL Meersalz, 1 TL Fenchelsamen, 1 TL Sambal Olek, 1 Zwiebel (rot), 100 ml Weißweinessig, 1 TL Rapsöl, 1 TL Olivenöl, 1 EL Worcestersauce (vegan)

Für das Curry:

500 g Tomaten, 1 kleiner Kopf Blumenkohl, 2 rote Zwiebeln, 250 g Erbsen, 100 g Mangold, Meersalz und gemörserter grüner Pfeffer,

Für den Reis:

160 g Basmatireis, 1 TL Kurkumapulver, 1 TL Meersalz, 1 Bund Koriandergrün

Zubereitung:

Basmatireis in Salzwasser mit dem Kurkumapulver kochen.

Currypaste: Alle Zutaten im Mörser zu einer Paste fein zerreiben.

Blumenkohl in kleine Röschen schneiden. Zwiebeln in Streifen schneiden. Beides in einen Topf mit der Currypaste geben. 600 ml Wasser dazu geben und 40 Minuten im Backofen bei 200 C 40 Minuten schmoren lassen. Tomaten in kleine Stücke schneiden. Topf aus dem Ofen nehmen.

Die Tomaten und die Erbsen dazugeben. 20 Minuten weiterschmoren lassen. Jetzt den Mangold in kleine Stücke schneiden und in den Topf geben. Koriander hacken und zu dem Curry geben. Mit Meersalz und grünem Pfeffer abschmecken. Fertig.

HAMPI

Wim, ein Belgier, den ich beim Frühstück im Resort kennen lerne, schwärmt von Hampi, einem Dorf im Bundesstaat Karnataka, 380 Kilometer östlich von Goa entfernt.

Um der Mittagshitze zu entgehen, breche ich mit ihm noch vor Anbruch der Dämmerung per Bus auf, Richtung Panjim, Hauptstadt von Goa. Ein befremdlicher Anblick an der Central Bus Station sind ein paar Busse, die auf einem umlaufenden Streifen mit Hakenkreuzen verziert sind. Wir gewinnen den Kampf um die abgewetzte Sitzbank unmittelbar hinter dem Fahrer, dem einzigen Platz im Bus, hinter dem unsere europäischen Knie genügend Platz finden. Ein scharfkantiges Metallgitter, das vom Boden bis unter das Dach reicht, trennt uns vom Fahrer. Der sitzt barfüßig auf einer mit einer alten Decke belegten Holzkiste. Den Gedanken, dass mich das Gitter bei einem Auffahrunfall in Pommes frites verwandeln kann, verdränge ich. Die ungedämmte Motorhaube befindet sich links neben dem Fahrer im Businneren und beheizt das marode Gefährt bei Außentemperaturen von vierzig Grad. Schon nach zwanzig Minuten Fahrt ratzt der halbe Bus ungerührt von ständig drohender Unfallgefahr. Unübersichtliche Kurven sind für indische Autofahrer offenbar kein Grund, nicht zu überholen und an beschrankten Bahnübergängen stauen sich die Fahrzeuge auf beiden Fahrbahnseiten in beide Richtungen. Wenn die Schranken hochgezogen werden, dauert es bis sich das Knäuel entwirrt. Nach fünf Stunden hat mich die stoische Gelassenheit der indischen Mitreisenden angesteckt und ich nicke ein. Mein Leben liegt jetzt in den Händen von Krishna, Vishnu, Shiva oder wie sie sonst alle heißen.

Sobald der Bus in die Nähe eines Dorfes oder einer Stadt kommt, sind diese roten Schotter-Randstreifen von Lasten tragenden Fußgängern, Ochsenkarren, Kühen, Ziegen, Hunden und Radfahrern dicht bevölkert.

Gadag ist eine der zahllosen Städte auf der Strecke nach Hampi. In der Abenddämmerung biegt der Bus in eine von wartenden Menschenmassen überflutete Busstation. Kurz vorher entdecke ich im Vorbeifahren am Straßenrand einen Laden mit der Aufschrift »Xerox Copy«. Meine Chance, endlich zu einer Kopie meines Reisepasses für die japanische Arbeitserlaubnis zu kommen. Kaum stehen wir, springe ich eilig aus dem Bus, weil ich nicht weiß, wie lange die Pause hier andauern wird. Renne über Müll und Kuhscheiße springend vorbei an Menschen, Ochsenkarren, Mopeds und Obstständen. Hunderte indische Augenpaare verfolgen mich dabei neugierig, wie ich zu diesem Kopierladen renne. Im Laden lege ich den Reisepass unter die Klappe des Kopierers, warte auf die Kopie, zahle ein paar Rupien und renne schnurstracks zurück. Ich will die Abfahrt auf keinen Fall verpassen. Außer Atem bahne ich mir einen Weg durch eine dichte Menschenmenge, die sich offensichtlich neugierig wegen Wim vor unseren Bus versammelt hat. Wir werden wie Popstars unablässig angestarrt. Wim hat meinen Platz vor zusteigenden Passagieren verteidigt und ist darauf vorbereitet, den Fahrer notfalls mit Androhung von Gewalt daran zu hindern, ohne mich loszufahren. Mit einer Mischung aus freundlicher Bewunderung und naiver Scheu starren uns die Schaulustigen unter unserem Fenster an, als ein in der Nähe stehender Polizist in khakifarbener Uniform das Ganze misstrauisch beobachtet. Der Menschenauflauf passt offensichtlich nicht in sein Ordnungskonzept. Zu unserem blanken Entsetzen schlägt er ohne Vorwarnung mit einem langen dünnen Holzstock auf die harmlos Herumstehenden ein und treibt sie auseinander.

Wir haben noch Zeit bis zur Weiterfahrt. Ich suche und finde eine Toilette. Der Fußboden des unerträglich stinkenden Klos ist mit menschlichen Exkrementen übersät. Vermutlich weil viele der armen Landbevölkerung angehörigen Menschen, die noch nie in ihrem Leben eine Toilette gesehen haben, hier zum ersten Mal per Bus reisen. Aus Gewohnheit entleeren sie sich auf dem Fußboden, so wie sie es täglich auf ihren Feldern tun, nur mit einem kleinen Eimer Wasser bewaffnet. Die hier üblichen Hock-Aborte sind braunschwarze Löcher im Fußboden. Versteckt hinter einer außen und innen unbeschreiblich verschmutzten Holzkabine. Die meisten der Handwaschbecken sind zerbrochen. Wasserhähne sind zwar vorhanden, funktionieren aber nicht. Zum Händewaschen stehen große

Ölfässer aus Metall mit schmutzigem Wasser herum. Ich bin nicht empfindlich, aber habe immer ein kleines Stück Seife in der Hosentasche und wasche mir die Hände, indem ich eine Flasche Trinkwasser zwischen die Knie klemme und mir damit die Hände reinige.

Nach zwölf Stunden Fahrt für die dreihundert Kilometer lange Strecke erreichen wir am späten Abend Hospet, von spärlicher Straßenbeleuchtung erhellt und Menschengewimmel wie im Ameisenhaufen. Wir beschließen, in einem Hotel zu übernachten und erst am nächsten Morgen nach Hampi aufzubrechen.

Bei anschwellendem Straßenverkehr während des Sonnenaufgangs beginnt das pausenlose Hupkonzert. Bis Hampi sind es zwölf Kilometer. Wir nehmen eine dieser schwarz-gelben, nach beiden Seiten offenen, dreirädrigen Motor-Rikschas. Der Fahrer kaut ununterbrochen Betel, eine in ganz Asien weit verbreitete Gewohnheit. Der Konsum von Betel führt zu vermehrtem Speichelfluss und erzeugt Wohlbefinden und Wachheit. Außerdem dämpft es den Appetit. Einer der Gründe, warum vor allem arme Menschen das Zeug kauen. Mit Ekel beobachte ich, wie unser fröhlich grinsender Fahrer alle paar Minuten einen langen roten Strahl Speichel auf die Straße spuckt. Ich befürchte, dass mir der Fahrtwind die rote Brühe jeden Moment ins Gesicht weht.

Nach einer Dreiviertelstunde endet die Fahrt abrupt vor dem Gopuram des Virupakasha-Tempels. Das Haupttor zum Inneren der Tempelanlage. Ein rechteckiger Turm, der sich in Stufen nach oben immer weiter verjüngt. Auf diesen Stufen stehen tausende bunt lackierter Figuren von Gottheiten und deren Geschichten. Dieser Gopuram hier ist zweiundvierzig Meter hoch und stammt von 1440. Im Tempel leben hunderte Makaken, vollkommen angstbefreite kleine Affen. Wenn man nicht höllisch achtgibt, klauen sie einem in kollektiver Aktion blitzschnell Brot- und Obsttüten aus der Hand, schnappen nach kurz abgelegten Sonnenbrillen und Kameras, grapschen in unverschlossene Taschen, um sich mit der Beute affenschnell auf das Tempeldach zu schwingen oder in den Bäumen zu verschwinden.

In ganz Hampi existiert kein Faxgerät. Manuel muss sich noch ein paar Tage in Geduld üben. Ich will nach Mysore weiterreisen, eine Stadt im Bundesstaat Karnataka. Hier trennen sich Wims und mein Weg.

Am Busbahnhof gelingt es mir, wieder den »bequemen« Platz rechts hinter dem Fahrer zu entern. Die Fahrt nach Hampi hat meine Nerven bezüglich Busfahrten in Indien gestählt.

Im Central Telegraph Building von Mysore kann man Faxe versenden. Das prunkvolle Gebäude im viktorianischen Baustil ist ein beeindruckendes Überbleibsel der englischen Kolonialherren aus dem 19. Jahrhundert. Das subtropische Klima hat an dem schönen Gebäude schwere Spuren hinterlassen. Die Fassade ist von der Sonne schwarzgrau gegerbt. Tropische Regengüsse haben lange dunkelgrünliche Streifen hinterlassen und sämtliche Vorsprünge sind mit weißer Taubenscheiße übersät. Indien hat nicht nur die schönen Bauten der Engländer geerbt, leider auch dessen hinterwäldlerische Bürokratie aus der Kolonialzeit. Der Leitz-Ordner hat in Indien noch keinen Einzug gehalten. Überall stapeln sich Haufen von mit Bindfäden zusammengehalten Dokumenten. Die Bürokratie der Kolonialzeit ist auch eine Arbeitsbeschaffungsmaßnahme für ein Heer von Staatsbeamten. Mal eben ein Fax versenden, ist hier nicht möglich. Ich muss erst einen Antrag ausfüllen, auf den ich meine Reisepass- und Adressdaten eintrage. Begründen, warum ich mich in Indien aufhalte, in welchem Hotel ich wohne und was mein nächstes Reiseziel ist. Der schnauzbärtige Mann hinter dem Schalter betrachtet mich misstrauisch und wirft prüfende Blicke auf das Formular. Dann macht er eine Eintragung in einem Buch und reicht mir ein weiteres Formular, das ich unter Vorlage meines Reisepasses unterschreibe. Dann endlich geht mein Fax an Manuel auf die elektronische Reise.

Ende Januar 1997 bin ich wieder zurück in Deutschland. Nach fünf Wochen Indien schockiert mich jetzt hier die Sauberkeit und Aufgeräumtheit. Aber die Menschen wirken auffällig verschlossen und schlecht gelaunt. Es bleiben zehn Tage bis zum Abflug nach Japan. Die brauche ich auch, um mich wieder zu akklimatisieren. Physisch wie psychisch. Steve bereiten die musikalisch-technischen Vorbereitungen sichtlich Freude. Erst drei Tage vor Abflug treffen unsere Flugtickets ein. Nur Arbeitserlaubnis und Visa sind noch nicht da. Erst einen Tag vor dem Abflug können wir sie persönlich im kaiserlich-japanischen Konsulat in Düsseldorf in Empfang nehmen.

Steve, der wie ich in Mönchengladbach zu Hause ist, will so wenig Equipment wie möglich mitnehmen. Trotzdem bringt Steve gute 90 kg auf die Waage. Ich habe nur ein paar Drum Sticks und zur Sicherheit ein buchgroßes Steuerteil für mein ROLAND-E-Drum dabei. Ein USB-Stick hätte auch gereicht, wie ich später erfahre. Im Taxi geht es zum Zug nach Köln. Von dort in einem ICE nach Frankfurt.

Über endlose Flure und Rollbänder des Frankfurter Flughafens erreichen wir den Check-in-Schalter der Japan Airlines. Von Weitem erkenne ich Manuel, Lüül und Sydow, unseren Tontechniker. Wir freuen uns auf das Wiedersehen und dass bisher alles so reibungslos klappt.

Karl-Heinz »Kalle« Becker ist Initiator und Roadmanager des Ashra-in-Japan-Projektes. Er ist erst vor einem Tag von der Insel Bali zurückgekehrt. Dort hat er mit einer Krautrock-Legende, dem Guru Guru-Schlagzeuger Mani Neumeier, ein Musikprojekt mit einem Gamelan-Orchester organisiert. Kalle ist Krautrock-Fan. Seit Jahren organisiert er im Sommer das Burg Herzberg-Festival. Ein Festival, auf dem viele ehemals internationale Musikgrößen der Siebziger auftreten.

Als wir nach zwölfeinhalb Flugstunden am frühen Nachmittag des nächsten Tages auf der Landebahn in Tokio aufsetzen, signalisiert mein Körper acht Uhr morgens. Der Tag ist fast vorbei, ehe er richtig beginnt. Nach der Passkontrolle empfängt uns der junge Engländer Colin, Mitarbeiter von Smash-West, der größten Konzertveranstaltungsagentur in Japan. Ich bin beeindruckt. Colin spricht fließend Japanisch.

Gerade habe ich mich nach Indien wieder an Deutschland gewöhnt, sind die ersten Eindrücke hier ein zu Indien umgekehrter Kulturschock. Alles hier ist noch aufgeräumter als in der deutschen Heimat. Nicht ein Hauch von Abfall liegt auf dem Boden. Die hypermoderne Architektur und neueste elektronische Technik lassen hier alles wie einen Science-Fiction-Film erscheinen. Dreistöckige Autobahnen in dreißig Meter Höhe und ein bis zum Horizont reichendes Häusermeer. Die Skyline ist überwältigend. Besonders in der Abenddämmerung. Dichter Linksverkehr.

Nach zwei Stunden erreichen wir den Stadtteil Roppongi in der Präfektur Minato, Tokios Vergnügungs- und Szenemeile mit Bars, Spielhöllen, Bordellen und angesagten Techno-Clubs. Überall leuchtet es grellbunt, blinken überdimensionale japanische Katakana- und Hiragana-Neon-Schriftzeichen an Hochhauswänden. Hieroglyphen, deren Bedeutungen sich mir nicht erschließen.

Unser Hotel ist in einer Seitengasse. Im Foyer warten zwei freundliche junge Männer in dunkelblauen Anzügen auf uns. Takashi Fukushi, Sektions-Chef des Wax Museum im Tokyo Tower, und sein Assistent Keiji Oikawa. Mit Verbeugungen überreichen sie uns ihre Visitenkarten und heißen uns im Namen von Herrn Gen Fujita willkommen. Er verehrt Manuel nach eigenen Worten wie einen Samurai. Ihm gehört der Tokyo Tower.

Visitenkarten sind in Japan existenziell wichtig. Es entsteht große Unsicherheit, wenn man die gesellschaftliche Stellung seines Gegenübers nicht richtig einordnen kann. Anders als in Europa sind in ganz Asien hierarchische Strukturen Teil der tief verankerten Tradition. Von der gesellschaftlichen Stellung ist der Winkelgrad der Verbeugungen voreinander abhängig.

Auch die Wahl der persönlichen Ansprache. Es gibt acht verschiedene Formen des Du und Sie. Peinlich, wenn ein Japaner danebenliegt. Wir »Gaijin« (Ausländer) allerdings können getrost von einem Fettnäpfchen ins andere treten. Außer vielleicht für Japanologen oder »Gaijin«, die hier seit Jahren leben, ohnehin unvermeidlich. In dieser Hinsicht lassen Japaner wohlwollend Nachsicht walten. Niemand würde offen zeigen, dass mein Benehmen gerade vollkommen daneben ist.

Die beiden Abgesandten von Gen Fujita darf ich fortan mit ihren Vornamen Takashi und Keiji ansprechen. Unter schnellen Verbeugungen und freundlichem Lächeln überreichen sie uns kleine Geschenke.

Mein Hotelzimmer ist klein, lässt aber nichts vermissen. Auf dem Tisch steht eine edle Flasche Veuve Cliquot Ponsardin. Daneben ein Umschlag mit der Visitenkarte von Gen Fujita und seinem Willkommensgruß.

Das Leitungswasser schmeckt ein wenig nach Chlor. Wenn ich dusche oder bade, riecht das Zimmer nach Schwimmbad. Der Hygienetrieb der Japaner ist beeindruckend. Mein Badezimmer besteht aus einer hell-beigen Kunststoffzelle aus zwei Teilen. Die Sitzbadewanne darin ist tief genug, um mich bis zum Hals vollständig mit Wasser zu bedecken. Täglich wird das Bad mit neuer Zahnbürste, Zahnpasta, Handrasierer, Shampoo, Haarspülmittel, Seife, Wattestäbchen, Cremes und Eau de Toilette neu ausgestattet. Trink- und Zahnputzgläser werden in Plastiktüten verpackt und der Toilettendeckel täglich mit einer Papierbanderole versehen. Darauf steht: »sanitarised«. Auch Bettwäsche wird täglich gewechselt und auf das Bett ein dünner Kimono gelegt, eine Art Morgenmantel.

Kimono wird fälschlicherweise von uns für das typische Kleidungsstück von Geishas gehalten. Frei übersetzt heißt Kimono aber »Anzieh-Ding« und wird auf Kleidungsstücke aller Art angewendet.

In den Eingängen der Geschäfte stehen Regenschirm-Präservativ-Automaten. Man schiebt seinen zusammengefalteten nassen Regenschirm durch einen Schlitz dieser Apparatur. Schon steckt er in einer Tüte und es wird verhindert, dass er auf den Boden des Ladens tropft. Sämtliche Schuhe der Auslagen von Schuhgeschäften stecken in transparenten Plastiktüten. Die öffentliche Diskussion über Plastikmüll hat auch hier begonnen.

Unser Zeitplan ist eng. Wie in Japan üblich, ist alles bestens und detailliert organisiert. Im Foyer treffen wir Gabriel Ibos, unseren ehemaligen französischen Manager. Seit unserer Frankreichtour 1977 habe ich ihn nicht mehr gesehen.

Steve Hillage und Miquette Giraudy, seine französische Frau und Bühnenpartnerin sowie ihre Stage Crew sind gerade eingetroffen. Seit den siebziger Jahren sind beide Mitglieder der englisch-französischen Kultband Gong und haben auch bei The Orb mitgewirkt. Die beiden treten unter dem Namen System 7 auf und sind seit den Siebzigern mit Manuel befreundet. Sie werden auch auf dem Festival im Liquid Room auftreten, für das wir engagiert sind.

Am frühen Abend findet ein technisches Meeting der Mitwirkenden im Café Paris statt, das von Nambu Hirukasu, Chef der Konzertagentur Smash-West/Tokyo, geleitet wird. Als wir eintreffen, sind Steve, Miquette und die System 7-Crew, bestehend aus John, David und Jonathan, schon anwesend. Neben Nambu sitzt der vollbärtige Bühnentechniker Sa-Sha. Bei heiterer und entspannter Atmosphäre freuen sich alle, in Japan zu sein. Ständig piepsen Mobiltelefone, die in Japan zu der Zeit wesentlich kleiner als in Europa sind.

Technische Belange werden bis ins Detail geklärt und schriftlich festgehalten. Vor Ort ausgedruckte Kopien jedem von uns in die Hand gedrückt. Dann geht es geschlossen in ein Sushiya, ein typisch japanisches Restaurant. Keine Sushi-Bar!

Colin bestellt auf Japanisch. Wie in Japan üblich, ohne die Anwesenden nach ihren Wünschen zu fragen. Das ist traditioneller Ausdruck des Respekts gegenüber den Gästen, die sich um nichts kümmern brauchen.

Nach verblüffend kurzer Zeit sind die beiden großen Tische zum Bersten voll mit dekorativ angeordneten Köstlichkeiten. Die japanische Küche schmeichelt Augen und Gaumen auf allerhöchstem Niveau.

Unseren kurzen Rückweg zum Hotel säumen japanische, europäische und amerikanische Prostituierte. Sie stehen in kleinen Gruppen zusammen und sprechen jeden Mann freundlich an, der an ihnen vorbeigeht. Alle Frauen einer solchen Gruppe tragen die gleiche Kleidung und jede Gruppe etwas anderes. Die modisch auffällige Kleidung wirkt wie eine Uniform und passt gut in die saubere, farbig blinkende, leuchtende Umgebung.

Erschöpft schlafe ich ein, aber der Jetlag lässt mich immer wieder aufwachen. Von wilden Träumen verfolgt.

Am nächsten Morgen sind wir zum Frühstück verabredet. Ich kann es immer noch nicht fassen, dass ich mich im Herzen von Tokio befinde. Kalle Becker, der schon mehrfach in Tokio war, kennt sich in der Gegend bestens aus. Wir laufen zu einer italienischen Cafeteria mit dem Namen Pronto. Hier erlebe ich eine in der japanischen Gesellschaft tief verankerte Regel, die fordert, dass das Individuum der Gruppe Vorrang gewährt. Kaum haben wir das Pronto betreten, springen einzeln sitzende Japaner auf und machen Platz für uns, ohne dass jemand sie dazu auffordert.

Meine Bandscheiben machen sich wieder unangenehm bemerkbar. Das lange Sitzen im Flugzeug war nicht hilfreich. Im Hotel werden professionelle Shiatsu-Massagen angeboten. Vielleicht hilft das. Ich bestelle und gegen Mittag klopft es an meiner Tür. Als ich öffne, sehe ich für einen kurzen Moment niemanden. Dann fällt mein Blick auf eine sehr kleine, resolute alte Dame. Die drückt sich ins Zimmer und redet ununterbrochen japanisch auf mich ein. Mit Gesten gibt sie mir zu verstehen, dass ich mir den dünnen Kimono anziehen soll. »Japan style!«, gibt sie in gebrochenem Englisch zu verstehen. Auf nackter Haut wird im Shiatsu nicht massiert. Mit Händen und Füßen beschreibe ich meine Beschwerden. Sie nickt und legt los. Eine Stunde lang drückt sie mir ihre kräftigen Daumen schmerzhaft in die verspannten Muskeln. Zieht forsch an mir herum. Dann steht sie mit ihrem ganzen Körpergewicht auf meinem Rückgrat. Ich fühle mich anschließend wie neugeboren.

Am Nachmittag holt uns Colin minutengenau zum Stage Set Up im Liquid Room ab, einem der angesagtesten Techno-Underground-Clubs Tokios. Hier hat alles aufgelegt, was international einen Namen hat. Die Wände des Backstagebereichs sind voller Graffitis. Das Catering ist perfekt, aber: »Real dinner will be served later!«, höre ich.

Die Stars des Abends sind Ken Ishii, Japans bekanntester Techno-DJ, und Ashra. Daneben die japanische Psychedelic-Rockband Hanadensha und Metallic T.O.

Wir haben noch ein paar Stunden Zeit bis zur Performance. Auf unseren Wunsch kommen nach zehn Minuten zwei riesige Platten mit Sushi und große Schalen schmackhafter Mentsuyu-Nudelsuppe. Wieder alles schön dekoriert und in die unvermeidlichen Folien verpackt.

Manuel und Lüül sind gerade im Gebäude unterwegs, als das Essen eintrifft. Da stürzt Lüül plötzlich in den Raum und ruft aufgeregt: »Manuel ist umgefallen!« Dann verschwindet er wieder. Ich springe sofort hinter ihm her.

Am Ende eines Ganges sehe ich Colin und Lüül über den am Boden liegenden Manuel gebeugt. Er ist verletzt. Sein Nasenrücken blutet. Über dem Auge hat er eine Platzwunde und das Bewusstsein verloren. Seine Augen sind leicht geöffnet. Sein wächsern weißes Gesicht ist schmal und aus seinem Mund quillt Schaum. Er reagiert nicht auf meine Ansprache und seine Hände sind kalt. Vergeblich versuche ich, seinen Puls zu tasten. Befürchte, dass er nicht mehr lebt. Während meiner Zivildienstzeit habe ich oft genug erlebt, wie das aussieht.

Colin alarmiert eine Notfall-Ambulanz und wir tragen Manuel in den Fahrstuhl. Unten wartet bereits die Ambulanz und bringt ihn ins nächste

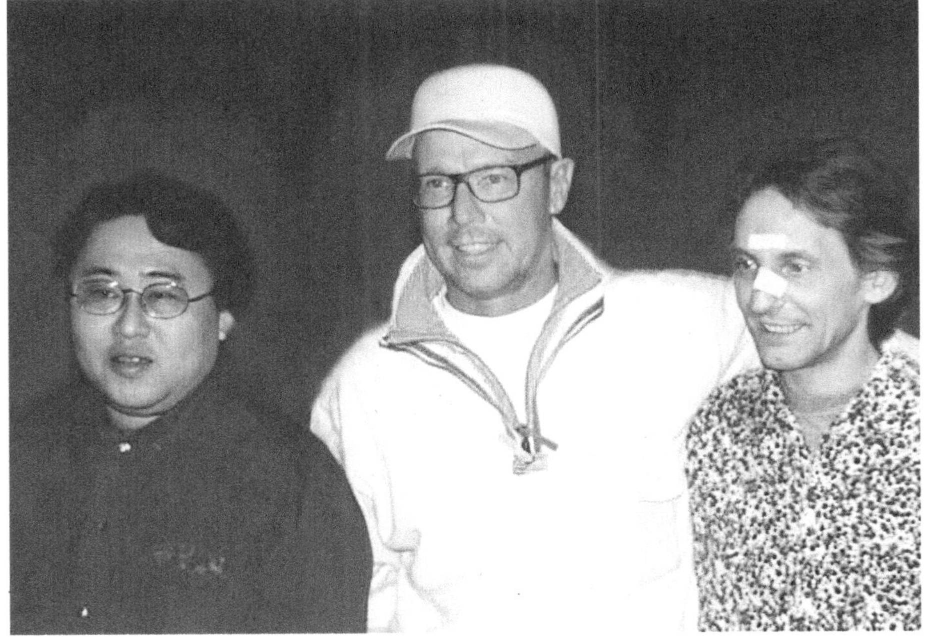

Zusammen mit Gen Fujita (links) und Manuel Göttsching (rechts) im Tokio Tower, 1997

Krankenhaus. Lüül und Colin begleiten ihn. Steve Baltes, Sydow und ich sind vom Schock gelähmt. Ich befürchte das Schlimmste.

Nach zwei Stunden Ungewissheit kommen Lüül und Colin mit Manuel zurück. Er scheint etwas wackelig auf den Beinen auf der Nase und über dem Auge kleben weiße Pflaster. Seine Nase ist nicht gebrochen. Der Vorbereitungsstress der vorangegangenen Wochen, ein schlafloser Hinflug und die letzte Nacht haben ihm vorübergehend das Licht ausgeknipst. Beim Umfallen ist er mit dem Gesicht auf eine Werkzeugkiste geschlagen.

Was nun? Es gibt nur wenige Optionen: Wir sagen diesen Gig, vielleicht auch die ganze Tour ab oder spielen heute ohne Manuel. Was nicht wirklich Sinn macht. Manuel soll entscheiden, ob er gleich mit uns auf die Bühne geht oder nicht.

Steve Hillage und Miquette reagieren besorgt und mitfühlend. Auch die System-7-Crew ist besorgt. Jonathan, Licht-Operator für Underworld, bietet sich an, unser Bühnenlicht an diesem Abend zu fahren. David und John wollen sich um unseren Monitormix auf der Bühne kümmern. Die drei sind technisch absolut kompetent und haben großartigen Humor.

Manuel fühlt sich wieder halbwegs fit und will spielen. Immer wenn er den Raum vor dem Gig verlässt, läuft Gabriel dezent hinter ihm her, um auf ihn zu achten. Wir entspannen uns langsam. Presse und Flyer haben uns unter dem alten Namen Ash Ra Tempel angekündigt. In wenigen Minuten sind wir dran.

Die japanische Poetin, Malerin und Objektkünstlerin Setsuko Chiba macht die Ankündigung auf Japanisch. Teilt dem Publikum Manuels Unfall mit und dass er trotz Verletzung spielen wird. Das wird vom Publikum frenetisch gefeiert. Selbstlose Aufopferung für eine Sache ist eine japanische Tradition.

Etwa 1.500 Fans haben sich im Liquid Room versammelt. Steve Baltes betritt als Erster die Bühne und wird stürmisch begrüßt. Er erzählt mir später, dass ihm ein Adrenalin-Schauer wie noch nie über den Rücken lief. Steve beginnt mit einem Sound-Teppich und sanften Gitarren-Sample-Loops. Dann geht Lüül auf die Bühne. Noch während er seine Gitarre anschließt, brandet Beifall auf. Dann beginnt er entspannt mit monotonen Gitarrenriffs. Ich genieße den Begrüßungsbeifall, der mir wie Strom durch den Körper geht, als ich auf die Bühne gehe. Lasse mir viel Zeit, bevor ich meine Hi-Hats zurückhaltend bearbeite. Dann kommt Manuel unter heftigem Beifall.

Hinter einem seitlichen Vorhang versteckt steht Kalle Becker. Nur wenige Meter hinter ihm. Bereit ihn aufzufangen falls er wieder aus den Schuhen kippt.

Die Erleichterung, dass Manuel wieder auf den Beinen steht, wirkt sehr befreiend auf Lüül, Steve und mich. Die Begeisterung des Publikums treibt uns zu emotionalen Höchstleistungen. Als Steve die Bassdrum der Roland 808 Drum Machine anschaltet, kocht die Stimmung. Nach zwei Zugaben ist Schluss. Wir verneigen uns: »Kon ban wa Tokyo …! Good bye!«

Ich bin glücklich, dass jetzt alles perfekt lief. In allen musikalisch-technischen Belangen besser als jemals zuvor. Das befreite Lächeln von Lüül und Steve zeigt, dass es ihnen wie mir geht.

Im Dressing Room lächeln alle Anwesenden anerkennend und recken ihre Daumen nach oben. Steve Hillage bemerkt, dass wir unbedingt in

England spielen müssen. Unser Sound würde gut in die Club- und Rave-Szene Englands passen.

Backstage lerne ich auch unseren großen Fan und finanziellen Schirmherren Gen Fujita kennen, der mit Begeisterung unseren Gig im Publikum verfolgte. Erst um zwei Uhr morgens liege ich im Bett. Ausschlafen geht wieder nicht. Der Jetlag, und in meinem Kopf kreisen die intensiven Eindrücke.

Im Pronto erzählen Sydow und Steve, dass sie sich bis zum frühen Morgen in Roppongi rumgetrieben haben. Manuel ist seit acht Uhr auf den Beinen und hat in der Umgebung Sightseeing gemacht.

Colin taucht auf und teilt mit, dass Herr Fujita eine große Pressekonferenz im Tokyo Tower organisiert hat. Als unser Kleinbus auf das geräumige Gelände am Fuße des Tokyo Tower einbiegt, werden wir schon erwartet. In schwarze Anzüge gekleidete Herren weisen uns den Weg. Takashi und Keiji empfangen uns, sich immer wieder lächelnd verbeugend.

Ein Fahrstuhl bringt uns auf eine Plattform in 150 Meter Höhe. Die Türen öffnen sich und lenken meinen Blick auf ein großes Schild mit der deutschen Aufschrift: »WILLKOMMEN ASH RA TEMPEL IM TOKYO TOWER WAX MUSEUM«.

Die Museums-Boutique mit Plattenladen auf dieser Ebene trägt den Namen The Cosmic Jokers. In der Boutique ein großes Display, in dem sämtliche jemals von uns veröffentlichten CD-Alben stehen. Neben diversem Space-Age-Nippes ein japanisches Hochglanz-Musikmagazin mit dem Titel Arch Angel. Auf den ersten vierzig Seiten nur Artikel und Fotos von Ash Ra Tempel und Manuel. Fotos aus den frühen Siebzigern, die ich noch nie gesehen habe.

Wir werden in einen großen Raum geleitet. Herr Fujita begrüßt uns und eine sich freundlich verbeugende Schönheit nimmt uns die Garderobe ab. Takashi leitet uns an die für uns vorgesehenen Plätze an einem großen Tisch in der Mitte des Raumes. Darauf wohlgeordnet typisch deutsche Snacks, Getränke und Süßigkeiten. Dann werden die Journalisten hereingebeten. Vertreter der Japan Times und der vier größten Musikjournale Japans: Sound Recording, Marquee, The Dig und Ele-King. Alle haben unseren Gig gesehen und sind voll des Lobes. Kameras klicken.

Nach den Regeln japanischer Hierarchie wird zunächst Manuel befragt. Colin übersetzt Fragen und Manuels Antworten.

Nach einer Stunde Reden und Erzählen werden wir ins Wachsmuseum geführt. Neben den beiden wächsernen Helden des Hollywood-Klassikers *Planet der Affen* Fotos von uns.

Dann steht er vor uns. In einer Vitrine hinter Glas. Hippie-Outfit und lebensgroß. Manuel ganz in Wachs erstarrt in einer typischen Pose aus den Anfängen der siebziger Jahre. Eine echte Gibson-SG-E-Gitarre umgeschnallt. So habe ich ihn damals kennen gelernt.

In der Vitrine neben ihm Lüül. Ebenfalls Siebziger-Outfit in langem Fellmantel. Daneben Michael Hoenig und Klaus Schulze. Schulze auch in Hippie-Felljacke. Eine Kippe in der Hand. So wie ich ihn 1971 kennen lernte. Hier sieht er eher aus wie Bernd Kistenmacher. In einer gegenüberliegenden Vitrine Guru Guru-Drummer Mani Neumeier.

Takashi und Keiji begleiteten uns auf die 250 m hohe Aussichtsplattform des obersten Stockwerks. In alle Richtungen Tokio bis zum Horizont. Die Dämmerung hat eingesetzt. Überall beginnen überdimensionale, neonbeleuchtete Schriftzeichen aufzuleuchten. Atemberaubend, diese Dimension Tokios.

Kalle Becker und ich gehen zu Fuß zurück zum Hotel. Wir wollen die exotische Atmosphäre genießen. Wegen der Nähe zum Meer ist die Luft Tokios immer klar und frisch.

Herr Fujita hat uns und die Smash-West-Crew zum Essen eingeladen. Ich habe gerade noch Zeit, ein heißes Bad zu nehmen und mich umzuziehen. Es riecht wieder nach Schwimmbad.

Pünktlichkeit ist eine strenge Tugend in Japan. Unpünktlichkeit beleidigt den Gastgeber. Natürlich schaffen wir es nicht: »Sumimasen Fujita San.« (Entschuldigung, Herr Fujita.)

Das Restaurant ist absolute Oberklasse. Viele Pflanzen und Aquarien, die wie Teiche in den Boden eingelassen sind. Wir werden in ein Separee geleitet, wo uns Herr Fujita begrüßt. Die Tischordnung an dem extrem langen und sehr schmalen Tisch ist hierarchisch festgelegt. Wir vier sitzen mit Herrn Fujita zusammen uns gegenüber. Gabriel und Herrn Fujitas Manager und Assistenten sind neben uns platziert. Die Crew sitzt am anderen Ende des Tisches. Sake wird serviert und mit »Kampai, Kampai«

geprostet. Feinste Köstlichkeiten werden serviert, ohne dass wir etwas bestellen. Nichts von den Delikatessen habe ich je vorher gesehen. Als Nachtisch gibt es Eis aus grünem Tee. Takashi kommt ein paarmal mit gesenktem Blick und auf den Knien rutschend an unseren Tisch, um Manuels Aschenbecher zu leeren. Ein sehr gewöhnungsbedürftiger Anblick.

Ich erzähle viel und bin abgelenkt. Bekomme nicht mit, dass mir immer wieder unauffällig Sake nachgeschüttet wird. Leere Gläser beleidigen den japanischen Gastgeber. Als Folge bin ich ungewohnt stark angedüdelt, als die Tafel aufgehoben wird. Herr Fujita begleitet uns persönlich zum Hotel. Manuel und Kalle im brandneuen 500er S-Klasse Mercedes. Wir und die Stage-Crew im Aircondition-Bus.

Heute bin ich noch relativ fit, als einige von uns beschließen, dem Gas Panic Club um die Ecke einen Besuch abzustatten. Der kuriose Name bezieht sich auf den Terroranschlag der buddhistischen Aum Shinrikyo-Sekte 1995, bei dem dreizehn Menschen sterben und tausend verletzt werden. Mitglieder der Sekte hatten das hochgiftige Nervengas Sarin in einem Tokioter U-Bahn-Bahnhof deponiert.

Ein Fahrstuhl bringt uns in den siebten Stock zum Gas Panic. Ein tätowierter, muskelbepackter Security-Mann mustert uns skeptisch und lässt uns passieren. Im Gas Panic geht die Post ab. Die Stimmung ist bombastisch. Alles freut sich. Auf der Theke tanzen Frauen zu Hip-Hop, Grunge und Techno. Es ist laut. Ich kann mich nur in Zeichensprache verständigen. Nach zwei Stunden schlurfe ich mit Steve zurück ins Hotel. Kalle Becker bleibt länger und berichtet am nächsten Tag von üblen Schlägereien zwischen Mexikanern und Japanern. Der Muskelmann im Eingang hat dabei gut zugelangt.

Ich schlafe zwei Stunden. Dann schlägt der Jetlag wieder zu. Halb vier in der Frühe setze ich mich hellwach in die heiße Badewanne und schalte die Glotze an. CNN berichtet vom Tamagotshi-Fieber, das gerade in Japan ausbricht. Ein Tamagotshi ist ein kleines eiförmiges, elektronisches Spielzeug mit einem Screen, auf dem sich ein piepsendes virtuelles Ei mit Küken bewegt. Auf Knopfdruck wird es aktiv und will gefüttert werden. Macht man Fehler, verreckt es. Das Ding kostet sechzehn Dollar. Wegen starker Nachfrage ist es seit Wochen ausverkauft. Fanatiker zahlen bis zu einhundert Dollar für ein Exemplar.

Heute geht es nach Osaka. Vorher Frühstück im Café de Paris. Drei grüne Taxis mit automatischen Türen bringen uns zum Shin-Tokyo-Bahnhof. Uns erwartet eine Fahrt mit dem Shinkansen, schnellster Reisezug der Welt. Spitzengeschwindigkeit 443 km/h im Testlauf. Nambu besorgt unsere Tickets. Wir immer hinter ihm her. Rolltreppen rauf, Rolltreppen runter. Durch Automatik-Barrieren. Vorbei an Kontrolleuren in weißen Handschuhen.

Auf dem Bahnsteig und auf den Gleisen keine einzige Kippe. Raucherzonen sind auf dem Bahnsteig mit grüner Linie am Boden markiert. Reinigungspersonal in pinkfarbenen Kitteln sind mit Eimern und Besen bewaffnet und warten artig an den auf dem Bahnsteig angebrachten Kennzeichnungen für die Position der Zugtüren.

Als der stromlinienförmige Shinkansen einrollt, hält er millimetergenau an diesen Markierungen. Wir hinein in die vollklimatisierte Großraumkabine. Rechts und links je eine Zweierreihe Sitze mit reichlich Beinfreiheit. Die Lehnen sind verstellbar.

Auf die Sekunde genau rollt der Zug an. Zunächst langsam, weich und leise. Dann zunehmend schneller. Eine freundliche weibliche Stimme macht Ansagen auf Japanisch und Englisch. Ein Display über dem Durchgang zeigt die aktuelle Geschwindigkeit. Vor uns liegen 600 Kilometer.

Japans Ostküste ist dicht besiedelt und die gesamte Strecke erscheint mir wie eine einzige Stadt, nur kurz unterbrochen von Dörfern und Feldern. Die hohe Geschwindigkeit merke ich nicht. Ich nicke ein, bis Gabriel mich anstößt und auf den Fujiyama zeigt, an dem wir gerade vorbeirauschen. Der Autofokus meiner chinesischen Billig-Kleinbildkamera lässt sich per Hand nicht abstellen, die Fensterscheibe nicht runterkurbeln. Schnell ein unscharfes Foto.

Kurze Aufenthalte in Nagoya und Kyoto. Nach zwei Stunden rollt der Shinkansen im Hauptbahnhof Shin-Osaka ein.

Gegenüber von Osaka auf der anderen Seite der Bucht liegt die Stadt Kobe, vor zwei Jahren von einem verheerenden Erdbeben in schwere Mitleidenschaft gezogen. Keine zwanzig Kilometer entfernt. Steve und ich versuchen, Erdstöße zu fühlen. Es sollen zig hundert kleine Beben im Jahr stattfinden. Ich merke davon nichts, als ich mit Steve und Manuel die Stadtmitte erkunde.

Osaka! Wieder eine verwirrend bunte Science-Fiction-Welt. Die Fußgängerpassage entlang des Dōtonbori-Kanals im Stadtteil Namba ist auf drei Kilometern Länge überdacht.

Steve klinkt sich aus und macht sich auf eigene Faust auf den Weg. Nach und nach gehen alle anderen verloren. Manuel und ich bleiben übrig. Wir besuchen ein Restaurant. Superfreundliche Bedienung, aber die freundliche Dame versteht kein Englisch. Das Menü ist nur auf Japanisch zu lesen. Gott sei Dank liegen in den Schaufensterauslagen der Restaurants hyperperfekte Kunststoff-Imitationen der angebotenen Gerichte. Die sehen dermaßen realistisch aus, dass schon beim Betrachten das Wasser im Munde zusammenläuft. Wir zeigen auf das Gewünschte und alles ist im grünen Bereich. Auf dem Rückweg noch ein Eis. Neben Eis aus grünem Tee gibt es welches mit Kartoffelgeschmack! Wir bleiben bei Vanille und Walnuss.

Der nächste Tag ist frühlingshaft mild. Steve und ich schlendern wieder einige Stunden durch die Innenstadt. Finden uns leicht zurecht, denn alles ist quadratisch angeordnet. In einer Spielhölle mit dem Namen Atariata verprassen wir ein paar hundert Yen für ein Ballerspiel. Besuchen im 7. Stock eines Hochhauses einen Showroom von Sony, die hier ihre elektronischen Neuheiten präsentieren. Es gibt Geräte, die erst Jahre später in Europa auftauchen. Wir sind beeindruckt.

Japaner nutzen modernste Technik ohne Vorbehalt. Nach ihrem religiös-philosophischem Verständnis ist alles mit Leben beseelt, auch Anorganisches. Somit ist alles Dingliche lebendig und positiv besetzt. Bestens geeignet, die Evolution voranzutreiben. Man findet hier QR-Codes auf Grabsteinen, mit deren Hilfe man Fotos der Verblichenen und passende Trauermusik auf sein Mobiltelefon laden kann.

Steve Hillage, Miquette und die System-7-Crew haben sich gestern und heute die Kaiserstadt Kyoto angeschaut. Beim Soundcheck im Bayside Jenny Club treffen wir uns alle unter großer Wiedersehensfreude wieder. Miquette hatte am Vortag Geburtstag. Wir schenken ihr eine von Walter Wegmüller entworfene Tarot Swatch Uhr.

Das PA-System im Bayside Jenny hat nicht die Qualität vom Liquid Room. System 7 hat Probleme mit dem Monitoring. Irgendetwas ist im Eimer und wird gerade von John und David repariert.

Wir sitzen rum und warten darauf, unseren Soundcheck machen zu können. Als wir endlich dran sind, raucht Steves Monitor ab. Der Ersatzmonitor ist kleiner. Er befürchtet, dass seine 808-Maschinen-Bassdrum jetzt nicht so richtig Druck machen kann.

Der Club ist gut besucht, als wir pünktlich um Mitternacht eine Stunde lang spielen. An einigen Stellen geben wir mächtig Gas und müssen am Ende Zugaben geben. Trotz Soundbeschränkung klappt alles bestens. Tokio und das ganze Japan-Feeling haben uns viel positive Energie gegeben. Der technische Support von Sa-Sha und seiner Crew ist großartig.

Ich will endlich System 7 hören. In Tokio war ich zu erschöpft, um bis drei Uhr morgens durchzuhalten. Hier in Osaka spielen sie zwar auch erst gegen zwei Uhr dreißig. Aber mein Jetlag hat nachgelassen.

Die Performance von Steve und Miquette ist sehr kraftvoll und gefällt mir sehr gut. Die beiden improvisieren zu vorproduzierten Sequenzen, die von einem CD-Player eingespielt werden. Techno vom Feinsten. Es ist der letzte Tag für die beiden in Japan. Die ganze Crew muss in vier Stunden am Airport in Osaka sein. Wir verabschieden uns herzlich in der Hoffnung, sie alle bald wiederzusehen. »Maybe London! A pleasure meeting all of you!«

Nach dem Essen feiern wir auf meinem Hotelzimmer mit dem Veuve Cliquot, den ich vorsorglich kaltgestellt habe. Lüül hat die gleiche Idee. Wir prosten »Kampai« und freuen uns über den Erfolg. Um zwei Uhr morgens schmeiße ich die Bande aus dem Zimmer. Wir müssen früh raus. Der Shinkansen wird uns wieder nach Tokio zurückbringen.

Der nächste Gig in Tokio findet im Club Quattro statt. Nur zehn Minuten von unserem Hotel entfernt. Es schneit und der Wind ist eisig, als wir am Nachmittag zu Fuß zum Club laufen. Heute Abend sind wir der einzige Act. Wir sind gut drauf. Der Sound im Club ist perfekt und alles läuft wieder wie geschmiert. Herr Fujita hat ein großes Blumengesteck und eine Flasche Napoleon in den Dressing Room schicken lassen.

Die Tokyo Times ist voll des Lobes, hören wir. Überschrift: »Lost And Found In Space« – »Examples of old into new school – High on the energy …« usw.

Takashi und Keiji haben ihre blauen Anzüge diesmal im Schrank gelassen und halten jede unserer Bewegungen auf Video fest. Wir spielen mehr als zwei Stunden. Unser bester Gig. Der Japaner am Monitormixer ist ein ausgeschlafener Typ, der seine Aufgabe beherrscht.

Die Chefs von King Records, das Plattenlabel, das unsere Platten in Japan vertreibt, erwarteten uns und Gabriel nach der Show zu einem Essen.

An unserem Tisch sitzt auch der japanische DJ Toby (Tobynation). Er kennt Deutschland, Oliver Lieb und die Leute vom Eye Q-Label. Am Ausgang des Restaurants warten Fans, die uns nicht passieren lassen, ohne dass wir einen Stapel LPs und CDs signiert haben. Um drei Uhr am Morgen gehe ich schlafen.

Vier Stunden später stehe ich wieder auf den Beinen. Das wars, Japan! Allen Beteiligten noch ein dickes »Domo Arrigato Goseimash'ta!« Die letzten Stunden in diesem exotischen Land voller Überraschungen und Eigentümlichkeiten brechen an. Wir schaffen es zum ersten Mal auf die Minute genau, uns im Foyer des Hotels einzufinden. Nambu und Colin bringen uns zum Narita Airport. Die Sonne strahlt. Es ist windig und frühlingshaft mild. Gruppenfotos und ein letztes »Sajonara«. Man will uns auf jeden Fall wiedersehen, höre ich immer wieder.

Dann sitzen wir auch schon in der Boeing 747. Kalle Becker hat uns in dem Buckel auf dem vorderen Teil der Maschine im oberen Stockwerk des Jumbojets untergebracht. Ich werde wehmütig. Es hätte gerne noch eine Weile so weitergehen können. Wir prosten uns mit einem Skytime zu. Ein transparent gelb fluoreszierendes Limo-Getränk mit merkwürdigem Geschmack. Lüül nennt mich Harald Kiri. Wir lachen.

BURG HERZBERG-FESTIVAL

Nach unserem Japan-Trip lädt Kalle Becker Ashra auf sein Burg Herzberg-Festival ein.

Einen Tag vor unserem Auftritt reisen wir an. Im Catering-Zelt bricht Manuel wieder ohnmächtig zusammen. Ein Notarzt bringt ihn nach zweiminütigem Herzstillstand wieder ins Leben zurück und man bringt ihn in eine lokale Klinik.

Wie schon in Tokio ist unser Auftritt wieder gefährdet. Wir wissen stundenlang nicht, was los ist, bis Manuel am frühen Abend wieder da

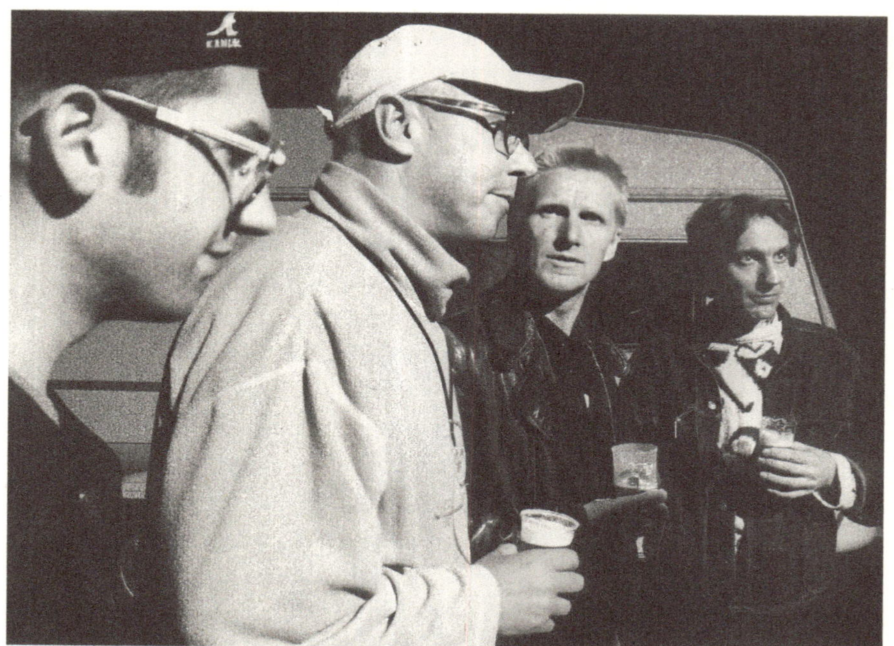

Herzberg Festival 1997: Zusammen mit Steve Baltes (links), Lutz Ulbrich (2. v. rechts) und Manuel Göttsching (1. v. rechts), Herzberg Festival 1997

ist. Er hat die Klinik auf eigenen Wunsch verlassen und fühlt sich nach eigener Aussage fit für die Performance. Er sieht aber sehr mitgenommen aus.

Etwa 15.000 Besucher bejubeln am späten Abend des nächsten Tages unseren Auftritt. Alles läuft reibungslos. Manuel bekommt musikalisch alles auf die Reihe, aber ich mache mir ernsthaft Sorgen um seine Gesundheit. Lüül erzählt, dass solche Vorfälle wohl schon mehrfach vorgekommen sind.

Für den Herbst sind wir auf das KLEMdag Festival in Eindhoven eingeladen. Wir sind sehr locker und entspannt, als wir auf die Bühne gehen. Haben viel Spaß. 1.500 Fans feiern uns.

Meine WG in Mönchengladbach löst sich auf. Ich bin der Letzte und kündige, ohne zu wissen, wo ich in Zukunft wohnen werde. Ich will wieder in Berlin leben. Träume weiterhin davon, unabhängig an meiner Musik arbeiten zu können und stelle meine Sachen für unbestimmte Zeit bei einem Bauern unter. Ein ganzes Jahr habe ich keine eigene Wohnung und

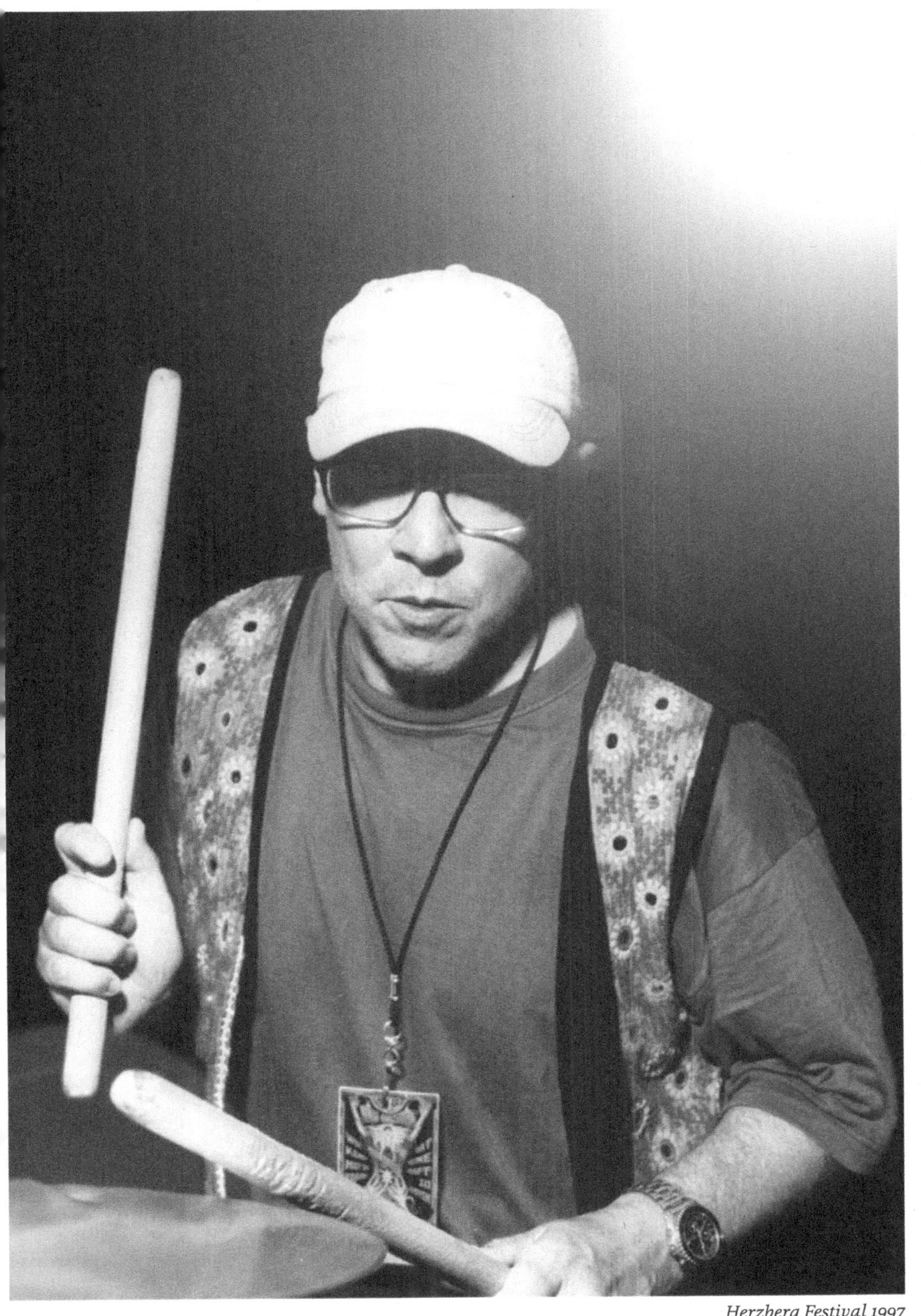

Herzberg Festival 1997

lebe wochenweise bei Freundinnen in Köln, Essen, Duisburg und in einer der Berliner Wohnungen meines Freundes Hans Werner Olm. Die hat er mir für ein paar Monate überlassen.

17 HIPPIES

Lüül hat in Berlin eine neue Band gegründet. Bei einem meiner Besuche erzählt mir eine Freundin, wie mitreißend diese rein akustische Kapelle ist. Die Band nennt sich 17 Hippies. Es sind aber fast doppelt so viele Musiker. Das Konzept der Truppe: Keine Mikrofone! Kein Schlagzeug! Keine elektrisch verstärkten Instrumente und die Aufgabe aller utopischen Karriereträume. Auftrittsorte müssen notfalls auch mit öffentlichen Verkehrsmitteln erreicht werden. Und keine Tabus! Das heißt, gespielt wird überall, wo die Band verlangt wird. Auch auf der Straße und bei Hochzeiten. Einige der Mitspielenden erlernen gerade erst ihr Instrument, stehen aber trotzdem schon mit auf der Bühne. Was dem Sound eine »besondere« Note gibt. Ähnlich italienischer Dorf-Orchester in den Alpen, die Verdi und Puccini öffentlich zum Besten geben. Das Instrumentarium der 17 Hippies besteht aus Kontrabass, Cello, Gitarre, Ukulele, Trompete, Tuba, Posaune, Klarinette, Akkordeon, Gesang und Percussion. Lüül spielt Banjo.

Ich will mir das nicht entgehen lassen und besuche einen ihrer Auftritte auf Bio-Bauernhof außerhalb Berlins. Schon drei Minuten nach ihrem Eintreffen sind die »Hippies« spielbereit.

Traditionelle Tanzmusik aus dem letzten Jahrhundert. Bayerische Ländler, spanische Volkslieder und Cajun. Alles mit einer Rock'n'Roll-Geste. Obwohl es überhaupt nicht meine Musik ist, reißt es mich mit. Die Post geht ab und ich würde am liebsten sofort einsteigen. Der Spaß, den die »Hippies« verbreiten, ist sensationell. Im Handumdrehen begeistern sie die Zuschauer, die sich spontan eingefunden haben.

Henry spielt Klarinette bei den »Hippies« und plant gerade, mit seiner Freundin zusammenzuziehen. Sie haben bereits eine größere Wohnung gefunden. Seine zwei Zimmer in der Eberswalder Straße 5, Prenzlauer Berg werden frei. Eine Hinterhofwohnung im 3. Stock mit Außenklo auf halber Treppe. Meine Chance, wieder in Berlin Fuß zu fassen. Ich bewerbe mich und bekomme die Wohnung. Sie soll renoviert werden. Aus zwei Zimmern soll ein Einzimmer-Apartment mit Bad und kleiner Küche werden. Ich muss mich allerdings noch einige Wochen gedulden, bis ich einziehen kann und fahre wieder nach Westdeutschland.

Im Rheinland arbeite ich nebenbei saisonal als selbstständiger Messebauer. Ein ultraharter Knochenjob, der meist an Wochenenden mit mehr als zehn bis zwölf Stunden pro Tag stattfindet und relativ gut bezahlt wird. Wenn denn Zahlungen auch regelmäßig fließen würden. Ich muss in der Regel über ein halbes Jahr warten, bis meine Rechnungen vollständig beglichen sind. Dazwischen lebe ich von den kleckerweise geleisteten Abschlägen.

PHONOROID

Axel Heilhecker hat 2002 mit der amerikanischen Sängerin Vanessa Vassar das Duo Phonoroid gegründet. Vanessa hat eine Weile in Berlin gelebt und für den Musikfernsehsender MTV gearbeitet. Wir hatten ein paar gemeinsame Live-Auftritte, die ich auf meinen selbstgebauten Plastiktrommeln begleitete. Die beiden wollen in den USA einen Videoclip drehen und haben mich eingeladen mitzuwirken.

In Los Angeles treffen wir auch den englischen Kameramann Chris Rowe, der in Berlin zu Hause ist. Ein ehemaliger Student des deutschen Hollywood-Star-Kameramannes Michael Ballhaus. Auch eine Freundin von Vanessa ist mit von der Partie. Wir mieten einen Van sowie Film- und Beleuchtungsequipment in L.A. und fahren nach Nordosten Richtung Mojave-Wüste. Die Hitze hier ist abartig. So etwas habe ich noch nie erlebt. Inmitten hochstehender Kakteenbüsche finden wir passende Drehorte in der menschenleeren, kargen Landschaft.

Auf dem Rückweg nach L.A. halten wir am Bagdad Café, 1990 Drehort des deutschen Kultfilms *Out of Rosenheim* mit Film-Ikone Marianne Sägebrecht in der Hauptrolle. Unser Clip läuft ein paarmal auf MTV.

MOSKAU

Die Messebaufirma, für die ich arbeite, hat Konkurs angemeldet. Ich warte bis heute auf Zahlung ausstehender Rechnungen. Es passt aber gut, bin seit einem Jahr verheiratet. Gerade Vater von Zwillingen geworden und werde diesen Job nie wieder machen.

In dieser Situation bekomme ich eine Einladung, in Moskau aufzutreten. Der Club nennt sich 16 Tons. Eine Reminiszenz an die umwerfenden Sketche der englischen Monty Python-Comedy-Truppe um John Cleese.

Ich möchte Steve und Axel mitnehmen. Steve will, aber Axel ist Moskau zu brenzlig.

Arbeits-, Reisevisa und Zollpapiere zu organisieren, nervt generell. Nicht nur für Russland. In Bad Godesberg steht das russische Konsulat. Davor stehen Gruppen zigarettenrauchender Russen, die sich misstrauisch umschauen. Ich ziehe eine Wartenummer. Fülle Anträge mit Passbildern aus. Zeige meine Einladung und die Bestätigung einer notwendigen Auslandskrankenversicherung.

Nach ein paar Tagen kann ich die Dokumente abholen. Dann geht es mit Steve zum Zollamt nach Köln. Sogenannte »Carnets« ausfüllen und hier unser Equipment vorführen. Dieses Dokument braucht man, damit sichergestellt ist, dass man auch ausführt, was man eingeführt hat.

Der Reisetag gegen Ende März 2004 ist sonnig und frühlingshaft warm. Wir fliegen mit einem modernen Airbus von Düsseldorf mit Aeroflot. Nach drei Flugstunden durchbrechen wir im Landeanflug die Wolkendecke über Moskau. Es wird sehr ungemütlich. Die Maschine wird von heftigen Turbulenzen durchgeschüttelt. Es schneit und immer wieder reißt es die Maschine über den linken Flügel nach unten. Auch dann noch, als ich bereits die Fläche kurz vor dem Rollfeld des Scheremetjewo-Flughafens unter mir sehen kann. Immer wieder wird die Maschine von heftigen Seitenböen erfasst und kippt nach links über den Flügel.

Wenn das beim Aufsetzten passiert, sind wir geliefert, denke ich und bekomme feuchte Hände. Der deutsche Passagier links neben mir faselt die ganze Zeit von einem Beinahe-Absturz, den er in Kasachstan erlebt hat. Vollidiot, denke ich. Steve schweigt mit besorgter Miene und hat

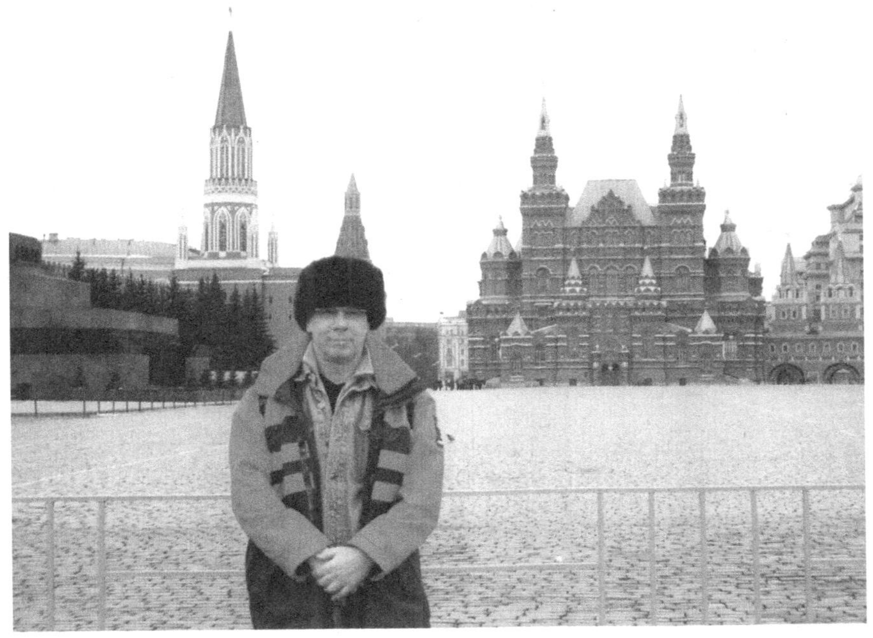

Schweißperlen auf der Stirn. Im Moment, als die Maschine aufsetzen müsste, jaulen die Triebwerke auf und wir starten durch. Es geht wieder steil nach oben. Die Kiste schüttelt wie der Teufel. So mulmig war mir selten bei einem Flug.

Der Typ neben mir berichtet weiter ungefragt von Beinahe-Abstürzen in Russland. Ich werfe ihm kurz einen sehr bösen Blick zu.

Nach einer zwanzigminütigen Runde sind wir wieder im Landeanflug. Die Scherwinde sind keinen Deut schwächer. Wieder und wieder kippt der Airbus ruckartig über die linke Tragfläche.

Ich erkenne im dichten Schneetreiben wieder die Fläche vor der Rollbahn unter mir. Aber wieder jaulen die Triebwerke auf und unter vollem Schub geht es steil zurück in den Himmel.

Auf Englisch mit russischem Akzent entschuldigt sich die Stimme des Kapitäns und sagt, dass wir jetzt auf dem Weg nach Sankt Petersburg sind und dort nach einer Flugstunde landen werden.

Es ist empfindlich kalt bei Mütterchen Russland, als wir über das schneebedeckte Rollfeld in Sankt Petersburg zum Terminal laufen. Im Eingang wirft uns eine schwarz uniformierte Frau mit Fellmütze misstrauische Blicke zu. Dann dichtes Gedränge und keine Ansagen, wie es weitergehen wird.

Steve und ich suchen uns einen Platz und bekommen ein kostenloses Getränk. Coca Cola mit künstlichem Kirschgeschmack, ein furchtbares Gesöff. In dutzenden Kästen übereinandergestapelt stehen die Flaschen neben einer Rolltreppe und werden von einer unfreundlichen Aeroflot-Bediensteten verteilt. Freundlicher Service im öffentlichen Raum scheint hier ein Fremdwort zu sein.

Nach vier Stunden Herumhängens endlich die Ansage, dass es wieder nach Moskau geht. Die Wettersituation hat sich offensichtlich beruhigt.

Ein Irrtum und nach einer Stunde wieder die gleiche Situation. Kurz vor dem Aufsetzen heftigste Scherwinde. Selbst der Typ mit dem Beinahe-Absturz-Geschwätz neben mir schweigt und das Schneetreiben ist heftiger geworden. Dieses Mal wagt der Pilot es. Die Maschine setzt auf, schleudert ein paarmal hin und her, stabilisiert sich aber schnell, als der Brems-Rückstoß einsetzt.

Dichte Schneeflocken treiben waagerecht am Fenster vorbei. Steve und ich ergreifen unsere feuchten Hände und feiern, dass wir es überstanden haben. Ich entspanne und die Erleichterung löst eine geradezu euphorische Stimmung aus. Von diesem Moment an finde ich alles klasse, was passiert.

Der russische Zoll interessiert sich weder für unsere Pässe noch für die »Carnets« und winkt uns durch. Hinter der Absperrung empfängt uns die charmante Anna. Sie hat fünf Stunden geduldig auf uns gewartet. Sie arbeitet für die britische Teefirma, die den Gig sponsert, und spricht perfektes Englisch. Wir bekommen beide einen großen Stoffhund geschenkt. Meine Zwillinge werden sich freuen. Eisiger Wind schlägt uns entgegen, als wir das Flughafengebäude verlassen. Die Straßen sind mit schmutzig braunem Schnee bedeckt. Ein Audi wartet auf uns, dessen Scheiben vereist sind, da die Heizung ihren Geist aufgegeben hat. Ich lebe! Derartige Nebensächlichkeiten sind mir jetzt vollkommen schnuppe. Bin immer noch euphorisiert, auch wenn ich kaum etwas vom nächtlichen Moskau erkennen kann.

Der Audi setzt uns vor dem imposanten Hotel Ukraina ab. Bis 2001 ist das Ukraina das größte Hotel Europas. 198 Meter hoch. 34 Stockwerke.

1.080 Zimmer. Es gehört zu den »Sieben Schwestern« Moskaus, im Volksmund auch »Stalinfinger« genannt. Die sieben Wolkenkratzer im gleichen Stil sind monumentale Prachtbauten im sozialistisch-kommunistischen Zuckerbäckerstil und erinnern an amerikanische Wolkenkratzer in Comic-Heften der frühen vierziger Jahre.

Zu diesem Zeitpunkt sind sie auch gebaut worden. Einzig um den Amerikanern und dem Rest der Welt zu zeigen, wie leistungsstark der Kommunismus ist. Auftraggeber ist der Georgier Wissarionowitsch Dschugaschwili, einer der größten Verbrecher des letzten Jahrhunderts. Bekannt unter dem Namen Stalin.

An der gewölbten Decke des riesigen Foyers ein kitschiges Ölgemälde mit einer monumentalen Szene der russischen Revolution von 1917. Das Ukraina strahlt im Charme von vergangenem Luxus. Marmor, Holz und glänzendes Messing überall. Vintage mit deutlichen Gebrauchsspuren. Angeblich wird das Hotel von Tschetschenen geleitet, die mit den Russen gerade einen Bürgerkrieg führen. Überall steht muskelbepackte Security in schwarzen engen Anzügen herum. Spiralkabel an den Ohren.

Anna begleitet uns noch bis zur Rezeption und stellt uns Pavel vor, der uns erwartet. Pavel ist Besitzer des 16 Tons. Auch er spricht bestes Englisch und lädt uns zum Essen in seinen Club ein.

Vorher muss ich versuchen, mein Zimmer im 23. Stock zu finden. Verwirrend endlose, holzvertäfelte Gänge mit schweren Teppichen. Das oberste Stockwerk scheint vom Militär genutzt. Im Fahrstuhl begegne ich ernst blickenden Uniformträgern. Pavel erklärt, dass das Gebäude bis zum Ende der Sowjetunion mit Flugabwehrsystemen ausgestattet war.

Mein Zimmer ist sehr geräumig. Die doppelflügeligen Holzfenster sind von einem schweren Vorhang verdeckt. Während ich auspacke, schaue ich CNN-Nachrichten. Die Emailleschicht der Badewanne ist hier und da abgeplatzt. Unterhalb der kitschigen Wasserhähne hat sich eine breite rostbraune Linie bis zum Wannenboden in die nicht mehr ganz weiße Emailleschicht eingefressen. Die Chromschicht auf den Hähnen ist auch nicht mehr vollständig und gibt hier und da den Blick auf das Messing frei. Alles strahlt Sowjet-Retro aus.

Die Aussicht von hier oben auf den breiten, hell beleuchteten und verschneiten Kutusow-Prospekt ist grandios. Im dichten Schneetreiben kann ich links von mir die Nowoarbatski-Brücke und das russische Parlamentsgebäude »Bely Dom« (Weißes Haus) ausmachen. Der damalige Präsident Boris Jelzin hat 1991 auf dieser Brücke, auf einem Panzer stehend zum Widerstand gegen den Putsch aufgerufen.

Wir nehmen ein Taxi zum 16 Tons Club. Im zugehörigen Restaurant plaudern wir, was das Zeug hält. Pavel ist Techno-Fan und wie Steve kennt er sich gut aus. Die Euphorie der geglückten Landung steckt mir immer noch in den Knochen. Ein paar Wodkas verstärken diesen Zustand. Das Essen ist von ausgesuchter Qualität. Auffällig ist, dass der Laden voller junger Frauen ist. Außergewöhnlich hübsch und perfekt gestylt.

Am nächsten Morgen versuche ich, Steves Zimmer in einem der vielen Flügel des Hotels zu finden und brauche dafür zwanzig Minuten. Steve ist noch groggy vom Wodka und ich gehe allein zum Frühstück.

Ein großer Salon mit einer zehn Meter hohen Decke. Wieder in diesem Sowjet-Retro-Charme. Schwere blassblaue Vorhänge, üppige Kronleuchter. Die uniformierten Angestellten sind reserviert höflich.

Unsere Besucher am Abend im 16 Tons sind im Vergleich sehr aufmerksam und hören uns konzentriert zu. Der Gig ist gut. Anschließend werden wir immer wieder freundlich und respektvoll angesprochen. Im Backstage bekomme ich diskret einen Umschlag mit der Gage. Der Sponsor schenkt uns einen edlen Holzkasten mit einer großen Auswahl Beuteltee.

Es ist spät, als wir uns auf den Rückweg machen. Diesmal per Anhalter. Das ist hier üblich. Es hält sofort jemand an. Ich frage den Fahrer auf Russisch: »Hotel Ukraina! Sto Rubley?« Das heißt hundert Rubel und entspricht etwas mehr als einem Euro. Bis auf »Danke« und »Auf Wiedersehen« kann ich leider kein Russisch. Eine Verständigung mit dem Fahrer ist nur selten möglich. Manchmal erwischen wir jemanden, der Englisch spricht. Wir machen das ein paar Mal in den nächsten Tagen und haben die seltene Gelegenheit, in Autos zu sitzen, die noch in der UdSSR produziert wurden.

Ich bin mit Artemiy Artemiev verabredet, Sohn des legendären russischen Filmkomponisten Edward Nikolajewitsch Artemiev. Edward hat die Musik zu den Kultfilmen *Solaris* und *Stalker* von Andrey Tarkowsky gemacht und 2001 für *Soweit die Füße tragen*. Artemiy ist wie sein Vater auch Komponist elektronischer Musik. Er betreibt das Musiklabel Electroshock.

Außentemperatur minus zehn Grad. Die Moskauer Straßen sind mit Schnee und Eis bedeckt. Mit seinem getunten Seat Toledo holt uns Artemiy vom Hotel ab und wird uns Moskau zeigen. Wir wollen den berühmten Roten Platz besuchen. Aber Artemiy weigert sich. Er findet diesen Ort abartig touristisch und will uns lieber den »Piratenmarkt« Gorbushka zeigen. Trotz vereister Straßen fährt er wie ein Henker durch die Innenstadt. Zieht manchmal hoch bis 100 km/h. Nähern wir uns einer Geschwindigkeitskontrolle der Polizei, heult im Wageninnern ein Radar-Warner auf. Dann drosselt er die Geschwindigkeit und gibt außer Reichweite ungehemmt wieder Gas. Ich frage ihn, ob er versichert ist. »No! No one here trusts insurance companies.«

Ich: »What if something happens? Accidents!?«

Er: »There are many possibilities«, seine mit subtilem Grinsen begleitete Antwort.

Der Gorbushka-Markt ist ein Schwarzmarkt mit riesigen Ausmaßen. Davor ein großer Parkplatz. Hier trauen sich nur Einheimische hin. Die Polizei regelt den Verkehr und kassiert wahrscheinlich Schmiergelder von den Veranstaltern. Scheint jedenfalls kein Interesse an dem illegalen Treiben zu haben.

Hier gibt es alles, was das Computerherz begehrt. Hard- und Software für einen Spottpreis. »Was braucht ihr?«, fragt Artemiy. »Aber lasst mich kaufen. Wenn die hören, dass ihr Ausländer seid, steigen die Preise.« Für umgerechnet 5 Euro bekommt man hier jede im Westen entwickelte Software. Mich wundert nicht, warum Pavels Hightech-Computer so umfangreich mit teurer Software ausgestattet ist. Am Nachbarstand gibt es Musik-CDs und DVDs mit aktuellsten Hollywood-Produktionen.

Weiter geht es vorbei an Stalins ehemaliger Moskauer Stadtresidenz, zu der er eigens eine nichtöffentliche U-Bahn hat bauen lassen. Wir melden Hunger an und Artemiy führt uns in ein Kult-Restaurant im russischen Stil eines luxuriösen groben Blockhauses.

Artemiy fragt, was wir gerne essen. Ich schaue mir die Karte an, zähle eine ganze Reihe Sachen auf, die in Frage kommen könnten. Nach fünfzehn Minuten stehen alle diese Gerichte vor mir auf dem Tisch. Fünf komplette Mahlzeiten, unmöglich zu bewältigen. Steve ist noch mit seinem Kater vom Vorabend beschäftigt und Artemiy trinkt keinen Alkohol. Das Fläschchen des edlen, von mir bestellten Wodkas muss ich alleine trinken. Ich bin Alkohol nicht gewohnt.

Als wir das Restaurant verlassen, bin ich ziemlich knülle. Was meine Ängste vor Artemiys Fahrkünsten auf vereisten Pisten eine Weile dämpft. Wir besuchen noch ein uraltes Kloster, eine Atmosphäre wie im Mittelalter. Es riecht extrem nach Weihrauch. Das nächste Ziel ist eines der Zaren-Schlösser außerhalb Moskaus.

Auf dem Rückweg fahren wir an Putins Privathaus vorbei. Meine Kritik an Putin duldet Artemiy nicht. »Ihr habt keine Ahnung von russischer Politik!« Damit ist das Thema vom Tisch.

In der weißen, prunkvollen, frisch renovierten Erlöserkirche, die Obergenosse Stalin einst in ein Schwimmbad verwandeln ließ, bekreuzigt sich Artemiy nach russischer Sitte auf den Knien und spendet Geld.

Es ist bereits dunkel und es schneit heftig, als wir am späten Nachmittag Edward besuchen. Edward lebt mit seiner Frau in zwei Eigentumswohnungen des 8. Stockwerks einer Plattenbausiedlung. Die beiden empfangen uns mit großer Herzlichkeit. Wir plaudern über Musik, seine Zusammenarbeit mit Steven Spielberg und werden mit typisch russischen Snacks verwöhnt. Variantenreiche sauer eingelegte Pickles. Das Steven Soderbergh-*Solaris*-Remake von 2002 mit George Clooney findet Edward scheiße.

Er zeigt uns seine zweite Wohnung auf der gegenüberliegenden Seite. Ein großes Musikstudio, mit allem ausgestattet, was das Herz eines Musikproduzenten begehrt.

Am letzten Tag wollen Steve und ich den Krasnaja Ploschad, den Roten Platz, besuchen. Den ikonischen Ort des Kalten Krieges muss ich sehen. Wer kennt ihn nicht aus den unzähligen Schwarz-Weiß-Dokumentationen über demonstrative Truppenaufmärsche und Siegesfeiern der letzten 80 Jahre.

Moskauer U-Bahnen sind für ihre außergewöhnlich luxuriöse Pracht bekannt. Wir nehmen die U-Bahn der Linie 9 zur Station Borowizkaja. Die ist nur ein paar Fußminuten vom Roten Platz entfernt. Vorbei am Reitermonument von Marschall Schukow, Hitler-Bezwinger und Sieger von Berlin, geht es durch das Auferstehungstor auf den eindrucksvollen Platz. Rechts die Kremlmauer. Seit den 1920er- und bis in die 1980er-Jahre werden an der Mauer die verdienten Söhne und Töchter der UdSSR bestattet. Vor allem Revolutionäre, Helden der Sowjetunion, hochrangige Militärs und natürlich Staatsmänner. Höchste posthume Ehre im ehemaligen Sowjetstaat.

Links ist das Kaufhaus Gum, darin alles an Marken vertreten, was man auch in den Luxus-Einkaufsmeilen der westeuropäischen Metropolen sehen kann.

Am anderen Ende des Roten Platzes die Kasaner Kathedrale mit ihren bunten Zwiebeldächern. Wir reihen uns in die hundert Meter lange Menschenschlange ein, die das an der Kremlmauer klebende Lenin-Mausoleum besuchen wollen. Das Gebäude, auf dessen Plattform die russischen Staatslenker Militärparaden abnehmen.

Es geht schneller als gedacht, bis wir im Inneren des Mausoleums sind. Ein breiter, umlaufender Gang auf halber Höhe führt die Besucher in etwa fünf Metern Abstand um eine Glasvitrine. Da liegt seit 1924 und gut beleuchtet der große Wladimir Iljitsch Uljanow, genannt Lenin, Gründer der Union der Sozialistischen Sowjetrepubliken. Er sieht eher aus wie eine Puppe. Kaum vorstellbar, dass dieser Mann auf Grund von politischem Missmanagement und Nahrungsmittelrequirierung fünf Millionen Menschenleben durch eine Hungersnot im Jahre 1921/22 auf dem Gewissen hat.

Die Wachen drängen Besucher schnell weiter. Nach fünf Minuten stehen wir wieder im Freien.

JAPAN ZWEI / HEADLINER

Anfang des Jahres bekommt Manuel eine Einladung vom Metamorphose Festival 2008, zweitgrößtes Festival in Japan. Ashra als Headliner. Das Fest wird jährlich im Schnitt von etwa 40.000 jungen Menschen frequentiert und ist ein großes Forum für Experimental-, Jazz- und Elektronik-Bands. Hier legen auch die besten DJs der Welt auf. Schöner Anlass, unser 35-jähriges Bühnenjubiläum zu feiern. 1973 habe ich zum ersten Mal mein Schlagzeug auf einem Ash Ra Tempel-Album verewigt. (*Starring Rosi*, Kosmische Musik). Steve Baltes ist »erst« vor elf Jahren dazugestoßen. Er hat gerade sechs Wochen musikalische Editierarbeit für diesen Japan-Gig hinter sich, meist nachts.

In der Pause seit unserer letzten Performance in Berlin sind alle Samples und Loops im virtuellen Raum abhandengekommen. Ich sitze seit zwei Wochen hinter meinen E-Drums und editiere dessen Sounds. Für jeden Titel unterschiedlich. Die Temperatur in meinem gut isolierten Studio erreicht schnell subtropisches Niveau, wenn ich in Ekstase gerate. Ich brauche immer die richtige Betriebstemperatur zum Editieren. Erst durch die körperlich sportliche Dynamik bekomme ich ein Gefühl für die richtigen Sounds.

Die Zeit verrinnt. In zehn Stunden werde ich im Flieger sitzen und habe noch nichts gepackt! Gegen Mitternacht bin ich klatschnass geschwitzt und endlich fertig mit den Vorbereitungen.

Gott sei Dank brauche ich keine Hardware mitzuschleppen. Eigentlich nur den USB-Stick, auf dem sich die Daten des E-Drums befinden und ein paar Drum-Sticks. Ein identisches Schlagzeug wird vor Ort auf der Bühne stehen, versichert man mir. Zur Sicherheit packe ich das leichte, buchgroße Hardware-Steuerteil aus Kunststoff ins Handgepäck. Allzu oft habe ich erlebt, dass mein Reisekoffer nicht zeitgleich mit mir am Ziel eintrifft.

Meine Zwillinge sind inzwischen vier Jahre alt. Ich wecke sie, ziehe sie an und bringe sie in den Kindergarten, bevor ich nach Düsseldorf zum Airport fahre. Dort wartet schon Steve. Auch er hat bis zur letzten Minute am Musikmaterial geschraubt. Wir freuen uns wie die Schneekönige auf den neuerlichen Japan-Trip. Eine Maschine der British Airways bringt uns nach London. Hier warten wir zwei Stunden bei ein paar Kaffee auf den Connect Flight nach Tokio.

Es geht elfeinhalb Stunden der Sonne entgegen. Wir gleiten über die Nordsee, Norwegen und die russische Insel Nowaja Semlja. Auf der Insel wird in den sechziger Jahren die Wasserstoffbombe mit dem Namen Zar gezündet, größte Atombombenexplosion aller Zeiten. Bis in die achtziger Jahre testet die Sowjetunion hier unterirdisch Atombomben. Befremdlich, in elf Kilometer Höhe friedlich über diese Strahlenseuche zu gleiten.

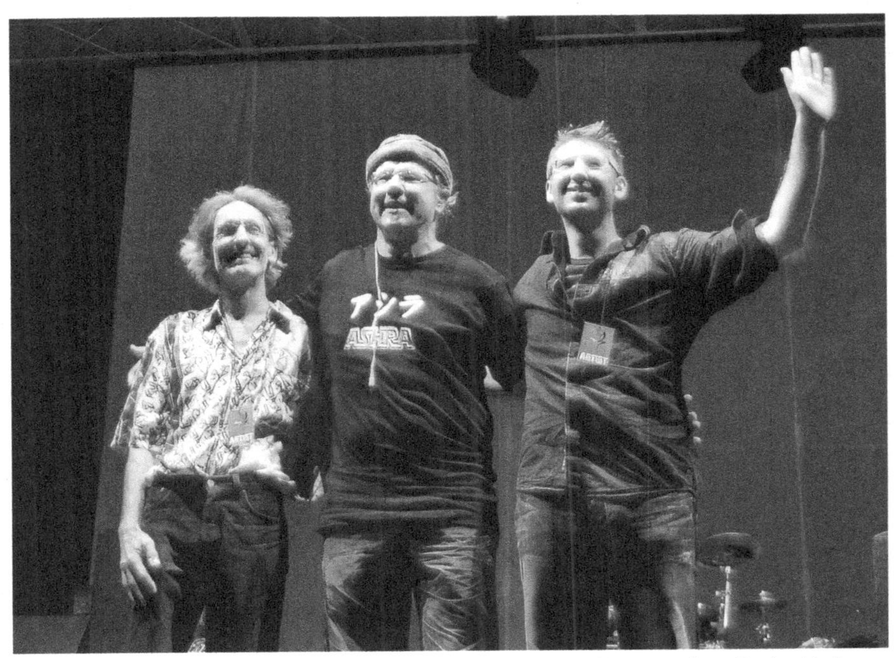

Metamorphose Festival in Japan

Über Sibirien und Wladiwostok erreichen wir die japanische Hauptinsel Honshu, als ein Raunen durch das Flugzeug geht. Auf der rechten Flugzeugseite stößt der Fujiyama durch die Wolkendecke. Ich sitze links. Hole schnell meine Kamera und warte artig hinter einer Gruppe junger Japanerinnen, die das kleine Fenster der rechten Ausstiegstür blockieren. Einzige Chance, einen Blick auf den berühmten Berg zu ergattern. Als sie lächelnd zur Seite treten, ist es zu spät.

Als wir in Tokio landen, habe ich das Gefühl, es ist Mitternacht. Unsere erste Tour ist elf Jahre her. Auf dem durch Sperrbänder gelenkten Weg zur Passkontrolle entdecken wir Josh Wink ein paar Reihen vor uns. Ein internationaler DJ-Star, der auf dem Metamorphose Festival auflegen wird.

Steve und ich sind die Ersten, die in Tokio eintreffen und warten auf Manuel, der zeitgleich mit Markus und Florian eintrifft, Techniker und Videoartist von Manuel. Die beiden haben sich mutig der Aeroflot anvertraut. Florian ist Student der Berliner Filmhochschule, hat zwei Jahre in Japan gelebt und spricht rudimentär Japanisch. Er wird in der kommenden Woche jede unserer Bewegungen festhalten. Manuels Bühnentechniker Markus ist selber Musiker und arbeitet beim ZDF als Cutter. Lüül ist diesmal leider nicht mit von der Partie.

Ein klimatisierter Kleinbus setzt uns nach zweistündiger Fahrt vor dem Keio Plaza Hotel ab. Ein fünfundvierzigstöckiges Fünf- Sterne-Hotel im Stadtteil Shinjuku. Mein Ausblick aus dem 25. Stock ist sensationell. Blitzblanke Wolkenkratzer und Tokio bis zum Horizont.

Wir haben Hunger und verabreden uns in der Lobby. Japanisches Essen gehört zum Besten, was die Welt zu bieten hat, finde ich. Man sieht hier nur sehr wenige übergewichtige Menschen. Selbst durchschnittliche Restaurants bieten allerhöchste Qualität. Von denen gibt es hier in der unmittelbaren Umgebung hunderte.

Im Restaurant ziehen wir unsere Schuhe aus und nehmen in einer winzigen Kabine Platz. Hölzerne Gitterstäbe trennen uns von den Nachbarkabinen. Immer wieder verblüffend, wie effektiv Japaner ihren begrenzten Platz nutzen. Ich habe eine Küche gesehen, in der auf einer Fläche von etwa 1,50 m x 1,50 m sensationell gekocht wird.

Auf unserem Tisch steht ein Computermonitor mit der Speisekarte. Nur auf Japanisch, aber mit Fotos der Gerichte. Florian scheint nicht alles lesen zu können. Wir tippen auf dem Monitor herum ohne zu ahnen, dass es ein Touchscreen für Bestellungen ist.

Fünf Minuten später kommen unsere »Bestellungen«. Man kann auch persönlich bestellen. Der Kellner nimmt kniend unsere Wünsche lächelnd entgegen. Daran werde ich mich nie gewöhnen. Wir machen Scherze über den Einfallsreichtum der japanischen Küche:

1. Salat von marinierten Augennerven des Haifischs
2. Kaninchenhoden Yakitori
3. Minced Valves (Zündkerzen in Minzsoße)

Wir teilen, was gebracht wird und bestellen ein Gericht nach dem anderen. In japanischen Restaurants auf der Düsseldorfer Immermann-Straße im größten japanischen Quartier Deutschlands legt man ein Vermögen dafür hin. Hier sind die Preise erstaunlich moderat.

Florian bemerkt ein leichtes Zittern im Raum. »Mini-Erdbeben«, sagt er ungerührt. »Gehören in Tokio zur täglichen Erfahrung.« Ich habe nichts davon mitbekommen. Es ist subtropisch warm. Nach zwei mehr oder weniger schlaflosen Nächten bin ich erstaunlich fit. Wieder im

Hotel, lege ich mich vor die Glotze und zappe mich durchs Programm. Nach einer Stunde Glotze bin ich schon wieder hungrig.

Manuel hat direkt nach der Ankunft gepennt. Inzwischen ist er wieder auf den Beinen und auch hungrig. Wir ziehen noch einmal los uns schlemmen uns durch die einheimische Küche. Es gibt viel zu erzählen.

Zurück im Hotel nehme ich eine Melatonin-Tablette. Melatonin ist ein körpereigenes Hormon, das den Schlaf-Rhythmus reguliert und den Jetlag effektiv abmildern kann. Ich lege mich aufs Ohr und schlafe sieben Stunden ohne aufzuwachen. Steve hat das Zeugs von seinem letzten USA-Trip rezeptfrei mitgebracht.

Nach dem Frühstück stehen zwei Aircondition-Minibusse für uns bereit, die uns zum Festival auf der Halbinsel Izu Hanto bringen werden. In die Stadt Shuzenji der Präfektur Shizuoka, 150 Kilometer südwestlich von Tokio, ganz in der Nähe des Fujiyama.

Es regnet in Strömen, als wir den endlosen Stadtautobahnen Tokios folgen. Eine Stunde später schlängeln wir uns über schmale Straßen, die sich durch die bergige Landschaft winden, gesäumt von dichtem exotischem Grün. Wie ganz Japan ist auch die Izu Hanto (Hanto = Halbinsel) dicht besiedelt. Viele der dunklen kleinen Holzhäuser hier sind von winzigen zugewachsenen Grundstücken umgeben.

Der Regen wird stärker, als wir an einer von dichtem Wolkennebel umhüllten Raststätte Pause machen. Drinnen wird Manuel von jungen japanischen Fans entdeckt und muss Autogramme schreiben. Unser Hotel am Ziel ist vorwiegend von japanischen Badetouristen gebucht. Die Halbinsel ist das Zentrum japanischer Badekultur (Onsen) lese ich im *Lonely Planet*.

Es dämmert. Unser Gig findet weit nach Mitternacht statt. Ich bin aufgeregt und halte das Rumhängen im Hotel nicht aus. Lasse mich zum Festivalgelände fahren, dem Nihon Cycle Sports Center. Ein riesiger Fahrrad-Sportpark mit drei Bühnen: Solar, Lunar und Planet Stage. Das Gelände fasst 40.000 Menschen. Gesäumt von Imbissbuden mit japanischen Köstlichkeiten und Merchandising-Ständen.

Menschenmassen strömen auf das Gelände. Ein Bus nach dem anderen lädt Menschen ab. Auf dem Weg zum Hintereingang des Backstagebereichs werde ich immer wieder von jungen Japanern angesprochen.

Ich steige vom Backstage auf die gigantische Solar-Bühne, etwa 50 Meter breit, 20 Meter tief und vier Meter hoch und bis zur Überdachung noch einmal zehn Meter. Die Solar-Bühne ist zweigeteilt. Eine Hälfte ist nach vorne zum Publikum mit einem Vorhang abgehängt. Dahinter finden parallel zu einer Performance die Backline-Aufbauten für den nachfolgenden Act statt.

Der australische Stagemanager begrüßt mich freundlich und zeigt mir auf meine Frage das von mir bestellte E-Drumkit. Super! Das klappt schon mal!

Ich fahre wieder ins Hotel und begebe mich zum Abendessen in einen großen Raum, der mit entspannten Japanern gefüllt ist, die in der Mehrzahl mit einem Yukata bekleidet sind, einem leichten Hausmantel. Wahrscheinlich kommen sie gerade aus den vulkanisch erwärmten Badequellen. Die Ashra-Mannschaft sitzt am hinteren Ende des Saals und lässt es sich gut gehen. Eine Japanerin am Nachbartisch fragt auf English, wo wir herkommen. »Germany.« Worauf sie uns mit deutschen Sprachbrocken zuschüttet: »Gut-ten Tag«, »Dan-ke« und »Isch libbe Disch«. Unser Grinsen wird mit grölendem Gelächter von der zu ihr gehörenden Gruppe beantwortet.

Ich kann kaum etwas essen. Meine Nervosität steigert sich von Minute zu Minute. Gegen dreiundzwanzig Uhr lassen wir uns zum Festivalgelände fahren. Es nieselt. Inzwischen hat sich das Festivalgelände gefüllt. Von frenetischem Jubel begleitet, spielen auf der Solar gerade die japanischen Superstars Boom Boom Satellites, eine junge Pop-Band.

Hinter dem Vorhang steht mein Miet-Schlagzeug auf einem flachen rollbaren Podest und ist fast fertig aufgebaut. Ich brauche nur noch ein paar Feinjustierungen vorzunehmen, mein Soundmodul und meinen Kopfhörerverstärker anzuschließen. Jeder von uns dreien steht auf einem dieser großen flachen rollbaren Podeste. Markus hilft Manuel beim Aufbau. Steve baut sein Set alleine auf. Die japanische Stage-Crew ist ausgesucht freundlich, respektvoll und hilfsbereit. Florian filmt unauffällig. Wir haben fünfundvierzig Minuten Zeit. Mein Lampenfieber ist kaum auszuhalten. Ich habe Mühe, mich auf meine Verkabelung am E-Drum zu konzentrieren. Meine Checkliste hilft dabei, nicht nachdenken zu müssen.

In fünfzehn Minuten soll es losgehen. Im Backstage-Zelt wartet Herr Fujita. Er hat seine Tochter und einige Leute seines Personals mitgebracht. Sichtlich stolz spricht er mich mutig auf Deutsch an. Seit Neuestem lernt er zwei Mal in der Woche Deutsch. Ich bin beeindruckt. Wieder zurück in Tokio will er uns zu einem Essen einladen.

Die für Mischpult und Monitor verantwortlichen Bühnentechniker stellen sich jedem von uns vor. Wir verabreden eine simple Zeichensprache für die Kontrolle der Lautstärken. Dann werden die drei Podeste auf die Mitte der Bühne und dort an ihre Positionen gerollt. Es gibt keinen Soundcheck. Nur einen Line-Check. Dabei wird kurz überprüft, ob der Audio-Signalfluss unserer drei Stereoquellen funktioniert.

Was Pünktlichkeit betrifft, stellen Japaner die angeblich deutsche Tugend weit in den Schatten. Auf die Sekunde genau beginnen hier Dinge, auf die Sekunde genau enden sie. Dafür ist am seitlichen Bühnenrand eine digitale Uhr mit großen Ziffern positioniert, die man auch aus zwanzig Metern Entfernung noch gut ablesen kann. Manuels Gleichmut in derartigen Situationen ist sensationell. Fünf Minuten vor unserer Performance geht Manuel in aller Ruhe aufs Klo und steckt sich danach noch eine Zigarette an. Indessen Steve und ich uns wie Rennpferde vorm Start fühlen.

Der leichte Nieselregen hat das Publikum nicht daran hindern können, sich in Massen, die bis zum Horizont reichen, vor der Bühne zu versammeln. Wir werden mit großem Jubel begrüßt, als wir Punkt 01:30 Uhr loslegen. Der japanische TV-Sender *Shower TV* zeichnet mit sechs Kameras auf. Eine Minute nachdem wir angefangen haben, ist meine Anspannung wie weggeblasen und ich fühle mich sauwohl. Alles läuft bestens. Das Publikum feiert jeden unserer Titel.

Da wir improvisieren, haben wir einige Stücke zu lang ausgedehnt, müssen jetzt einen Titel weglassen. Verbeugen, Zugabe, Verbeugen, Schluss. Es kommt mir vor, als hätte unsere Performance nur zehn Minuten gedauert. Mein Zeitgefühl steht in keiner Relation zu meinen Vorbereitungen im Vorfeld.

Als ich seitlich abtrete, nimmt mich einer der afroamerikanischen Bandmitglieder von Galaxy 2 Galaxy, die nach uns auftreten werden, spontan in den Arm und sagt mir, wie großartig er und seine Band unsere Musik finden. Das geht runter wie Öl. Ich habe alles gegeben und fühle mich leer wie eine Bierdose. Ich brauche nach Konzerten in der Regel immer ein paar Stunden, bis ich wieder auf der Erde ankomme. Manuel findet es im Nachhinein gewöhnungsbedürftig, meinen Schlagzeug-Sound nicht aus der Richtung gehört zu haben, wo ich sitze. Ich entgegne ihm: »Ich bin es seit 1966 gewohnt, Gitarren- und Keyboard-Sounds nie aus der Richtung kommend zu hören, wo sich der Musiker gerade auf der Bühne aufhält.«

Mein Adrenalinspiegel hält mich hellwach, als es bereits zu dämmern beginnt. Wir stehen immer noch entspannt und quatschend hinter der Bühne, als wir Besuch von Takao Sakai bekommen, ein in Japan bekannter Foto- und Skulpturen Künstler. Zu seinem Konzept gehört es, bizarre Bekleidungsstücke und Bärte mittels Silikon-Abformungen von Früchten und anderen Nahrungsmitteln herzustellen. Die legt er dann Freunden, Bekannten und sich selbst an, fotografiert und veröffentlicht sie. Uns hängt er weinrote Silikon-Bärte aus Abdrücken von Adzuki-Bohnen an und verewigt die Fotos davon im Internet.

Gegen acht Uhr lassen Steve und ich uns ins Hotel bringen. Zum Frühstück mit den mit Yukatas bekleideten japanischen Badegästen. Wieder eine Nacht ohne Schlaf, aber glücklich.

Es heißt, wir brauchen erst am späten Nachmittag auszuchecken und können ausschlafen. Ich bin vollkommen platt. Dusche noch und lege mich ab.

Nach zwei Stunden klingelt mein Telefon. Mayuri Akama, Veranstalterin des Festivals und weltbekannte Techno-DJ ist am Apparat. Sie teilt mir bedauernd mit, dass das Hotel ausgebucht ist und wir sofort aufstehen, packen und abreisen müssen.

So übermüdet war ich zuletzt in den ersten sechs Lebensmonaten meiner Zwillinge. Zwanzig Minuten später stehe ich abreisebereit im Foyer. Erstaunlicherweise sind alle pünktlich.

Es regnet dichten, tropisch warmen Regen. Der erste Halt unserer zwei Shuttle-Busse ist vor einem traditionellen Fischrestaurant in Küstennähe. Die Hälfte des Restaurants hat keine Stühle. Man sitzt auf Kissen an einem fünf Meter langen, sehr niedrigen Tisch, der auf einer podestartigen Fläche steht.

Das Menü hängt an einer Wand. Auf ein paar länglichen Holzbrettchen aufgemalte japanische Schriftzeichen. Florian und die beiden Fahrer übersetzen unsere Wünsche. Im Angebot sind Meeresfrüchte in schier unendlichen Variationen. Wieder ein unübertrefflicher Gaumen- und Augenschmaus.

Als wir die Autobahn erreichen, schlafen alle fest. Ich wache auf, als wir an einer kleinen Tankstelle halten, an der die Zapfsäulen platzsparend an der Decke hängen.

Im Keio Plaza checken wir als Erstes das Internet auf Reaktionen zu unserem Gig. Die Fans haben uns mit Mobiltelefonen gefilmt und auf YouTube gepostet. Die Bilder wackeln und der Sound ist naturgemäß meist unterirdisch. Egal, wir sind zufrieden und freuen uns über jede Reaktion.

Noch zwei Tage in Tokio. Die haben Steve und ich uns erbeten, um noch etwas anderes von der Stadt mitzubekommen als immer nur Hotels, Restaurants und Autofahrten. Steve und ich wollen morgen nach Akihabara, Tokios Stadtteil mit den populären Super Electronic Stores. Es regnet, als wir uns nach dem Frühstück auf den Weg machen wollen. Steve plädiert für Taxi, ich für U-Bahn. Mich reizt dieses Abenteuer.

Was hat man nicht schon alles gehört und gesehen über die zum Bersten gefüllten Tokioter U-Bahnen. Zwei Millionen Tokioter machen hier täglich auf Ölsardine. Von Bediensteten in Waggons hineingequetscht und verdichtet. Ich kann Steve überzeugen, die U-Bahn zu nehmen.

Die Shinjuku Shin Station ist der größte Eisenbahn- und U-Bahnknotenpunkt Tokios. Die Station ist nur fünf Fußminuten vom Hotel entfernt. Der Bahnhof ist so lang, dass man eine halbe Stunde braucht, um von einem zum anderen Ende zu gelangen.

Wir betreten die vor Menschenmassen wimmelnde Haupthalle und blicken naturgemäß erst einmal überhaupt nicht durch. Unzählige Schalter und Hinweisschilder auf Japanisch und Englisch. Welche sind für Eisenbahn, welche für die U-Bahn zuständig? Erschwerend kommt hinzu, dass beide Systeme von diversen Privatgesellschaften mit eigenem Schalter betrieben werden.

Steve will schon aufgeben und lässt die Taxi-Idee wieder aufleben. Ich lasse nicht locker. Mein *Lonely Planet* sagt, dass wir die Oedo Line nehmen müssen. An einer der Wände stehen dutzende Kassiermaschinen, die aussehen wie »Einarmige Banditen«, die Geldspielautomaten in Las Vegas.

Im gleichen Moment als ich mir sicher bin, dass die »Einarmigen Banditen« für die U-Bahn zuständig sind, spricht uns ein uniformierter Japaner freundlich auf Englisch an: »Need help?« Der Mann scheint für hilflose Ausländer zuständig zu sein. Was für ein Service, denke ich und stelle mir die gleiche Situation in Berlin vor: »Wat denn? Könn Se nisch lesn!«

Der Uniformierte steckt unser Geld in die Kassiermaschine. Händigt uns zwei Tickets aus und verabschiedet sich lächelnd unter kleinen Verbeugungen. Der erste Schritt ist getan. Jetzt nur noch den Oedo Line-Zeichen folgen. In einem diszipliniert linksseitig orientierten, dynamischen Menschenstrom erreichen wir nach zehn Minuten die Sperrschleusen zur Oedo Line. Hier stecken wir unsere Tickets in den dafür vorgesehenen Schlitz. Der verschlingt sie blitzschnell und soll innerhalb einer Zehntelsekunde den Entriegelungsmechanismus einer Schranke auslösen. Tut er aber nicht. Stattdessen wirft er das Ticket an gleicher Stelle wieder aus. Der Menschenstrom hinter uns mahnt zur Eile, ohne dass irgendjemand das zum Ausdruck bringt.

Steve fühlt sich in seinen Zweifeln bestätigt, will ein Taxi nehmen. Ich werde nicht klein beigeben. Entdecke rechts von der Sperrvorrichtung einen uniformierten Mann hinter einer Theke und zeige ihm mit fragendem Gesichtsausdruck mein Ticket. »Wrong company«, erklärt er sehr freundlich.

Wir also die zehnminütige Strecke wieder zurück zur Haupthalle. Finden auf Anhieb zufällig den uniformierten Ausländerbeauftragten von vorhin wieder und erklären ihm unsere Not. Mit einem bedauernden »Oh, so sorry!« nimmt er unsere Tickets und entfernt sich im Laufschritt. Nach zwei Minuten kommt er rennend zurück und gibt uns mit der Anweisung »You pay there!« das Ticketgeld wieder. Wir danken »Arrigato!«. Dann auf dem Screen des »Einarmigen Banditen« Nummer und Preis der Zielstation eingeben. Yens rein! Tickets raus! Und zehn Minuten zurück zur Oedo Line-Sperre. Tickets in den Schlitz und Flitsch! ... diesmal sind wir durch. Ich schaue Steve triumphierend an.

Nach einer halben Stunde Fahrt steigen wir an der Ueno Okachimachi Station aus und wechseln hinüber zur Hibiya Line. Zehn Minuten Wegstrecke zu Fuß durch das Tunnelsystem bis zum Kreuzpunkt Naka-okachimachi.

Sind wir auch auf der richtigen Seite? Ich frage eine japanische Dame: »Akihabara here?« Sie nickt freundlich. Was aber nur Freundlichkeit bedeutet und nichts mehr, wie wir gleich merken werden. Wir in die U-Bahn. Hier und da sitzen Menschen mit Atemmasken im Gesicht. Ein ungewohntes Bild, dass sich erst zwölf Jahre später in Deutschland verbreitet. An der nächsten Station erkenne ich, dass wir in die falsche Richtung fahren. Nichts wie raus und auf die andere Seite. U-Bahnfahren in Tokio! Lektion gemeistert!

Akihabara ist das Paradies für Electronic Nerds. Hier stehen mehr als dreißig Hochhäuser dicht an dicht mit Fachmärkten für Elektronikbedarf, deren Angebotsvielfalt gigantisch ist. Die Gebäude sind siebenstöckig und höher. Auf einer Fläche mit den Ausmaßen einer ganzen Saturn-Etage nur Mobiltelefone und dessen Zubehör. Ein ganzes Stockwerk nur für Computer. Eines nur für Kameras und eines für Spielwaren.

In der Haushaltsabteilung lassen wir uns von automatischen Massage-Sesseln durchkneten. Im Nu ist die Zeit verstrichen. Auf dem Rückweg fühlen wir uns bereits wie Tokio-U-Bahn-Veteranen.

Wir sind gerade rechtzeitig zurück im Hotel, um die Verabredung mit Herrn Fujita nicht zu verpassen. Der lässt uns mit einem Aircondition-Bus abholen. Manuel im silberfarbenen Luxus-S-Klasse-Mercedes. Es geht zunächst zum Tokyo Tower. Vor elf Jahren stand ich das erste Mal vor dem rot lackierten imposanten Stahlgebäude.

Herr Fujita empfängt uns am Eingang. Rechts neben der Kasse im Foyer eine drei Meter hohe Skulptur mit Marilyn Monroe, Abraham Lincoln, Chiune Sugihara und ... Manuel Göttsching! Chiune Sugihara ist ein japanischer Volksheld der jüngeren Geschichte. Als japanischer Diplomat in Litauen rettete er tausende Juden vor dem Weg in die Vernichtungslager der Nazis.

Auf einer oberen Plattform des Towers, über dem Eingang zur Schallplattenabteilung des Wachmuseums steht in großen Lettern:

INVENTIONS FOR ELECTRIC GUITAR. Titel eines Solo-Frühwerks von Manuel (1974, Kosmische Musik). Der Boden des Ladens ist im gleichen Schachbrettmuster wie das Cover seines Albums *E2-E4* (1984, Inteam) gestaltet. Die Vitrine im Wachsmuseum mit seinem gitarrenbehängten Konterfei ist in den letzten elf Jahren mit einer großen Zahl Sammelobjekten ergänzt worden. Unter anderem TriTop-Sirup und einem Underberg-Fläschchen, Postern aus der Frühzeit der »Berliner Schule« und sogar schon dem Original unserer Playlist vom Festival am Samstag. In den Gängen des Museums hängen jede Menge originale Krautrock-Poster, von Amon Düül bis Guru Guru.

»Grosskopf-San, someone offered me four million Yen for this poster«, ruft mir Herr Fujita stolz zu und deutet auf ein Ashra-Poster aus den Siebzigern. Scheiße, denke ich, hätte ich damals ein paar davon gesammelt, könnte ich jetzt easy mein Haus abbezahlen.

Die neueste Attraktion ist eine Vitrine mit einer Dekoration aus einer Szene des 1975 gedrehten Undergroundfilms *Le Berceau De Cristal* von Philippe Garrell, dem französischen Filmemacher, der einst mit Nico und Lüül in seiner Pariser Wohnung zusammenlebte. Manuel und Lüül haben damals die Musik zu dem Underground-Streifen produziert.

Wir werden in einen Raum geführt, in dessen Mitte ein langer Tisch steht, der mit Blumenarrangements und allerlei leckeren Sachen drapiert ist. Wir bekommen Tüten mit Geschenken überreicht. Darin ein transparentes, handgroßes, batteriebetriebenes Kleeblatt mit einem weißem Kunststoffgriff mit Schalter. Bei Betätigung blinkt das Kleeblatt blau. Darauf »ASH RA TEMPEL – MANUEL GÖTTSCHING«. Auch in der Tüte sind zwei kleine zehn Zentimeter große Plastik-Büsten in weiß und grünmetallic, die Herr Fujita vom einst jungen Manuel hat anfertigen lassen. »Manuel van Beethoven!«, fällt mir spontan ein.

Nach ein paar Tassen Kaffee brechen wir auf. Manuel sitzt schon in der S-Klasse und ist auf dem Weg zu einem Restaurant, das Herr Fujita exklusiv angemietet hat. Wir treffen etwas später ein und werden von Herrn Fujitas Assistenten hierarchisch auf die für uns vorgesehenen Plätze gewiesen. Die allgemeine Gleichmacherei in Europa seit der französischen Revolution scheint weniger komplex. Frei nach Mao Tse-tung:

(Wer zuerst kommt, mahlt zuerst).

Das Restaurant ist klein. Wir sitzen nebeneinander an einer langen Theke. Diesmal überrascht uns Herr Fujita als Einleitung zu diesem Essen mit typisch deutschem Imbiss. Pommes frites, Brat- und Wienerwürstchen, in denen deutsche Papierfähnchen und bunte Papierschirmchen stecken. Natürlich mit Majo und Ketchup.

Steve und mir wird eine grüne Flasche Nigori Sake serviert. Offensichtlich ist Herrn Fujita vor elf Jahren meine unbeabsichtigt hohe Vorliebe für Sake in wacher Erinnerung geblieben. Nigori ist der beste Sake, den man in Japan bekommen kann. Wegen seiner hohen Reisanteile hat er eine milchige Konsistenz und schmeckt überraschend mild. Nigori wird gekühlt getrunken, nicht wie sonst bei Sake üblich erhitzt.

Was uns an Köstlichkeiten aufgetischt wird, ist überirdisch. Die Rede ist von Wagyu-Rindfleisch der höchsten Qualitätsstufe A5. Dazu gehört das japanische Kobe-Rind. Wer glaubt, es liefere das beste Fleisch der Welt, hat nie Wagyu aus der Präfektur Miyazaki gekostet, klärt mich mein Tischnachbar Nonaka Yoshimoto auf. Das Kilo Filet kostet zwischen sechshundert und neunhundert Euro. Ein Spitzenrind erzielt auf Rinderauktionen bis zu zwei Millionen Euro. Das Fleisch ist von sensationell gleichbleibend zarter Konsistenz und zergeht auf der Zunge. Auf Bambusspieße gesteckte Medaillons schmecken wie nicht von dieser Welt. Ich werde meinem alten Wallenstein-Kollegen Jürgen Dollase von diesem Hochgenuss berichten.

Wieder zu Hause treffen erste E-Mail Reaktionen aus Japan ein. Mayuri schreibt: »Dear Harald, thank you so much for your performance at Metamorphose. So many people listed Ashra as the best act of this year's Metamorphose, which I agree. That was fantastic!«

MTV Japan sendet unseren Titel »Flying Turtles« und Shower TV sendet eine achtminütige Ashra-Dokumentation im Rahmen des Festivals.

Die zwei großen japanischen Tageszeitungen The Asahi Shimbun und Yomiuri Shimbun loben unseren Gig in allerhöchsten Tönen.

VERGANGENHEITSBEWÄLTIGUNG

Am 20. Jahrestag der deutschen Wiedervereinigung lerne ich in Berlin bei einem Essen mit Manuel am 3. Oktober 2010 den australischen Filmregisseur Philippe Mora kennen. Sein deutscher Vater ist in Leipzig geboren, der im Alter von achtzehn Jahren ein Medizinstudium an der Friedrich-Wilhelm-Universität in Berlin (jetzt Humboldt-Universität) antritt, bis er exmatrikuliert wird, weil er nicht angeführt hat, dass er Jude ist. Er ist nicht nur Jude, auch Kommunist, der früh erkennt, wohin das Treiben der Nazis führen wird. Ein Jahr später setzt er sich nach Frankreich ab, ändert seinen Namen von Günther Morawski in Georges Morand und schließt sich bis zum Kriegsende der französischen Resistance an. Er rettet tausende jüdische Kinder vor der Ermordung, indem er sie zusammen mit dem Pantomimen Marcel Marceau, als Nonnen verkleidet, in die Schweiz schmuggelt.

George Morand wird französischer Staatsbürger und wandert hoch dekoriert mit seiner französischen Frau Mirka nach Australien aus. Philippe wird noch in Paris geboren. In Australien wird Georges Kunsthändler und ändert erneut seinen Namen in George Mora. In Melbourne betreiben die beiden ein Café und ein Bistro. Philippes Mutter Mirka zählt zu den bedeutenden zeitgenössischen Malerinnen Australiens. In dieser Umgebung wächst Philippe mit zwei Brüdern auf.

1968 geht Philippe nach London und wohnt mit Eric Clapton in einer WG, bevor der über Nacht mit Cream berühmt wird und Philippes ersten Film *Trouble In Metropolis* finanziert. Seit dreißig Jahren lebt und arbeitet Philippe mit seiner Familie in West-Hollywood, im ehemaligen Haus von Hollywood-Star Cary Grant.

Philippe und ich werden Freunde und drehen eine Dokumentation unter dem Titel *German Sons* (2011) über unsere Väter und deren Vergangenheit in der Nazizeit.

NEW YORK

Anfang 2010 unterzeichne ich einen Vertrag mit dem New Yorker RVNG-Label über die Wiederveröffentlichung meines ersten Solo-Albums *Synthesist* (1980, Sky). Das Album erscheint Ende 2010 neu gemastert als Vinyl-LP. Das Cover ist mit einer Variation meines silbernen Kopf-Portraits von 1980 neugestaltet. Als Bonus liegt eine CD mit *Synthesist*-Remixen junger New Yorker Elektronik-Musiker bei.

Amerikanische Online-Musikmagazine und Blogs überschlagen sich mit Lob zur Wiederveröffentlichung. Damit habe ich nach all den Jahren nicht gerechnet. Dreißig Jahre nach der Erstveröffentlichung scheint eine neue Generation meine Musik zu entdecken. Ein halbes Jahr nach der Veröffentlichung habe ich die Chance, das Album auf dem Unsound Festival im Le Poisson Rouge-Club auf der Bleeker Street in Manhattan live aufzuführen.

Ich arbeite bereits seit Monaten an einem Live Set und muss alle Stücke am Computer so gut es möglich ist nachbauen. Die originalen Achtspurbänder, von denen ich die Sequenzen hätte sampeln können, sind selbst verschuldet verschollen.

Mit eigenem Solo-Programm habe ich noch nie auf einer Bühne gestanden. Ich lade Axel Heilhecker ein, mich als Solist zu begleiten. Er hat die Idee, seine E-Gitarre über einen sogenannten Looper laufen zu lassen. Ein Musik-Plug-In, mit dem er parallel zu sich selbst spielen kann. Das Gerät macht außergewöhnliche Sounds. Der Looper ist mit meiner Computer-Musiksoftware synchronisiert. So bleiben Axel und ich immer präzise im Timing. Ich werde auf der Bühne E-Schlagzeug spielen und mit dem Gerät die Stücke im Computer starten und musikalische Wechsel kontrollieren. Der Rest ist Improvisation.

Das Goethe-Institut sponsert den Gig, bezahlt Visa-Gebühren und Hotel. Das Erlangen eines Arbeitsvisums für die USA ist der reinste Horror. Komplizierter als früher in die DDR zu reisen. Der Fragenkatalog der amerikanischen Behörden umfasst fünfundneunzig Fragen, die ich innerhalb von zwanzig Minuten auf der Homepage der US-Botschaft online beantworten muss. Wenn mir das in dieser Zeitspanne nicht gelingt, geht es automatisch wieder von vorne los. Ich muss persönlich nach Frankfurt und stelle mich vor der Botschaft in eine lange Menschenschlange. Die Security hier ist wie am Flughafen. Nach fünfundvierzig Minuten bin ich drin. Ziehe eine Wartemarke und warte. Es dauert noch einmal eine halbe Stunde, bis meine Nummer auf einem Display über einem der dreißig Schalter aufleuchtet. Der junge Typ hinter der Glasscheibe ist entspannt. Jetzt geht es schnell, bis ich wieder nach Hause fahren kann. Nach vier Wochen bekomme ich den Reisepass mit dem Arbeitsvisa zugeschickt. Axel beantragt ein Touristenvisa. Da muss man nur fünfundzwanzig Fragen auf der Botschaftshomepage beantworten.

Gegen zwanzig Uhr Eastern Time landen wir in New York. Ein Sammeltaxi setzt uns vor unserem Hotel in Manhattan ab.

Ich habe Hans Werner Olm vor einigen Wochen von meinem bevorstehenden New York-Gig erzählt. Er findet das riesig, will das miterleben und lässt sich von seiner Agentur Flugticket und ein Zimmer im selben Hotel organisieren. Als wir eintreffen, verabrede ich mich mit ihm. Hans Werner war schon oft hier. Er ist wie ein menschliches Navi, kennt sich bestens aus. Immer zu Fuß unterwegs, hat er sich bei seinen früheren New York-Trips mit der Stadt vertraut gemacht. Anders als in Berlin kann er hier durch die Gegend laufen, ohne dass ihn jemand erkennt.

Wir laufen ein paar Stunden durch das nächtliche Manhattan und stehen plötzlich am Bauzaun von Ground Zero. Seit meinem ersten Trip 1980 hat sich New York, was Straßenkriminalität betrifft, stark zum Positiven verändert. Damals hätte ich nicht mitten in der Nacht ohne Risiko durch Manhattan laufen können. Das hat New York ausgerechnet Rudolph »Rudi« Giuliani zu verdanken, dem einst als 9/11-Held gefeierten Bürgermeister von New York. Unter der unsäglichen Politik des 45. Präsidenten der USA, Donald Trump, ist er zu einer tragischen Figur verkommen.

Der marokkanische Taxifahrer, der uns zurück zum Hotel bringt, hat eine Weile in Berlin gelebt und spricht Deutsch. Es ist Mitternacht. Ich kann nicht einschlafen. Der Jetlag wieder!

Matt Werth ist der sympathisch junge Chef des New Yorker RVNG-Labels, spezialisiert auf mit elektronischen Mitteln arbeitenden Musikern. Wir kennen uns nur über unsere E-Mail-Kommunikation und ein paar Skype-Sessions. Seine langen Haare, Bart und Kleidung erinnern an das Image der frühen siebziger Jahre.

Wir mieten ein E-Drumkit. Matt hat für einen Tag ein Rehearsal Studio angemietet. Hier werden wir uns mit den jungen New Yorker Elektronikmusikern, die die Remixe auf der *Synthesist*-Bonus-CD gemacht haben, auf den Gig vorbereiten. Sie werden live für jeweils einen Titel dabei sein. Die Stimmung im Studio ist bestens und ich genieße den mir entgegengebrachten Respekt. Auch zwei junge Frauen begleiten meinen Gig bei zwei Titeln. Laurel Halo, die bis heute eine beachtliche Karriere gemacht hat. Das kann man auch von Julianna Barwick sagen. Einer der Festivalteilnehmer ist der Elektronikmusiker Alan Howarth. Ein sehr redseliger Mensch, der mich mit seinem permanenten Redefluss im Le Poisson Rouge behindert, mich auf meinen Equipment-Aufbau vor dem Gig konzentrieren zu können. Alan hat einige Scores für den Hollywood-Regisseur John Carpenter gemacht, der selbst auch Musiker ist.

Philippe Mora ist gerade in New York und besucht unsere Performance. Unter den Gästen sind auch Rosi Müller, Manuels Ex-Freundin, und ihr Mann Rick. Sie lebt seit 1981 in New York.

Das Le Poisson Rouge ist brechend voll. Ich bin höllisch nervös, als es losgeht. Immerhin meine erste ernsthafte Soloperformance. Bis auf ein paar vom Publikum unbemerkte Pannen geht alles sehr gut. Axel ist wie immer eine musikalisch-technisch verlässliche Bank auf der Bühne. Wir können das junge Publikum begeistern. Auf dem Weg zum Backstage werden wir immer wieder angesprochen und gefeiert. Hans Werner ist vollkommen von den Socken, was ich hier mache und bietet sich spontan als Roadie an. Auch Matt ist sehr zufrieden mit dem Erfolg. Er hat für den kommenden Tag einen Spontan-Gig in einem verlassenen Hotel auf der Lafayette Road in Brooklyn organisiert. Ich bin gespannt, denn es gibt als Werbung nur Mund-zu-Mund-Propaganda.

Die Location liegt in einer sehr düsteren Ecke von Brooklyn. Als das Taxi Axel, Hans Werner und mich vor einem maroden Gebäude absetzt, das in jeden Horrorfilm passt, ist mir mulmig. Über der Straßenmitte eine U-Bahnlinie. Die Straße ist schlecht beleuchtet und der Boden vor dem Haus mit uraltem Unrat bedeckt. Ich bin nicht sicher, ob wir überhaupt am richtigen Ort sind. Das Gebäude soll einst ein Hotel gewesen sein und macht den Eindruck, als sei es seit fünfzig Jahren nicht mehr betreten worden. Wir suchen, bis wir so etwas wie eine Eingangstür finden. Die ist einen Spalt weit geöffnet und klemmt. Ich rufe in die Dunkelheit. Nach einer Weile geht das Licht an und jemand taucht auf, der uns reinlässt. Der Typ ist locker, hat unseren Gig gestern Abend gesehen und freut sich tierisch auf unsere Performance. Das Ganze hier erinnert mich an Auftrittsorte in den siebziger Jahren. Mit Graffiti bemalte Wände und alte Teppiche am Boden.

Im ersten Stock begrüßen uns ein paar weitere junge Leute, die gerade dabei sind, die Technik aufzubauen. Hier ist auch eine Art Bühne. Flache Podeste mit alten Teppichen bedeckt. Ich entspanne mich. Es gibt keine Beleuchtung auf der Bühne und wir stellen ein paar Kerzen am Boden auf.

Der Laden ist gerammelt voll. Mund-zu-Mund-Propaganda ist augenscheinlich sehr effektiv. Vor uns ein junger New Yorker Musiker, der elektronische Drone-Musik zum Besten gibt. Als Axel und ich loslegen, klappt wieder alles bestens. Wieder werde ich nach dem Gig von jungen Menschen angesprochen, die von unserer Performance begeistert sind. Hans Werner ärgert sich, morgen nicht dabei sein zu können, wenn ich dem Radiosender WFMU ein langes Interview gebe und im Sender mit Axel live performen werde. Er ist dann bereits auf seinem Rückflug. WFMU ist Kult in New York, wird von jungen Leuten gemacht. Die waren alle im Le Poisson Rouge und sprechen immer noch begeistert von unserer Performance. Amerikaner zeigen sehr gerne offen ihren Enthusiasmus.

Nach dem langen Interview spielen wir vier Titel aus meinem Programm. Was uns nach dem Erfolg im Le Poisson Rouge besonders viel Spaß macht. Es wird aufgezeichnet und in der WFMU-Mediathek abgelegt.

SÃO PAULO

Fabricio Carvalho ist ein junger brasilianischer Elektronik-Musiker (Astronauta Pinguim) aus São Paulo. Er moderiert dort als Radio-DJ die Sendung *Oscillations* und hat seinen Traum erfüllt, ein gleichnamiges Festival zu organisieren. Fabricio ist ein großer Elektronik- und Krautrock-Fan. Mit meinen Musikaktivitäten ist er seit Jahren vertraut und fragt, ob ich auf dem Oscillations 2013 neben einer kleinen Live-Performance über Krautrock und meine Karriere referieren kann. Ich darf noch jemanden meiner Wahl einladen und frage Axel.

Ich will mich schlau machen und google Informationen über São Paulo. Als Erstes springt mir eine Seite entgegen, die vor der hohen Kriminalität der größten Stadt der südlichen Hemisphäre warnt. Einundzwanzig Millionen Einwohner. Durchschnittliche monatliche Raubmord-Rate: Einhundertfünfunddreißig! Auf dem Weg vom Flughafen in die Innenstadt kommt es immer wieder zu bewaffneten Raubüberfällen auf Touristen mit tödlichem Ausgang. Schluck! Elektronik-Musiker Michel Huygen (Neuronium), der Mann, der 1981 unseren Ashra-TV-Gig in Barcelona organisiert hat, schreibt mir, dass er erst vor kurzem mit seinem Lebenspartner zu einer Promotion-Tour in São Paulo unterwegs war. Sie seien überfallen und ausgeraubt worden. Jemand hat ihnen dabei eine Waffe an den Kopf gehalten. An einem anderen Tag sind sie eine halbe Stunde lang durch diverse Shopping Center von einer fünfköpfigen Jugend-Gang verfolgt worden, bevor sie die bösen Jungs abschütteln konnten. Nachts hat jemand versucht, in ihr Hotelzimmer einzudringen.

Sein Tipp: »Harald, be very careful! São Paulo is the most dangerous place in Brazil! Always use huge streets! Never ever resist if you're ambushed.«

Mir wird mulmig bei der Vorstellung, dorthin zu reisen und ich frage meinen Freund Jochen, wie ich mich verhalten soll. Der langjährige Freund und Fotograf ist mit Zizi verheiratet, einer schwarzen Brasiliera. Sie ist in den Außenbezirken von São Paulo aufgewachsen. Jochen und Zizi besuchen dort regelmäßig die Familie von Zizi. Die beiden müssen wissen, wie man sich verhält. Jochen rät: »Kreditkarte am Gemächt. Für potentielle Diebe in der Hosentasche oder im Portemonnaie vierzig bis fünfzig Real bereithalten, das sind etwa 20 Euro. Größere Summen für Einkäufe oder zum Essen eingerollt im Hemdsärmel! Keine teuren Uhren und Kameras. Zieh dir alte Klamotten an!«

Wieder steht eine lästige Prozedur für das brasilianisches Arbeitsvisum an. Neben dem Einladungsschreiben bekomme ich als E-Mail-

Anhang aus Brasilien eine Vollmacht in deutscher und portugiesischer Sprache. Es dient dazu, einen brasilianischen Notar zu beauftragen, beim brasilianischen Arbeitsministerium in meinem Namen einen Antrag auf ein Arbeitsvisum zu stellen.

Mit diesem Schreiben muss ich zu einem Notar in meiner Nähe, der auf einer Liste des brasilianischen Konsulats aufgeführt ist. Der bestätigt mir per Siegel die Echtheit meine Unterschrift. Damit fahre ich nach Frankfurt zum brasilianischen Konsulat. Dort wird es geprüft und legalisiert. Selbstredend nicht sofort. Nach ein paar Tagen liegt das Dokument bearbeitet in meinem Briefkasten. Die Zeit drängt. Schnell zur nächsten FedEx-Station. Ich muss es innerhalb vierundzwanzig Stunden nach Brasilien geschickt bekommen.

Erst drei Tage vor der Abreise die ersehnte Nachricht: »Ihr Arbeitsvisum liegt im Konsulat in Frankfurt zu Abholung bereit!« Das ist immer noch nicht alles! Auf der Internetseite des Konsulats muss ich einen Antrag auf das Arbeitsvisum stellen. Dazu fünfundzwanzig Fragen beantworten und per Klick absenden. Das Formular soll ich ausdrucken und ein 3x4 cm großes biometrisches Passfoto draufkleben und per Post ans Konsulat schicken.

Ein Passfoto habe ich nicht. Also ab zum nächsten Fotografen. Kaum sind die Fotos abgelichtet, bricht der Schemel, auf dem ich sitze, unter mir zusammen und ich lege mich heftig auf die Klappe. Die Fotografin ist peinlich berührt und entschuldigt sich tausendmal. Hintern und ein Bein schmerzen höllisch, aber ich bin unverletzt.

Am vorletzten Tag vor dem Abflug fahre ich zum zweiten Mal nach Frankfurt, um das Visum in Empfang zu nehmen und ziehe im Konsulat eine Wartenummer. Als ich aufgerufen werde, fragt mich die Konsulatsangestellte freundlich: »Wann reisen Sie?« Ich: »Morgen!« Sie: »Oh? Wir brauchen normalerweise ein paar Tage für die digitale Bearbeitung der Unterlagen!« Ich erkläre, dass ich alles, was bis hier notwendig war, immer sofort und schnellstens erledigt habe.

Frage: »Was soll ich tun?« Sie: »Wir versuchen es für heute Nachmittag. Haben Sie Zeit?« Eigentlich nicht, aber was bleibt mir anderes als zuzustimmen.

»Sie haben Glück, dass wir heute Nachmittag unser Büro geöffnet haben. Wenn Sie kurz vor eins noch mal vorbeischauen, haben wir das Dokument vielleicht fertig. Andernfalls erst nach vierzehn Uhr«.

Ich hänge ein paar Stunden in Frankfurt ab. Um eins klebt das Visum tatsächlich in meinem Reisepass. Ich schnell wieder nach Hause und packen. Alles, was ich mitnehme, muss in einen Reisekoffer und ins Handgepäck passen.

Am nächsten Nachmittag zum Airport nach Düsseldorf. Axel wartet schon. Es geht zunächst nach München. Am Abend sind wir pünktlich mit der brasilianischen Tam Linhas Aéreas auf dem Weg Richtung Brasilien.

Die Maschine ist nicht ausgebucht und mir steht die ganze 3er-Sitzreihe zur Verfügung. Auf Langstrecke ein Segen für Knie und meinen kaputten Rücken. Gefühlte sechzig Prozent der Maschine ist mit Fans des neuen Papstes besetzt. Der Argentinier Franziskus ist seit drei Monaten im Amt und stattet Brasilien gerade einen Besuch ab. Jedes Mal, wenn der neue Pontifex im TV erwähnt wird, bricht das halbe Flugzeug in Jubel aus.

Eine Stunde vor der Landung suche ich nach Hans-Joachim »Achim« Roedelius, Godfather of Krautrock (Harmonia, Cluster). Er ist auch zum Oscillations-Festival eingeladen. Sitzt wahrscheinlich im gleichen Flieger.

In der ersten Mittelreihe ganz vorne im Flieger entdecke ich ihn. Wir haben uns zum letzten Mal vor knapp vierzig Jahren auf dem Bauernhof an der Weser getroffen, den er damals mit Michael Rother (Kraftwerk, Harmonia, Neu!) bewohnte. Achim ist inzwischen neunundsiebzig Jahre alt. Lebt seit einer Ewigkeit in Baden, ganz in der Nähe von Wien. Achim scheint fit wie ein Turnschuh. Sein Sohn Julian begleitet ihn.

Es ist Juni und regnerisch kühl, als wir um fünf Uhr in der Früh auf dem internationalem Flughafen Guarulhos landen. Auf der südlichen Halbkugel hat gerade der zweimonatige Winter begonnen, aber Frost gibt es so gut wie nie. São Paulo liegt in 700 m Höhe. Auf Meereshöhe ist die Gegend etwas wärmer. Der heiße Sommer findet in São Paulo bei hoher Luftfeuchtigkeit zwischen Dezember und Februar statt.

Als ich vor der Wechselstube stehe, fallen mir die Warnungen von Michel ein. Ich entdecke Fabricio unter den Wartenden. Kenne ihn nur aus unserer E-Mail-Kommunikation und seinem Facebook-Account.

Er sieht aus wie ein strenggläubiger Muslim. Kurze schwarze Haare, langer Vollbart, Kaftan und eine weiße Kufi-Mütze auf dem Kopf. Ich bin einen Moment lang von meinen Vorurteilen irritiert. Unsere Begrüßung ist herzlich und meine Irritation löst sich schnell in Luft auf.

Es ist noch dunkel, als uns ein Kleinbus zum Hotel bringt. Der Rushhour-Verkehr ist dicht und es regnet stark. Anders als in Deutschland geht es hier erstaunlich entspannt und rücksichtsvoll zu.

Die Strecke zum Hotel ist ewig lang. Als wir ankommen, ist es hell. Vor dem Hotel steht eine Reihe haushoher Palmen. Mein Zimmer ist kalt. Es gibt keine Heizung und die Aircondition unter der Decke macht bei diesen Temperaturen keinen Sinn.

Gegenüber dem Hotel gibt es ein typisch brasilianisches Restaurant. Mit unzähligen Utensilien aus der Seefahrt kitschig dekoriert. Das Essen ist hervorragend und kostet einen Bruchteil dessen, was man dafür zu Hause hinlegen muss. Brasilien ist ein traditionelles Einwanderungsland mit variantenreicher Küche. Mit Englisch kommt man weder auf der Straße noch in Restaurants weit. Mir fallen die überall mit Metallstäben käfig-ähnlich gesicherten Hauseingänge auf. Auch die rudimentäre Straßenbeleuchtung ist nicht das, was wir in Europa gewohnt sind.

Fabricio warnt uns davor, abends die unmittelbare Umgebung zu erkunden. Ich halte mich an die Regeln von Jo und Zizi und trage alte Kleidung. Mein MacBook lasse ich an der Rezeption in ein Schließfach einschließen, wenn ich das Zimmer verlasse. Habe auch nur eine billige Digitalkamera dabei, was mich nachträglich ärgert. Axel und Julian haben fette Kameras am Start und bekommen nie Probleme.

Brasilianer sind in der Regel fröhliche und offenherzige Menschen. Ich werde nicht ein einziges Mal belästigt. Bedroht schon gar nicht.

Das Festival ist sehr professionell organisiert. Ich referiere eine gute halbe Stunde zum Thema und zwei deutsche Dolmetscherinnen übersetzen simultan für das Publikum auf Kopfhörer. Dann folgt unser kurzes Musik-Set.

Mit Fotos aus den Siebzigern auf der Leinwand hinter ihm referiert Achim über Krautrock und spielt anschließend am Klavier und mit I-Pad. Neben Achim und mir treten der US-Musiker Simeon Oliver Coxe mit den Silver Apples auf.

Ich schaue mir mit Axel einen Tag lang São Paulo an, bevor es wieder nach Hause geht. Immer wieder werden wir angebettelt. Mir fallen die vielen, zum Teil mit politischen Botschaften gut gemachten Graffitis auf. Die Sonne hat den grauen Himmel vertrieben und schon ist es frühlingshaft warm.

LONDON - PARIS - GORLICE

Ich stehe immer öfter allein auf der Bühne und kann seit wenigen Jahren im eigenen Digitalstudio unabhängig produzieren. Eine große Befreiung. Mit aktueller Technik kann ich endlich mit relativ leichtem Gepäck per Flugzeug oder Bahn durch Europa reisen. Ich spiele im Londoner Cafe Oto, anderen Clubs und 2015 auf dem Bad Vibes-Festival, auf dem auch die deutsche Krautrock-Formation Faust auftreten. In Paris habe ich einen Festival-Clubauftritt im La Maroquinerie und zweimal spiele ich auf dem Ambient-Festival in Gorlice, Polen. 2016 in Liverpool auf dem International Festival Of Psychedelia.

KRAUTWERK

Ich spiele im Rahmen eines großen Stadtfestes auf einer Burg im Bergischen Land. Bei der Vorbesprechung begegne ich Eberhard Kranemann, der zusammen mit Florian Schneider-Esleben und Klaus Dinger in der Frühphase von Kraftwerk 1970/71 Mitglied war. Er verlässt die Band mangels finanzieller Einnahmen, bevor die ihr erstes Album produzieren. Eberhard ist Vater und muss seine Familie ernähren. Als studierter Musiker bedient er dann den Bass bei den Dortmunder Philharmonikern, bis ihm der Klassikbetrieb zum Halse raushängt.

Er wendet sich an Peter Brötzmann, den wichtigsten Vertreter des europäischen Free Jazz. Brötzmann lehnt Eberhard mit der Begründung ab, weil er elektronische Instrumente benutzt. Die seien unnatürlich. Mit dem Kraftwerk-Drummer Klaus Dinger spielt Eberhard auch bei der legendären Krautrock-Formation NEU!.

Im Altarbereich der mittelalterlichen Burgkapelle habe ich zwei aufeinanderfolgende Auftritte. Beide Veranstaltungen sind ausverkauft.

Eberhard spielt in meiner Pause im Nachbarsaal. Ich nehme die Gelegenheit wahr, um reinzuhören, was er so macht. Mit E-Gitarre und elektronischen Effekt-Geräten produziert er »kontrollierten Lärm«. Gewöhnungsbedürftig. Nach einer Minute bin ich wieder draußen. Drei Wochen später ruft er mich an und ist noch ganz begeistert von meiner Performance. Besonders davon, wie ich meine E-Drums über Echo- und Filtereffekte geleitet bediene.

»Lass uns was zusammen machen«, fordert er mich auf. Ich denke an seine Performance auf der Burg, was meine Begeisterung stark im Zaum hält. Auf der anderen Seite bin ich neugierig, wie er als studierter Klassik-Bassist musikalisch dort hingekommen ist, wo er heute ist, und mache mich also auf den Weg. Denke: Wenn es nicht funktioniert, bin ich schnell wieder zu Hause.

Eberhard bewohnt mit seiner Frau eine großzügige Jahrhundertwende-Villa in Wuppertal, nur eine halbe Autostunde von mir entfernt. Seit er bei Joseph Beuys Malerei in Düsseldorf studiert hat, malt er. Abstrakt wie seine Musik. Im ersten Stock der Villa hat er ein großzügiges Musik- und Mal-Atelier eingerichtet.

Nachdem ich mein Equipment aufgebaut habe, jammen wir zwanglos. Er zeichnet alles auf eine Stereospur einer Video-Software. Als wir es abhören, ist meine Begeisterung zunächst gedämpft. Aber zwischendrin existieren immer wieder kurze magische Abschnitte.

Eberhard brennt mir die Session auf CD. In meinem Studio isoliere ich alle Abschnitte, die mir gefallen und baue darum herum vollkommen neue Musik. Eberhard ist begeistert. Am Ende haben wir ein Album zusammen, was 2017 unter dem Titel *Krautwerk* bei dem Hamburger Label Bureau B veröffentlicht wird. Wir machen daraufhin eine kleine UK-Tour von London bis ins schottische Glasgow.

ROBOTER IM BAUCH

Im Oktober 2016 bekomme ich per Zufall die Diagnose, dass sich ein drei Zentimeter großer Tumor in meiner rechten Niere breitmacht. Nieren kann man nicht biopsieren, weil sie extrem gut durchblutet sind und die Gefahr besteht zu verbluten. Ob der Tumor gut- oder bösartig ist, kann erst nach einer OP sicher festgestellt werden. Ich will mich beraten lassen und besuche eine Fachklinik in Düsseldorf. Ich fühle mich bei diesem für mich so existenziell wichtigen Thema nicht respektiert, da der mich beratende Arzt wiederholt und minutenlang aus unserer Besprechung gerufen wird. Meine Frage nach der Möglichkeit, die OP in minimalinvasiver Technik durchzuführen, lehnt er kategorisch ab. Das sei zu gefährlich. Man müsse es mit einem großen sogenannten Flankenschnitt machen.

Ich habe noch eine weitere Verabredung, um mir eine zweite Meinung einzuholen. Frustriert verlasse ich die Klinik und besuche kurz darauf einen Chirurgen in dessen Praxis. Der schaut sich die Röntgenbilder an und sagt: »Sie sind geradezu prädestiniert für einen minimalinvasiven Eingriff. Wer was anderes behauptet, kann diese Operation nicht durchführen.« Dann klärt er mich fast eine Dreiviertelstunde lang detailliert auf und beantwortet geduldig meine Fragen. Der Mann ist seit fünfundzwanzig Jahren Spezialist für roboterassistiertes Operieren und trainiert Kollegen am DaVinci-OP-Robotersystem. Den kann man übrigens in dem Science-Fiction-Streifen *I, Robot* mit Will Smith bewundern. Ich habe selten eine so gute Beratung erlebt und entschließe mich zu dieser OP-Methode.

Nierentumore wachsen in der Regel extrem langsam. Es ist nicht nötig, sich sofort unters Messer zu legen und so wird der OP-Termin auf einen Tag in zwei Monaten gesetzt. Ein schwerer Fehler! Mein Bewusstsein braucht zwei Wochen, bis die Information, wahrscheinlich bösartigen Krebs zu haben, bei mir ankommt. Wenn sich Nierenzellkrebs ausbreitet und zu spät behandelt wird, bedeutet dies das Ende. Eine unangenehme Depression macht sich breit. Ich habe permanent das Gefühl, wie hinter einer Glaswand zu leben. Abgetrennt vom Leben um mich herum. Meine Familie kann mir etwas Halt geben, aber ich kann meine massiven Ängste nicht abschütteln. Die zweieinhalb Monate währende Zeit bis zur OP ist kaum auszuhalten. Soll es das schon gewesen sein? Ich habe noch so viele Ideen.

Die OP im Alfred-Krupp-Krankenhaus Essen dauert fünfeinhalb Stunden. Zum richtigen Aufwachen brauche ich acht Stunden. Alle Geräusche im Raum empfinde ich wie durch einen Verstärker gejagt unangenehm laut. Besonders das Piepen meines Vitaldatenmonitors nervt. Immer wieder falle ich zwischendurch in komatösen Schlaf. Noch hier im Ausleitungsraum besucht mich mein Chirurg und berichtet, dass er den Tumor vollkommen entfernen konnte. Das umgebende Gewebe, nahe Organe und die Lymphknoten seien nicht betroffen. Das Ergebnis der Gewebeuntersuchung kann aber zwei bis drei Tage dauern, sagt er. In diesem Zustand ist mir alles vollkommen egal. Wieder zurück im Bett meines Krankenzimmers fühle ich mich sehr schwach. Mein Unterleib ist wie gelähmt. Schlafen. Schlafen. Schlafen ...

Schon am nächsten Tag besucht mich der Chirurg. Er hat sich am Telefon die Laborergebnisse erfragt, bevor die schriftlichen Dokumente bei ihm auf dem Schreibtisch liegen. Offensichtlich kann er nachfühlen, was Ungewissheit in einem Menschen anrichten kann. Er teilt mir mit, was ich die ganze Zeit befürchtet habe. Der Tumor ist bösartig. Daher trifft es mich nicht ganz unvorbereitet. Es bleibt die Angst, wie es in der Zukunft weitergeht. Kommt der Krebs wieder oder bin ich geheilt? Diese Frage kann frühestens nach fünf Jahren beantwortet werden. Schmerzen hatte ich im Vorfeld zu keiner Zeit. Schon am zweiten Tag nach der OP geht es mir wieder richtig gut. Keine Schmerzen, und am sechsten Tag werde ich entlassen. Ich darf einhundert Tage lang nicht mehr als zehn Kilo tragen.

Drei Wochen später bin ich in einer dreiwöchigen Krebs-Reha. Von der Putzfrau bis zum Oberarzt ist das Klinik-Personal ausgesucht freundlich. Jeder Patient, der einem hier über den Weg läuft, hat eine mehr oder weniger schwere Krebs-OP hinter sich.

Nach einer Ernährungsberatung reduziere ich meinen Fleisch- und Zuckerkonsum und nehme innerhalb von ein paar Wochen zehn Kilo ab.

Bei den Mahlzeiten sitzen alle an einem festgelegten Platz. Ich sitze mit drei Männern zusammen, die alle Prostatakrebs hatten und drei

Wochen lang über nichts Unappetitlicheres als ihre Inkontinenz und Windeln reden. Ernährungsberatung in Zusammenhang mit Krebs scheint sie nicht zu interessieren. Sie fressen wie eh und je. Ich verdrücke mich aus der Runde immer so schnell es geht.

Der Krebs ist früh entdeckt worden. Meine Zukunftsprognose ist gut, höre ich. Meine Überlebenschance entsprich der durchschnittlichen Lebenserwartung eines deutschen Lehrers ohne Krebs. Was bleibt, ist eine Unsicherheit, die sich immer meldet, wenn die jährliche Hauptkontrolluntersuchung per MRT ansteht.

Ich habe das Gefühl, dass die existenzielle Bedrohung durch den Krebs sich zu einer unbewussten Quelle der Inspiration entwickelt hat. Das Leben ist wertvoll und viel zu kurz. Es passieren interessante Dinge und ich werde immer fleißiger.

CHINA

Ashra soll in China auftreten, aber aus unbekannten Gründen scheitert das. Stattdessen bekomme ich Ende 2017 aus der chinesischen Metropole Shenzhen von der Festival-Kuratorin Anla Lee eine Anfrage, auf dem von ihr betreuten Tomorrow Festival mit Krautwerk aufzutreten. Die Beschaffung der chinesischen Arbeitsvisa gestaltet sich wesentlich unkomplizierter als die für die USA oder Brasilien.

Eberhard und ich wollen Vinyls und CDs unseres Albums *Krautwerk* (2017, Bureau B) mitnehmen, um dort ein paar Exemplare zu verkaufen. Haben aber beide unser Fluggepäck-Limit erreicht. Zehn Kilo Übergewicht sind nicht drin. Wir lassen das dicke Paket von Bureau B nach Hongkong an Jeffrey schicken, ein chinesischer Freund und großer Krautmusik-Fan. Die Industriemetropole Shenzhen liegt eine Autostunde nordwestlich von Hongkong. Hier wird bereits seit Jahrzehnten alles an Elektronik hergestellt, wonach es dem Westen dürstet. Shenzhen ist die am schnellsten wachsende Stadt der Welt. 1979 lebten hier 30.000 Menschen. Jetzt sind es 12,5 Millionen.

Von Düsseldorf über London fliegen wir mit British Airways nach Hongkong. Zwölf Flugstunden später landen wir hier am frühen Vormittag. In der Volksrepublik China funktioniert das Internet nur sehr eingeschränkt. Beim Landeanflug logge ich mich bei einem Hongkonger Mobilanbieter ein. Mit diesem Anbieter ist auch in Shenzhen alles wie gewohnt.

In Hongkong herrschen Mitte Mai subtropische Temperaturen. Ein Shuttle-Service vom Veranstalter bringt uns nach Kowloon, dem Stadtteil, in dem Jeffrey mit Frau und seiner Mama eine Eigentumswohnung im 23. Stock mit einer atemberaubenden Aussicht bewohnt. Jeffrey, der eigentlich Chi Fung mit Vornamen heißt, steht mit unserem Paket voller LPs und CDs schon am Straßenrand. Nach herzlicher Begrüßung und ein paar Erinnerungsfotos geht es weiter. Wir haben uns zum Gig verabredet. Wollen ihn auch am letzten Tag besuchen, an dem er uns Hongkong zeigen will.

Zwischen Hongkong und Festland-China gibt es eine Grenze mit entsprechender Grenzanlage. Wir halten an einem der zahlreichen Control-Tracks und zeigen unsere Reisepässe. Da wird die Tür aufgerissen. Mit einem Handscanner scannt eine uniformierte Frau blitzschnell unsere Gesichter. Ich denke, es kann jetzt weitergehen, aber unser chinesischer Fahrer sagt, wir müssen aussteigen und mit dem Gepäck zu Fuß durch eine Kontrolle im Gebäude. Als Hongkong-Chinese hat er einen Sonderausweis. Ich lade das zehn Kilo schwere Paket auf meinen Rollkoffer und nehme meinen ebenso schweren Handgepäck-Rucksack auf die Schultern. Ich hoffe, mit dem Paket voller Alben wegen unangemeldeter Wareneinfuhr keine Probleme zu bekommen.

Im Gebäude wimmelt es von heimkehrenden Chinesen. Nervös stecke ich meinen Reisepass in einen Scanner. Auch nach wiederholten Versuchen passt er nicht auf die Scanner-Fläche. Immer wieder leuchtet eine rote Warnlampe und fordert zur Wiederholung auf.

Ein Uniformierter hilft mir. Er schiebt nur die kleinere Plastikseite in der Mitte des Reisepasses hinein und schon leuchtet es grün. Im nächsten Schritt werden meine Fingerabdrücke gescannt. Auch das klappt erst nach einigen Anläufen. Eberhard steht einige Maschinen weiter neben mir und hat die gleichen Schwierigkeiten. Jetzt noch ein Angesicht-zu-Angesicht-Check vor einer Grenzbeamtin. Es ist fast geschafft. Der einzige Gepäckscanner wartet, dass ich ihm meine drei Gegenstände zum

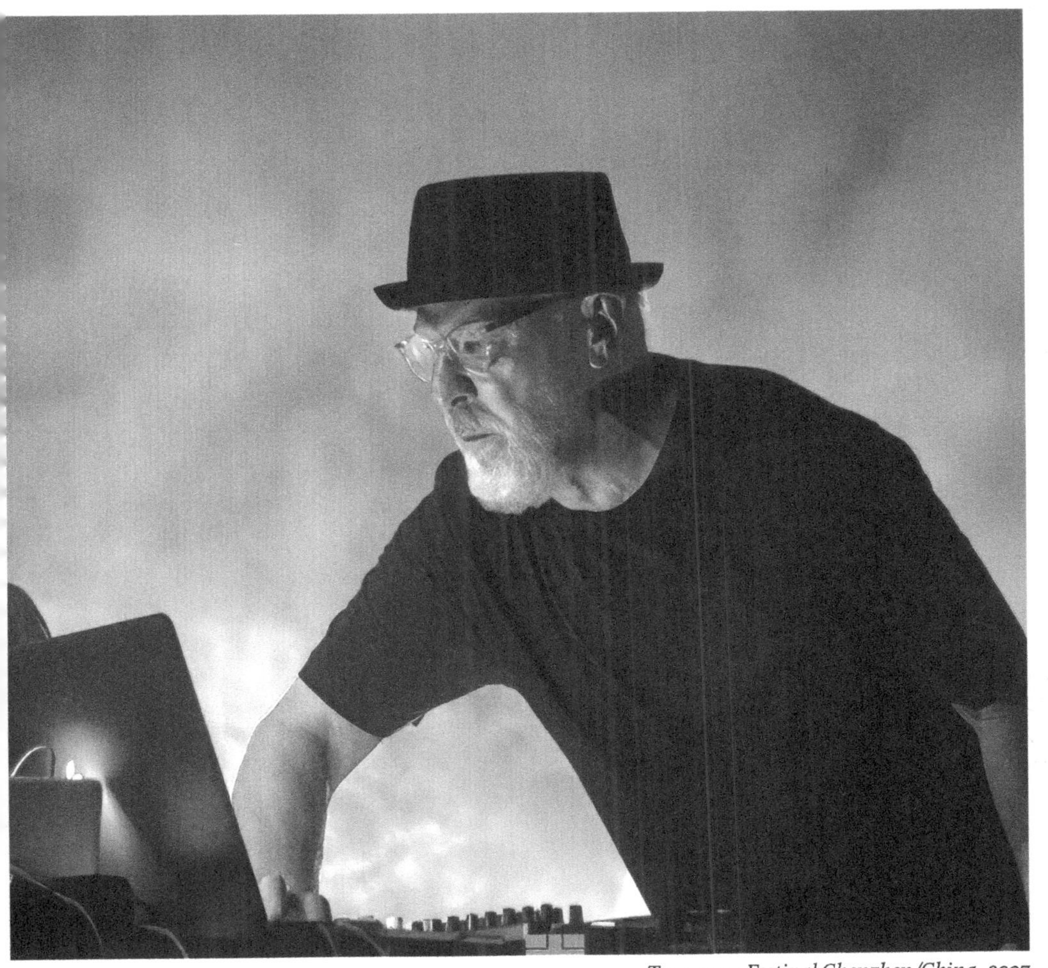

Tomorrow Festival Chenzhen/China, 2007

Fraß auf das Transportband lege. Gar nicht so einfach. Ein Dutzend Menschen versuchen das zur gleichen Zeit. Letztlich gelingt es mir und ich stehe auf einem Vorplatz, auf dem uns unser Fahrer bereits erwartet. Das Paket mit den Alben war kein Problem. Polizisten auf Segways kontrollieren den blitzblanken Vorplatz. Es dauert noch zehn Minuten, bis auch Eberhard auftaucht.

Im Gegensatz zu Hongkong ist auf dem Festland Rechtsverkehr. Ich bin beeindruckt von der Modernität dieser Stadt. Rechts und links der achtspurigen Straße moderne Hochhäuser. Siebzig Prozent aller Taxis sind elektrisch. Auch viele Busse des öffentlichen Verkehrs und sämtliche motorisierten Zweiräder. Die hört man nicht, wenn man auf einen der Fahrradwege gerät. Ich sehe junge Frauen im Abendkleid auf Segways und Electro-Scootern durch die Stadt fahren. Alte Autos gibt es hier scheinbar nicht. Unser Hotel liegt auf einer von Palmen dicht gesäumten Straße im Stadtzentrum. Aircondition, großes Badezimmer und TV-Großbildschirm. An der Rezeption spricht niemand Englisch.

Wir sind von Anla Lee zum Essen eingeladen. Im Foyer begegne ich Chris Bohn, Chief Editor der Musikzeitschrift The Wire. Er ist ein großer Liebhaber von Krautrock und Elektronik, besucht das Festival jedes Jahr und berichtet darüber. Auch Chris ist zu dem Essen eingeladen.

Die Qualität der Küche hier ist mit der in chinesischen Restaurants in Deutschland nicht zu vergleichen. Dazwischen liegen Welten. Hier gibt es allerbestes variantenreiches und gesundes Essen. Ein absoluter Gaumenschmaus. Ähnlich wie in Japan, Vietnam und Thailand. Nur anders. Das gilt für alle Restaurants, denen wir in den nächsten Tagen einen Besuch abstatten. Diese hohe Qualität chinesischer Küche bekommt man in Europa allenfalls in London. Der Jetlag schlägt wieder hart zu. Müde am Tag. Nachts leichter Schlaf und unruhige Träume.

Überall in der unmittelbaren Umgebung hängen Krautwerk-Plakate mit unseren Konterfeis. Wie auf dem gelben Cover unseres Albums. In die meist ehemaligen Fabrikgebäude der Gegend hat man Büros, Geschäfte, Galerien und kleine Cafés integriert. Hauswände sind mit meterhohen Graffitis bemalt. Die ganze Gegend hier ist zeitgemäß gestaltet und schön bepflanzt. Wir sind in eines dieser Cafés eingeladen, das auch am Prenzlauer Berg in Berlin sein könnte. Das Angebot ist breit und international. Um es zu betreten, muss man zunächst durch eine Bücherei, in der auch Musikkassetten angeboten werden. Das Publikum hier ist jung und unterscheidet sich in Kleidung und Verhalten keinen Deut von jungen Menschen in Europa. Immer sind Mobiltelefone und Note-Pads am Start.

Wir besuchen die Festival-Location, die zu Fuß keine zehn Minuten vom Hotel entfernt ist. Backstage gibt es ein Organisations-Büro. Auch das unterscheidet sich kaum von einem AStA-Büro an deutschen Universitäten. Dezentes Büro-Chaos. Entspannte junge Gesichter hinter Bildschirmen. Die Bühne ist großzügig. In den Zuschauerraum passen fünfhundert Menschen. Der Bühnenservice ist sehr professionell. Die jungen Tontechniker verstehen ihr Handwerk. Unser Soundcheck verläuft reibungslos.

Im Eingangsbereich steht ein Verkaufstresen für Schallplatten und Plakate. Ich fürchte, dass wir den größten Teil unseres zehn Kilo schweren Plattenstapels wieder mit nach Hause nehmen müssen. Das heißt schicken.

Langsam füllt sich der Zuschauerraum. Ich sehe nur junge Menschen im Publikum. Kaum jemand ist älter als fünfundzwanzig. Vor uns spielt das chinesisches Quintett Tea Rockers. Eine eigenwillige Mischung aus einer Teezeremonie, gesampelten Umweltgeräuschen und Gitarren. Dann legen wir los. Ich beginne mit einer Sequenz und meinem echogesteuerten E-Drum-Pad und Synth-Soloeinlagen auf dem Keyboard. Eberhard steuert schräge Sounds dazu bei und singt. Eher ein Sprechgesang. Der Bühnen-Sound ist perfekt. Es macht uns Heidenspaß. Alles klappt wie geplant. Als wir aufhören, tobt der Saal und wir müssen eine Zugabe drauflegen. Wir verbeugen uns und mir steht vor Rührung das Wasser in den Augen. Etwa 450.000 Menschen haben unsere Performance im Internet live verfolgen können. Stolz zeigt mir P.G. den Klick-Zähler der chinesischen Videoplattform auf ihrem Mobiltelefon. Eberhard und ich werden in den Eingangsbereich gebeten. Dort wartet eine lange Schlange Fans. Wir geben eine halbe Stunde lang Autogramme und halten Smalltalk. Unsere mitgebrachten LPs und CDs sind nach zehn Minuten ausverkauft. Ich bedanke mich für alles und sage Goodbye, bis hoffentlich bald.

Am folgenden Tag sind wir mit einer Gruppe Hongkong-Chinesen verabredet. Mit dem Veranstalter Sam Jor und einem älteren Musikjournalisten, der ein Musik-Magazin herausgibt und sich sehr gut im Krautrock auskennt. Plus zwei ihrer Freunde. Die Vier laden uns zu einem opulenten Essen in Shenzhen ein. Eine sehr interessante Runde mit intensiven, auch kritischen Gesprächen über chinesische Politik, Kultur und Wirtschaftskorruption in Hongkong.

Als Dank für den Link zum Tomorrow Festival habe ich Sam einen vergrößerten Textildruck einer Zeichnung von Klaus Schulze mitgebracht, die ich vor fünfundvierzig Jahren seinerzeit im Haus von Klaus angefertigt habe. Am Nachbartisch sitzen junge Chinesinnen, die sich auffällig im Manga-Style geschminkt und gekleidet haben.

Wir lassen uns am nächsten Morgen sehr früh nach Hongkong bringen. Dort sind wir mit Jeffrey verabredet. Unser Rückflug geht erst spätnachts und wir haben den ganzen Tag zur Verfügung, um uns von ihm Hongkong zeigen zu lassen. Alle Wohnungen des Hochhauses mit über dreißig Stockwerken sind mit individuell gefertigten Gittertüren vor der eigentlichen Wohnungstür versehen. Jeffreys Mama ist eine freundliche alte Dame. Sie spricht kein Englisch und Jeffrey übersetzt. In der für europäische Verhältnisse winzigen Wohnung im 23. Stock müssen wir ein Dutzend Autogramme auf Jeffreys umfangreiche Plattensammlung schreiben. Hongkong-Chinesen sind Weltmeister im Ausnutzen von Raum. Das Hochhaus steht ganz in der Nähe des buddhistischen Nonnen-Klosters Chi Lin Nunnery. Jeffrey ist Buddhist und zeigt uns das im traditionell-klassisch chinesischen Stil errichtete Bauwerk innerhalb eines weitläufigen Parks. Beeindruckende Handwerkskunst mitten in der hektischen Metropole. Ein Ort der Ruhe und Kontemplation in einer liebevoll und detailliert gepflegten Park- und Seenlandschaft.

Es ist der 19. Mai. Buddhas Geburtstag. Jeffrey erklärt uns die damit verbundenen Rituale. In einem vegetarischen Restaurant auf dem Gelände, nur durch eine Glasscheibe von einem künstlichen Wasserfall getrennt, speisen wir. Dann laufen wir stundenlang durch das Zentrum von Hongkong bis zur Hafenpromenade, an der man Hongkongs imposante Skyline bewundern kann. Am Abend lassen wir uns zum Flughafen bringen.

2019 bekomme ich einen Brief einer Hamburger Anwaltskanzlei. Die arbeitet für den Kraftwerker Ralf Hütter. Unter Androhung gerichtlicher Schritte soll ich die Namensrechte an Krautwerk zurückziehen. Der Name ist angeblich zu nahe an der Marke Kraftwerk.

PERSONENREGISTER

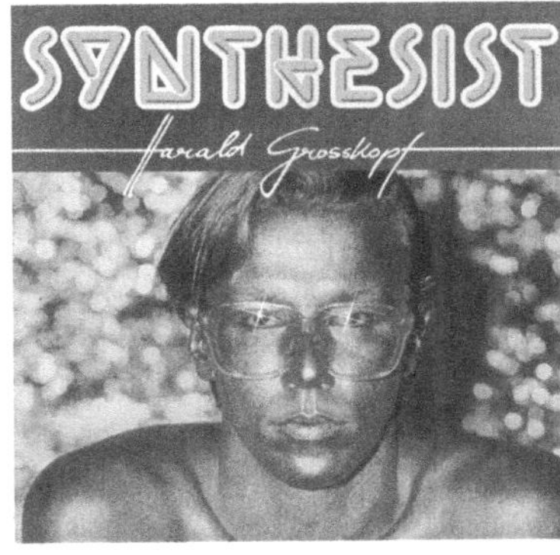

Harald Grosskopf
Synthesist
Reissue (Original von 1980)
CD / Vinyl (180g) / Download

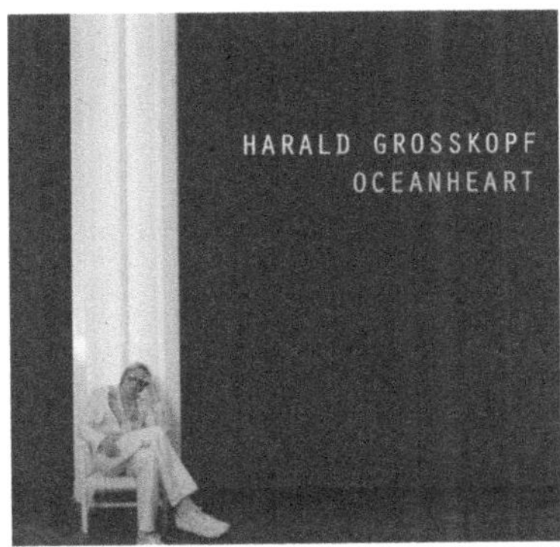

Harald Grosskopf
Oceanheart
Reissue (Original von 1986)
CD / Vinyl (180g) / Download

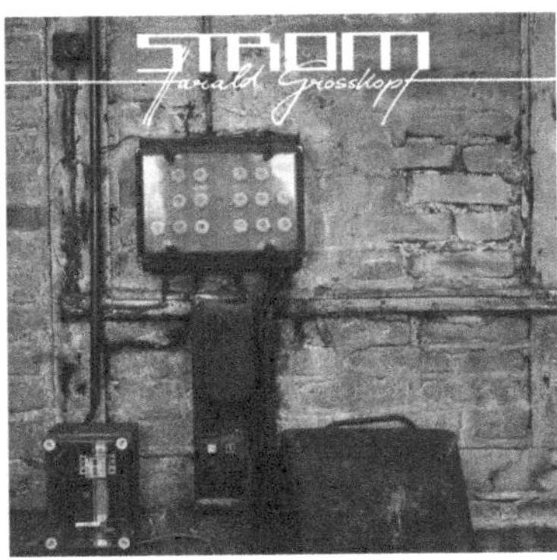

Harald Grosskopf
Strom
2024
CD / LP / ltd LP / digital

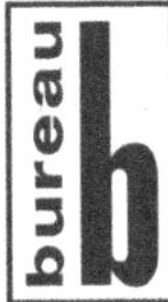